中越关系四十年亲历

李家忠 著

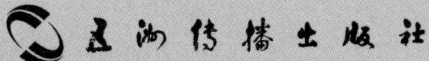

图书在版编目（CIP）数据

中越关系四十年亲历 / 李家忠著. -- 北京：五洲传播出版社，2019.3
（2020.9重印）（"外交风云亲历记"丛书）
ISBN 978-7-5085-3840-2

Ⅰ.①中… Ⅱ.①李… Ⅲ.①李家忠 – 回忆录 Ⅳ.①K827=7

中国版本图书馆CIP数据核字(2019)第040707号

"外交风云亲历记"丛书

中越关系四十年亲历

著　　者：李家忠
出 版 人：荆孝敏
责任编辑：高　磊
助理编辑：高倩倩
装帧设计：丰饶视觉
出版发行：五洲传播出版社
地　　址：北京市海淀区北三环中路31号生产力大楼B座6层
邮　　编：100088
发行电话：010-82005927，010-82007837
网　　址：http://www.cicc.org.cn，http://www.thatsbooks.com
印　　刷：中煤（北京）印务有限公司
开　　本：787x1092mm 1/16
印　　张：19.25
字　　数：240千
版　　次：2020年9月第1版第2次印刷
书　　号：ISBN 978-7-5085-3840-2
定　　价：38.00元

总　序

国际形势瞬息万变，外交工作错综复杂，做一名合格的外交官不容易。有人说外交官是用特殊材料历经千锤百炼才能造成，不无道理。

外交官最重要的是忠于祖国、忠于人民、不辱使命。如果说一个发展中的社会主义国家中国的外交干部与别国外交官有什么不同，那就是更要实事求是、联系实际、平等待人、勤奋好学、与时俱进，践行习近平新时代先进外交理念，以中国人民和世界人民的利益为中心，为维护和平和共同发展多做实事。

在任驻美大使的近三年里，最难处理的问题莫过于以美国为首的北约轰炸我驻南斯拉夫使馆并野蛮炸死我三位年轻记者，为让美方进行道歉、赔偿，我同美国人展开了一场又一场的较量；最劳心费力的莫过于台湾问题，台湾是中国领土完整不可分割的一部分，而美称霸世界，频频干涉我内政，有一回我馆上上下下为涉台问题向美方严正交涉达十多次。

外交部老干部笔会与中宣部五洲传播出版社联合编辑的"外交风云亲历记"丛书，就是讲外交官如何炼成的故事。老一代和上上一代外交官，都是在伟大的中国共产党和革命老前辈的言传身教下和建国初期的艰苦岁月里成长起来的。该丛书作者马振岗大使等九位资深外交官都听党的话，勤奋学习，谦虚谨慎，广交各国朋友，都令我敬佩。他们从不同角度生动记录新中国外交的点点滴滴，其中有他们自身成长的苦乐经历和不忘初心、牢记使命的人生感悟，也有各种典型的外交案例、感人的友好故事以及别具一格的异域风情。这些珍贵的回忆融思想性、知识性和趣味性于一体，对存史、资政、育人具有重要的价值，青年一代更会从中受益。

党的十八大以来，在以习近平同志为核心的党中央直接领导下，面对国际形势风云变幻，我国对外工作攻坚克难、砥砺前行，开创性推进中国特色大国外交，取得了举世瞩目的历史性成就。外交部老干部笔会秉承"书写多彩世界，服务和平发展"的宗旨，先后出版发行

300多部专著以及"我们和你们"丛书等十几套丛书，共约9000多万字，获得多方好评。老外交官们虽已离开外交第一线，但笔耕不辍，奉献外交的热情依旧，为新一代外交人员树立了榜样。相信他们将继续发挥自己的独特经验优势，继续为我国外交大业和人类命运共同体的构建增添正能量。

2018年10月1日于北京东交民巷

目录

序 8

前　言 10

第一章 穷孩子上了大学 11
　　靠助学金读完六年中学 12
　　北外——温馨的母校 16
　　北大三年 19
　　赴越南留学进修 21

第二章 走进外交部 27
　　职业生涯从翻译队起步 28
　　外交部"文化大革命"片段回忆 32
　　下放"五七"干校 40

第三章 越战亲历 47
　　炮火下的五年 48
　　援越抗美综述 54
　　胡志明主席和中国大使馆 60
　　胡志明与中苏论战 64
　　"明灯"阿尔巴尼亚 68
　　胡志明来中国避寿 71

第四章 胡志明逝世前后 75
　　周恩来关心胡志明健康 76
　　周总理亲往河内吊唁胡志明逝世 79
　　李先念出席胡志明葬礼 83

第五章 中越关系正常化前夕 87
　　在常驻联合国代表团工作两个月 88
　　中越副外长磋商 90
　　中越领导人成都会晤 97

第六章 在驻越大使的岗位上 103
　　中共代表团出席越共八大 104
　　中国医疗组参与救治越南国家主席 111
　　越南的革新和总书记阮文灵 122
　　油漆工出身的总书记杜梅 127
　　上将总书记黎可漂 131
　　我所看到的朱镕基总理 138
　　参与中越边界谈判的往事 143
　　与河内外交使团的交往 152
　　在河内主持庆祝中华人民共和国五十周年国庆活动 160

第七章 外交实践感悟 169
　　当翻译的经历和感悟 170
　　学搞调研 174
　　礼宾接待工作无小事 181

第八章 远去的记忆 187
参观胡志明故居 188
在越南过春节 193
广交朋友（一） 198
广为交友（二） 211
一个特殊的越南艺术团 217
河内国际医院情结 223
几次别样的出差 228
迷人的"海上桂林"下龙湾 233
河内的文庙——国子监 236

第九章 离 任 239

第十章 退休生活 251

附录一 相关参考文件 261

附录二 出使老挝 281

序

在新中国外交史上，越南问题及中越关系始终占有重要位置。越南地处中国的南大门，面积30多万平方公里，人口近亿。中越交往上千年，互为近邻，时亲时疏。

在近现代争取民族独立的进程中，两国人民再次站在一起，相互支持，并肩作战，结下了深厚的战斗友谊。中华人民共和国是第一个承认越南民主共和国的国家，越南亦是最早承认新中国的国家之一。两国老一辈革命领袖毛泽东、周恩来、胡志明等都为培育、发展中越友谊倾注了大量心血，迄今仍在发挥作用，成为两国人民的宝贵财富。

越南人民在30年的抗法、抗美救国战争中，始终得到中国党、政府和人民的全力、无私的帮助。当时的中越关系就是前线与大后方的关系。

由于种种原因，越南全国统一后直至世界范围的冷战结束，中越关系曾经历过一段严重曲折。然而，"渡尽劫波兄弟在"，在双方努力下，两国关系最终回到正常、正确轨道。

历史是一面镜子。中越和则两利、斗则俱伤，友好合作是大势所趋。两国人民的根本利益才是最大公约数。

中越关系的意义远超双边范畴。在相当长的历史阶段，越南问题及中越关系与东南亚地区格局乃至世界主要大国在本地区的相互角力密切相关。

从周恩来总理、陈毅副总理，再到钱其琛副总理兼外长，都先后率团出席有关印支问题的多边国际会议。印支在中国外交全局中的分量由此可见一斑。

中国外交部内有个印支处，多少年来一直处于紧张忙碌之中。这里是培养、训练、成就一代代印支事务专家和高级外交官的摇篮。迄今，从这个处一步步成长起来进而走上共和国大使岗位的已有近20人，李家忠同志正是其中的一位出色代表。他曾担任印支处处长、驻越使馆政务参赞和驻老挝、越南大使等重要职务。他阅历丰富、功底扎实，驾轻就熟，很好地完成了自己的历史使命。

《中越关系四十年亲历》并非中越关系40年的全貌，但却是一份十分珍贵的史料。作者在书中呈现的是无数个亲历片断和历史瞬间，这对了解、研究半个多世纪的中越关系和印支问题具有无可替代的重要价值。通过此书，我们在字里行间还可看到一位新中国自己培养出来的高级外交官的心路历程及其对祖国、对人民的那片赤子情怀。

感谢李家忠大使的分享！

胡正跃

外交部前部长助理、中国公共外交协会副会长

2016年秋于北京

前　言

　　越南是同我国山水相连的近邻，两国人民有着深厚的传统友谊。建交60多年来，两国关系走过了不平坦的道路。20世纪60—70年代，我国全力支援越南人民的抗法、抗美斗争，是大后方与前线的关系。那时有两句几乎是家喻户晓的最高指示："七亿中国人民是越南人民的坚强后盾，辽阔的中国领土是越南人民的可靠后方。"关于毛主席、周总理同越南胡志明主席之间亲密关系的佳话更是在两国人民中广为流传。胡志明主席曾用"越中情意深，同志加兄弟"的诗句来赞美中越关系。虽然从20世纪70年代末至80年代，两国关系曾有过一段不愉快的经历，但在双方共同努力下，于1991年11月实现了关系正常化。从那以后，两国在各领域的交往与合作不断深化和加强。2013年6月，习近平主席在同到访的越南国家主席张晋创会谈时指出："中越互为重要邻邦和合作伙伴，两国关系60多年走过的历程留给我们最重要的启示是，不管遇到任何问题和干扰，中越双方都要朝着友好合作的道路坚定不移往前走。"

　　我于1958年在北京大学东语系开始学习越南语，1963年进入外交部，其间曾四次被派到我国驻越使馆工作，总共达18年，先后任翻译、二秘、一秘、政务参赞、大使，可算是半个多世纪来中越关系的见证人。本书谈到的内容大多是个人的亲身经历，供从事对越工作的同志和关心中越关系的读者参考。20世纪90年代，我曾在老挝工作过一年半，也有一些难忘的记忆，一并写出来作为附录。

　　周总理说，外交队伍是文装的解放军。半个多世纪来，作为这支队伍中的一员，我献出了自己的青春和力量，自认为没有虚度年华。如果时光能够倒流，让我重新走进外交部，相信我会干得比过去几十年要好一些。

　　衷心希望得到来自各方的批评指教。

第一章
穷孩子上了大学

靠助学金读完六年中学

1949年1月15日，天津解放。那时我13岁，读小学五年级。我记得同学们学唱的第一首歌中唱道："天津解放了，人民齐欢笑。再不受蒋匪的压迫，咱们翻身了。商店快开张，学校快开学。你看那工厂在复工，工人的热情高……"

解放初期还没有少先队。1950年4月，我加入了少年儿童队。唱的是马思聪先生创作的少儿队队歌："我们新中国的儿童，我们新少年的先锋，团结起来继承我们的父兄。不怕困难不怕担子重，为了新中国的建设而奋斗，学习伟大领袖毛泽东……"

就在这一年，我小学毕业，准备考中学。那时天津市只有四所公立中学，即一中、二中、三中、四中，其中一中和三中是男校，我幸运地考取了三中。三中创建于1901年，原名直隶省中学，又名铃铛阁中学，当时已有50年历史。学校师资队伍实力强，生物、物理、化学实验室设备齐全。后来有好几位老师都调到大学任教去了，生物老师黑延昌后来担任了天津市科普协会主席。我入学时的校长是胡乔木的妹妹、天津市副市长刘秀峰的夫人胡夏青。

三中的学生多为穷家子弟。记得入学后在开学典礼上，老师说三中的学生有"三多"：近视眼多、患肺结核的多、领取助学金的多。我家属城市贫民，所以在三中六年一直领取助学金。初中时每月3元，高中时每月6元。尽管这样，全校的气氛和全国一样热火朝天。同学们努力攻读，政治上积极要求进步。那时同学们课余争相阅读的是苏联小说《钢铁是怎样炼成的》《青年近卫军》《普通一兵》《日日夜夜》《卓娅和舒拉的故事》等。保尔·柯察金是大家崇拜的偶像，许多同学都能背诵"人最宝贵的是生命……"那段名言。

不久，抗美援朝运动开始。年龄较大的同学踊跃报名参加军干校。我所在的初一丙班就有两名16岁的同学被军干校录取，走上了抗美援朝第一线。那时每个班都有几名青年团员，他们处处严格要求自己，无论在学习还是其他方面都是大家学习的榜样。和他们相比，我学习成绩还不错，但要求自己不严，缺乏积极上进的劲头。

1953年3月5日，斯大林逝世，全校一片悲痛。学校组织大家收听天津市举行的追悼大会，我听见市委书记黄火青在致悼词时失声痛哭。老师给我们上课时谈及斯大林逝世，也会流下泪水。一天，我们班的团小组长许骥走上讲台对大家说，为了弥补斯大林同志逝世所造成的损失，谁想加入青年团，请举手！我听后无比激动，在毫无思想准备的情况下，和许多同学一起举起了手。

但直到初中毕业我也未能入团。升入三中高中后，许骥同学考入南开中学。一个星期天，我去南开中学看望许骥同学，分别时他送给我一本书，是青年团中央第一书记胡耀邦在团代会上的报告《团结广大青年，在建设祖国的伟大事业中奋勇前进》。我接过许骥送给我的礼物，顿时热泪盈眶。我向他保证一定积极努力，争取早日入团。几个月后，1954年1月9日，我所在的三中高一1班团支部开会，吸收我为青年团团员。那天我激动无比，一夜都处于十分兴奋的状态，心想从此我便步入了进步青年的行列。高一第二学期，我参加了班委会，担任群众文化委员。高二上学期，担任了班长。

那时，三中和其他中学一样，课余社团活动十分活跃。三中成立有民乐队，和女一中成立有联合舞蹈队，和女二中成立有联合合唱团。高二下学期，学生会通知让我担任和女二中的联合合唱团团长，不再担任班干部。那时，每年暑假团市委和市学联都要在青年宫举行大中学生文艺会演，我们合唱团曾多次参加演出并获奖。1955年是"一二·九"运动20周年，团市委召集市一中和女一中联合合唱团、市三中和女二中联合合唱团以及师范学校合唱团一起排练"学生运动大联唱"，由团市委李华德同志任指挥。12月9日当天，天津市在中国大戏院举行"一二·九"纪念大会。我们这个由三个合唱团500人组成的大合唱团在大会上演出了"学生运动大联唱"，并由南开大学诗社的同学配有诗朗诵，受到与会代表热烈欢迎。

1956年4月我高中毕业前夕，在天津中国照相馆拍摄的准备参加高考的照片，时年19岁。

随着年龄的增长，到了高中便有一些同学申请入党，而且有的班里会有一两名党员。如果说初中时青年团员是大家学习的榜样，那么高中时共产党员就更是身边学习的楷模。有一位名叫白金禄的同学，不仅入了党，而且被评为天津市社会主义建设积极分子。他参加全市表彰大会后回到学校，胸前佩戴有一枚金光闪闪的纪念章，让人羡慕不已。当时我所在的高三1班有两名党员，他们的进步对我触动很大。有一位名叫赵宏博的党员同学，是学校团委副书记。他在我们面前处处体现出"老革命"的样子，从不和大家开玩笑。暑假期间也不回家，而是一个人留在教室里学习《整风文献》，晚上就睡在课桌上，用两块砖当枕头，好像要给自己补上延安整风这一课。高中毕业前夕，他被调到天津市团委工作。虽失去了考大学的机会，但他愉快地服从分配，认为这是组织上对他的信任。当我得知我们班另一位名叫汪为善同学入党的消息时，心情很不平静。那天我一夜没睡好，心想都在一个班学习，为什么人家就走在了前头，自己却停滞不前。

那时，学校先后有两位专职团委书记，分别是侯忠润和王械森老师。论年龄，他们比我们大不了几岁，都是毕业后留校工作的。但两位书记勤奋学习，忘我工作，在同学中有很高的威信，是大家的亲密朋友。他们和几名学生党员一起，成为我心目中的"少年布尔什维克"。1956年，我高中毕业，考入北京外国语学院。就在离开母校前几天，

1956年在天津三中高中毕业时，全班同学合影。

我把一份入党申请书交给了一位党员同学，请他转给学校党组织。

每当回忆起中学的六年，心中总不免激动。那时新中国虽然刚刚成立，百废待兴，人民生活还很艰苦，但到处都是一片欣欣向荣、蒸蒸日上的景象。我在母校不仅学到了知识，更接受了党团组织关于树立人生观和价值观的教育，对自己如何度过一生有了一个基本的认识和信念，这对后来走上社会起了至关重要的作用。

北外——温馨的母校

1956年夏,我在天津三中高中毕业,考入了北京外国语学院。

八月下旬,北外通知我们一起被录取的十多位天津同学,在某一天上午到天津东站集合,由一位家在天津的高年级同学带领我们乘火车前往北京报到。大约中午十一点抵达北京前门火车站时,只见学院迎接我们的斯柯达大轿车已等在那里。在去学校的路上,我们领略着首都风光,好不兴奋。进入学校大门,许多高年级同学忙跑过来,热情地帮我们提行李,引领我们去宿舍。中午走进食堂就餐,刚刚坐下,李棣华副院长便前来看望大家,问我们对伙食有什么意见。那年我十九岁,第一次离开家,不知道新环境会是什么样。但短短几个钟头所见所闻,使我完全没有陌生的感觉,只感到心里热乎乎的。

九月一日,学校举行开学典礼。那时学校没有礼堂,典礼的地点就在食堂,每人都坐在一个小马扎上,但气氛既庄严又热烈。典礼结束时,党委副书记走上讲台对大家说,学校的经费还有1500元结余,同学们如需要配眼镜,或有其他需求,尽可以去学生科申请,不要不好意思。会后,我和另一位同学去了学生科,一位姓胡的女老师接待我们。她得知我们想配眼镜后说,先给你们每人五块钱,不够再说。就这样,我俩去了王府井大明眼镜店,每人花七块钱配了眼镜,自己补了两块钱。

1956年的"北外"只有英语、法语、德语和西班牙语四个系,这一年新开设了一个罗马尼亚语班,暂时挂靠在法语系。全校共有学生700人。我被分到法语系,我们那一届共有4个班,每班16人,讲授口语、笔语课的老师都是年轻的讲师或助教,年龄比我们大不了多少,但工作极为敬业,讲课十分认真。晚上同学们都在教室里自习,老师就坐在教室门口的长凳上,准备随时回答同学们的问题,一直到十点钟熄灯睡觉,每周五天,雷打不动。那时国家经济尚不发达,财力有限，但学校仍给法语系聘请了苏联专家。系领导还想方设法为同学们提供开阔眼界的机会。有时放映法语原版电影，老师便事先给同学们详细讲解故事梗概，帮助大家看懂电影。一次，在法国电影《红与黑》中扮演主角于连的演员钱拉·菲利普访华，法语系便请他来和大家见面座谈。那天菲利普为我们朗诵了好几段拉封登寓言，被录下音来，成为同学们练习语音的活教材。

平时学校领导对同学们的生活十分关心。伙食办得很好，每餐三菜一汤，并不断改变花样。每月伙食费为十二元五角。我因家境困难，一直免交伙食费。每周末学校都给同学们放电影，有时还举行舞会。那时受经济条件所限，同学中很少有人穿皮鞋，大家就穿着布鞋翩翩起舞。我记得元旦舞会时，厨师还特意为大家熬了八宝粥，并放了红糖和大枣。冬季专门在校园里开辟了一块像篮球场大小的平地，用泼水的方法打造一个溜冰场，供同学们练习溜冰。

1958年春，同学们分批参加十三陵水库建设。刘仲容院长等校领导专程到工地看望大家，并在腰上系上红绸带，给大家表演了东北二人转《小拜年》，博得同学们热烈掌声。

那时候学校的青年团工作相当活跃。我曾担任过班里的团支部书记，校团委经常在星期天把全校的团干部送到正义路团中央礼堂，听团市委书记王照华和市委宣传部长杨述作形势报告。1958年暑假，我还参加了团市委在长山列岛举行的军事野营。当时"大跃进"运动已经开始，院领导和同学们一方面意气风发，敢想敢干，但同时也有些头脑发热，提出了一些不切实际的奋斗目标。我记得学院制定的发展规划中提到要为同学们修建一个"弹簧舞厅"，也有的同学制定的"红专规划"提出自己的外语水平要在三年内赶上某某教授。但我清楚地记得院党委书记刘柯对同学们提出的一个目标，就是要为祖国健康地工作50年。几十年来我始终用他的这句话来鞭策自己，回想起来感到欣慰的是，我如今已80岁，健康方面基本上达到了刘柯书记的要求。

我就是在这样温馨的环境中度过了愉快的两年。

1956年秋在北京外语学院留影,西装上衣是从别的同学那里借的。

经过半个多世纪的风风雨雨,随着国家的改革开放和经济发展,北外的面貌发生了翻天覆地的变化。如今的外国语大学,规模成数倍扩大,学校从当年只开设5个语种到现在共开设43个语种;在校学生从当年的700人发展到现在的5000多人,另外还有1000多名外国留学生。几十年中,北外共培养出400多位驻外大使和1000多位参赞。众多北外毕业生在不同的岗位上,为加强中国和世界各国的交往与合作贡献了自己的青春和智慧。我们56届的同学,退休后曾多次聚会,追忆在母校度过的美好时光。令我感动的是,我虽在北外只读了两年(之后又转到北大继续学习),但母校没有把我忘记,每逢校庆等活动,"校友办"都按时通知我参加。作为外交战线的一名老兵,看到母校的发展壮大,我感到无比自豪和欣慰,更为自己是"北外"的校友感到光荣。

北大三年

  1958年暑假末，北外法语系团总支书记米宁找我谈话说，组织上决定将我和法语系同届的另两位同学一起调到北京大学东语系，改学越南语，而将法语作为第二外语继续学习。她没有具体说明为什么要我们转学，只说调去的同学都是又红又专的。我虽然没有任何思想准备，但在当时的政治气氛下，我表示坚决服从组织分配。内心对法语系仍很留恋，不过想到北大是全国最有名的高等学府，也有一定的吸引力。法语系为我们开了欢送会。我们三人送给母校一个玻璃镜框，上面写着"祖国的需要就是我们的理想和志愿"。

  大约9月中旬，我们到北大东语系报道，看见北外英语系也有十多位同学被调到了北大。开学后得知，这次转学是为了落实周总理的一项指示而采取的措施。当时同新中国建交的国家还不到30个，周总理预见我国同亚非国家的关系将会有一个较快的发展，便指示外交部抓紧培养一批通晓亚非国家语言的翻译干部，准备为中央领导同志做翻译。遵照周总理的指示，外交部分别从北京外语学院、北大东语系、南京大学和复旦大学共抽调了百余名学过两年英语或法语的同学，到北大东语系改学日语、缅语、阿拉伯语、印尼语、印地语、波斯语、乌尔都语和越南语。之所以调学法语的同学改学越南语，是因为越南曾是法国殖民地，不少越南高级官员和知识分子仍能讲法语，掌握了越语和法语，工作起来会更方便。

  外交部经同高教部商量，我们这百余人不作为本科生，而统称"高级翻译班"，毕业后一律进入外交部。我所在的越语班共七人，除我们来自北外的三人外，两人来自南京大学外语系，两人来自北大西语系。东语系的系主任是著名的季羡林教授。东语系领导对"高级翻译班"十分重视。为我们越语班授课的是两位年轻的老师，都是共产党员，工作十分认真、敬业，和我们打成一片。同学们也都感受到组织上对自己的信任，决心刻苦学习，早日成材。

我们在北大赶上了"大跃进"、大炼钢铁、1959年庐山会议后的"反右倾"和三年自然灾害。但由于我们是外交部代培的"高级翻译班",故基本上仍能坚持正常的外语学习。我在北大继续积极争取进步,曾担任东语系学生会副主席、团总支委员和东语系民兵营副营长。1959年"七一"前夕加入了中国共产党。

特别值得一提的是在北大还经历了校内外对马寅初校长"新人口论"的粗暴批判。在巨大政治压力下,马寅初被解除了校长职务,并被撤销了人大常委资格。但马校长拒不屈服,拒绝做任何检讨。他说:"我虽年近八十,明知寡不敌众,自当单身匹马,出来迎战,直至战死为止,绝不向专以力压服不以理说服的那种批判者们投降。"20年后的1979年7月,中央决定为98岁的马寅初彻底平反,恢复名誉,承认马寅初的"新人口论"是正确的,对他的批判是错误的。高教部任命马寅初为北大名誉校长。马校长这种坚持真理、不畏强暴的精神是每个北大学子学习的榜样。

1958年冬,我们东语系越语班全体同学在北大西校门前合影。

赴越南留学进修

1961年秋,在北京大学东语系学习3年越南语后,我和另两位同学一道被选送到越南留学进修。

临行前,我们和准备前往亚欧其他国家留学的同学一起,参加了高教部组织的集训。几位副部长级领导同志给我们介绍了国内经济形势、经济政策,并进行了出国留学组织纪律教育。当时正值国家经济严重困难时期,几位领导同志讲话的基调就是强调国家形势"一片大好",充分肯定大跃进和"三面红旗",说明成绩和不足是九个指头和一个指头的关系,希望我们到国外后要好好学习。

为准备行装,高教部发给每人500元人民币。但必须到指定的王府井"出国人员服务部"购买规定衣物,不得到其他商店购买。当时市场商品奇缺,到其他商店也买不到需要的东西。我记得,每人的行装包括一套混纺蓝色中山装、一套混纺棕色西装、一只绿色帆布衣箱、一个绿色手提包、两双皮鞋和两件衬衣。这样的配备体现了高度的组织性、纪律性。如果大家穿好行装,排好队伍,肯定高度一致,以致从背后很难辨别谁是张三,谁是李四。裁缝师傅给我们量身材时,都有意把尺寸多留些余地,因为当时大家身体都很瘦弱,出国后多数同学都会变得胖些。说句心里话,在当时物资和商品奇缺的情况下,能够添置这些东西就算非常不容易了。对一些家境特别困难的同学,高教部还决定在大家出国后,每月为这些同学的家里补助5元,每3个月寄一次。我就是享受这种补助的同学之一。外交部教育司雷阳司长还单独接见了我们来自北大"高级翻译班"的几位同学。他强调说,国家在经济和财政如此困难的条件下,仍把你们派出国留学,是下了很大决心的。相信国家的经济情况会逐渐好转。你们到国外的任务就是一心一意把外语学好,回国后迎接国家外交事业的大发展。每个同学都从内心感谢党组织的关怀,一致表示要好好学习,报效祖国。

那时的政治思想工作有不少"左"的东西。这批被派出的同学,一般年龄都偏大，有些家在农村的同学甚至已经结婚、生了孩子。因为不知道几年后才能回来，也不知道中间有没有假期，有的同学就表示希望出国前能回去同家人见上一面。但集训班规定一律不准回家探亲。主管干部极为严肃地板起面孔说："这是什么时候？还回什么家，探什么亲？"尽管这些同学都已经过严格的政治审查，但如发现某人在集训期间"表现不佳"，还有可能被随时取消出国资格。几年后我听说，在另一批即将出国的同学中，有一名女同学按计划要被派到罗马尼亚，由于在制装过程中没有完全按规定的单子采购，买了一件花裙子，被认为是"资产阶级思想"，临时改为派往抗美战争中的越南，让她去"经受锻炼"。

我们3人从北京站乘国际列车，经过两天三夜抵达越南首都河内。越南教育部的代表和正在河内综合大学留学的两名中国同学到车站迎接我们。当天下午，综合大学校长巍如昆嵩亲切接见了我们三人，勉励我们努力学习，为增进越中友谊做出贡献。

根据两国教育部的协议，校方免费为我们提供食宿，每月发给每人生活费60盾越币。此外，中国大使馆每月还发给每人25盾越币，作为补贴金。当时1个越盾大约可兑换人民币7角。也就是说，我们不用支付伙食费和房费，每月还可得到50多元人民币，用来添置书刊和生活必需品。对此大家十分满足。如果同越南的生活水平相比，就更可观了，因为当时越南医院护士的工资每月只有30多盾。

根据校方安排，我们3人将按照进修生的计划学习，着重提高越语水平和翻译能力，每周由几位老师单独给我们上课，无须加入某一个班。老师经常挑选一些越南长篇小说，布置我们在几天内精读数十页，把不懂的地方勾画出来，下次上课时老师便可有针对性地进行讲解。虽然我们有较多的自由支配时间，但大家并没有因此而放松学习，而是自觉地多读、多练，每天都自习到很晚才睡觉。和我们住在一起的还有朝鲜、阿尔巴尼亚、匈牙利、保加利亚、罗马尼亚等社会主义国家的留学生。但由于当时中苏关系已很紧张，除阿尔巴尼亚同学外，东欧国家同学和我们很少接触。课余时，我们每人骑一辆自行车，游览河内最繁华的街道和名胜古迹，更多的是到书店购买所需要的书籍。

初到河内，我明显地感到这里的商品供应比当时的北京丰富。河内居民购买粮食、副食和其他消费品虽然也要凭票、凭证，但有灵活余地，不像北京那样严格。一次，我到商店想买一件棉袄，女售货员向我索要布票。我说我是中国留学生，没有布票。女售货员感到为难，便把商店经理请了出来。待我说明情况后，经理说，越南和中国是友好邻邦，同中国向越南提供的巨大援助相比，一件棉袄实在微不足道。经理当即同意将棉袄卖给我，不收布票。

在国内虽已学过3年越语，但有的基本生活用语仍不熟悉。一次我患急性肠炎，住进了越苏友谊医院。著名的郑金影医生前来给我看病。他问我有何不舒服。我当时总感到肚子里咕噜咕噜叫，但不知如何用越语表达，便说："感到肚子里有打球的声音。"郑医生觉得好笑，但仍装出很严肃的样子，问道："有打球的声音吗？是什么球？是排球，还是足球？"说完便哈哈大笑起来。接着，他告诉我"腹鸣"这个词在越语应如何表达。从此，我把"腹鸣"这个词牢牢地记在心里，永远不会忘记。1997年夏天，我作为中国驻越大使，陪同中国医疗组前往胡志明市为越共前总

身后的两层楼时我当年留学时住过的宿舍，离任前特来拍照留念。

书记阮文灵治病,见到了阔别35年的郑金影医生。老人已年近八旬,回忆起当年他给我看病的情景和"肚子里打球"的往事,两人都捧腹大笑起来。

那时对在国外的中国留学生,都有非常严格的纪律,其中一条就是不许谈恋爱,更不许和外国人谈恋爱。对此,我们都时刻铭记在心。一次,越南电影制片厂的一位年轻姑娘约一名中国留学生于星期六晚7时在河内大戏院门前见面。这位中国留学生感到十分为难,既不敢赴约,又怕不去失礼,一时不知如何是好。面对严格的纪律,他还是向大使馆做了报告。大使馆认真研究后,做了三点指示:第一,越南朋友约会,如不去赴约,会显得很不礼貌;第二,对方是越南姑娘,中国男留学生一人前往,很不妥当;第三,最好是五名中国留学生共同赴约。就这样,我们五人每人骑一辆自行车,于星期六晚上准时集体到达河内大戏院。越南姑娘一时感到莫名其妙,但她毕竟是电影界人士,很快就表现得落落大方,请我们五人一起到她家做客,就这样大家共同度过了一个愉快的周末。姑娘也自然明白了是怎么回事,从此再未同那位中国留学生有任何来往。

当年河内综合大学为我们讲授越南文学的阮石江教授学识渊博,著述颇丰,几十年始终同我保持联系。

1962年夏回国休假期间，我顺便对我的肠炎做了进一步检查、治疗。北京厂桥附近的北大医院诊断我患的是肠结核。按规定，凡患各种结核病，便不得出国，我只好留在国内治疗。到秋天，协和医院的专家否定了北大医院的诊断，认定我患的是"过敏性肠炎"。我十分兴奋地拿着协和医院的诊断书跑到高教部，要求重返河内继续学习。但高教部主管干部说，诊断书上排除了我的结核病还不够，还要再加上"可以出国"一句话才行。于是我又跑去找协和医院，但院方说医院的职责只是看病，至于能否出国，不属于医院的权限，故无法为我写上"可以出国"几个字。就这样扯来扯去，几个月过去了。外交部了解了这一情况后，便决定让我从1963年初起，入部参加工作。

第二章
走进外交部

职业生涯从翻译队起步

1963年春,我去外交部人事司报到,我记得是李强同志为我办的入部手续。

那时候,外交部办公厅属下有一个司局级单位叫翻译室。那里集中了英、法、俄、西班牙和阿拉伯语五种外语的高水平人才,职责是担任中央和部领导的口头翻译和正式外交文件的翻译。由于我们这些亚非语言的年轻翻译一时还达不到那么高的外语水平,部领导便决定新成立一个单位叫翻译队,划归外交部教育司管理。当时的外交部机关在东单外交部街(即老部),房子有限,容纳不下我们几十人。所以在西郊魏公村北京外语学院为翻译队腾出一层楼,两人一个房间,既作为工作和学习的地方,又兼作宿舍。

翻译队成员基本上都是北大"高级翻译班"毕业的大学生。起初分为东北亚和东南亚两个组。东北亚组的组长是后来担任过外交部副外长的徐敦信,东南亚组的组长是后来担任过全国政协外事局局长的夏厚宏。那时我国同亚非国家的关系尚未完全打开,平常翻译任务不多,大家主要的事情就是自订学习计划,通过自学的方式,继续提高外语水平。教育司也不时派人到翻译队,了解大家的学习情况。一次,一位翻译队的人向教育司同志汇报了他记忆外语单词的方法,叫作"五连动"。意思是说,只要遵循五个步骤,即一听、二看、三读、四写、五记,便可记住一个单词。教育司下来的同志认为这是先进经验,便向翻译队全体人员推荐。大家嘴上不说什么,心中却觉得好笑,认为这是最浅显的道理,不管任何人学习外语单词,都必须经过这样的过程,还用得着总结、上升到什么"五连动"吗?与此同时,翻译队的政治学习也抓得很紧。除每周例行的政治学习外,还不时集中几天,组织大家学习毛主席的《矛盾论》和《实践论》。所有人都学得非常认真,讨论更是十分热闹。

经过一段时间,大家普遍感到缺少外语书报、工具书和实践机会,外语水平的提高受到很大限制。于是,翻译队又把我们送到国际广播电台去实习。六十年代初,中苏两党围绕国际共运一系列问题展开激烈争论。中方先后发表了九篇批判苏联现代修正主义的文章,简称"九评",引起越南广大干部、群众的广泛关注。越南听众纷纷给国际广播电台写信,索要外文局翻译出版的越文"九评"文章。国际广播电台越语组便让我们翻译队学越南语的几个人,逐一造表登记这些越南听众的姓名、地址、索要文章的题目,然后用打字机打成名单,油印出来,贴在信封上,并和临时工老大妈一起将这些文章的越语单行本装进信封,再汇总装入麻袋。有时还要干体力活,帮助把麻袋抬上汽车。而平时电台对越广播稿件的翻译,则不让我们参加。我们几个人实际上没有什么实习外语的机会,几乎成了国际广播电台的临时工。部里教育司了解到这种情况后,便设法为我们联系有翻译任务的机会,主要是借到有关单位,为来访的越南代表团当翻译。

1964年,是我借给外单位当翻译颇为繁忙的一年。春天借给水电部,为越南水利部长何继晋访华做翻译,前后一个多月,还荣幸地为周总理当了翻译。夏天借给中国科学院和对外文委,为这两个单位联合在西郊友谊宾馆举办的北京国际科学讨论会做翻译,任务是接待越南科学家代表团。这期间有幸出席了在人民大会堂举行的欢迎各国代表团招待会,见到了刘少奇主席。7月借给对外友协,为越南代表团前来出席关于印度支那问题的日内瓦会议10周年纪念活动当翻译。

1964年春,越南水利部长何继晋率团访华。周总理在中南海西花厅会见越南客人,这是我第一次为周总理做翻译。

9月底、10月初,外交部第二亚洲司让我参加越南总理范文同访华的接待工作,平生第一次出席了在人民大会堂举行的盛大国庆招待会,见到了毛主席。我记得宴会厅有一个很长的贵宾席,毛主席等中央领导同志和重要外宾都在贵宾席面对大家的一侧就座,翻译们就坐在他们的对面,背对着大家。我坐在越南副总理黎清毅和贺龙元帅的对面。记得贺龙元帅还问我是在什么地方学的越南语。

国庆节当天,我还作为越南副总理黎清毅的翻译,登上了天安门城楼观礼台。国庆期间还有幸在人民大会堂观看了大型歌舞《东方红》。11月又借给最高人民检察院,为张鼎丞检察长访问越南当翻译,第一次见到了胡志明主席。另外,这一年还曾为谭震林、陆定一、乌兰夫三位副总理和作家巴金、何其芳以及漫画家华君武做过翻译。

胡志明主席在主席府与中国检察院代表团合影。左3为张鼎丞检察长,左2为驻越大使朱其文。

记得何其芳同志会见越南文联主席邓泰梅时，双方发生了争论。当时中国刚刚批判过巴人的"人性论"，强调要用阶级观点看待一切事物，凡是资产阶级喜欢的东西，对无产阶级都格格不入。邓泰梅则认为不应该把阶级观点极端化，说"有些东西，比如餐桌上的红烧肉，资产阶级喜欢，无产阶级也可以喜欢"。何其芳同志则寸步不让，强调需站稳阶级立场，搞得宴会气氛颇为紧张。客观上倒为我提供了练习外语的机会。

通过实践，我的翻译能力得到了锻炼，胆量也大了许多。记得谭震林副总理会见越南水利部长何继晋时，我心情极为紧张，刚刚登上人民大会堂的台阶，便觉得两手发凉，手心直冒冷汗。但几个月过后，我可以为越南代表团团长在西安师范学院向几千人发表讲演做现场翻译，也不感到害怕。而且因为工作关系，这一年我还有机会去了天津、重庆、成都、武汉、昆明、上海、广州、西安、延安等地，大大开阔了眼界，增长了见识。对外交部的业务工作也有了一点点接触。记得10月初，越南总理范文同在上海向陪同前往的罗贵波副部长谈了一些两国关系方面的问题，当时是我做的翻译。由于我尚未在地区司工作过，以为罗副部长已经知道了范文同所谈的内容，我的任务就算完成了，不懂得还要写简报，而且也没见过简报是什么样子。随团的领导同志让我把范文同所谈的内容写下来。待报回北京后，部领导认为我写得不符合要求。在范文同专机从上海飞往南宁的途中，韩念龙副部长亲自打电话到专机上对我说，范文同总理所谈的内容很重要，要我把详细内容写下来，关键的内容要写原话。还说不要紧张，文字方面只要写出普通的句子、条理清楚就行了。这是我第一次听到对简报的要求，而且是部领导亲自对我说的。几十年来，我始终记着韩副部长所说的话。

可以说，1964年是我在翻译队收获不小的一年。

1965年春，组织上派我到驻越使馆工作。临行前，翻译队开了一个座谈会，为我送行。当时美国侵越战争正逐步升级，妄图把战火扩大到越南北方。与会同志都为我有机会到驻外使馆工作感到高兴，同时也认为到一个战争环境去工作，确实任务很艰巨，希望我珍惜这个难得的机会，好好提高自己。我记得江培柱同志用"任重道远"这个词来鼓励我。当时我十分激动，一方面感谢翻译队领导和同志们两年来对我的关心和帮助，特别是过去一年中给了我那么多实习和锻炼的机会；同时也表示一定不辜负党组织对我的期望，到使馆后努力工作，在战争环境中接受考验。

1970年我结束驻越使馆的5年任期回国时，翻译队已经解散。回顾近40年的外交生涯，在翻译队的两年是一段重要经历，为我开始熟悉翻译工作和外交工作打下了初步基础。几十年来，当年翻译队的同志在外交部各地区、业务司和驻外使、领馆勤奋工作，为我国外交事业做出了自己的努力和贡献，不少同志都担任了重要职务，有的还当了部领导。现在我虽已退休，但见到当年翻译队的同志还是感到格外亲热。在翻译队的短暂岁月永远值得怀念。

外交部"文化大革命"片段回忆

史无前例的"文化大革命"已结束40年了。中央对"文革"早已做出结论，指出这是"一场由领导人错误发动，被反革命集团利用，给党、国家和各族人民带来严重灾难的内乱"。在"文革"的激烈斗争中，外交部首当其冲。所发生的事一桩桩，一件件，仿佛就在昨天。

"九九"指示

大约在1966年8月底，有一个名为"奥地利红旗派"的组织给我国马列主义编译局写信，反映中国驻维也纳商务代表身穿"精致的白绸衬衫和高价的西服"，出入乘坐奔驰牌轿车。来信指责说："你们国内的革命斗争与你们驻维也纳商务代表突出的资产阶级举止和生活方式极不相称"，还说，"这样的资产阶级行为对伟大的无产阶级文化大革命也起不了好的作用。"这封信转到外交部后，陈毅副总理兼外长批送毛主席审阅。毛主席看后，于9月9日批示："这个批评文件写得很好，值得一切驻外机关注意。来一个革命化，否则很危险。"这就是有名的"九九指示"。

外交部领导接到指示后，立即行动起来，召开全部大会，落实具体措施。但部领导并不清楚毛主席所说的"革命化"指的是什么，所以提不出全面的改革方案。既然问题是从外交官的着装提起的，只好先从服装的改革着手。但究竟如何改革，心中也没底。

我记得有一位副部长在大会上用探讨的语气说，女同志不穿旗袍后，是否可以改穿裤子和短上衣，或者也可以不穿裤子，而穿裙子。第二天便有人贴出批判大字报，断章取义地说这位副部长让女同志"不穿裤子"，是对"九九指示"的庸俗化。不管怎样，从此以后的20多年里，驻外使领馆的夫人们再无任何人敢穿旗袍，也不敢再穿高跟鞋。与此同时，男同志则一律不再穿西装，而改穿中山装。许多老大使的西装都压在箱子底，不敢拿出来。当时，北京王府井八面槽有一家雷蒙服装店，里面的上海师傅可以用巧妙拼接的办法把西装改为中山装，许多大使、参赞都把西装拿到"雷蒙"去修改。

在此基础上，上级对驻越南使馆又增加了一条规定：由于越南正处于抗美斗争第一线，为了体现与越南人民同甘共苦，驻越南的外交人员不得再穿毛料中山装，而必须穿咔叽布中山装。越南地处热带，那时外交场合又没有空调设备，穿上咔叽布中山装，后背很快就会被汗水浸透，浮现出一片白色的汗渍，很不雅观。为解决这个问题，有人在穿上衣前，先在背上披一块毛巾，以起到吸汗的作用。但毛巾吸汗以后分量加重，经常会滑落到地上，只得在众目睽睽下弯腰把毛巾捡起来，十分尴尬。

那时还有一项"革命化"措施，就是所有驻外人员只保留国内工资，在国外不分级别和职务，从大使、参赞到司机、厨师，每月一律领取生活补贴40元人民币，平均每天一元三角，以求真正做到"人人平等"。我听到一位贵州籍的司机师傅私下发牢骚说："干不干，一块三。"

这种局面一直持续了很长时间。到底怎样才算"革命化",谁也没搞清楚。

"文化大革命"初起

1966年7、8月"文革"开始后,许多地方和单位先后揪出"黑帮"。红卫兵到处破"四旧",闹得"天下大乱"。而林彪则说这是"乱了敌人",要乱得资产阶级睡不着觉,无产阶级也睡不着觉。

时任中央政治局委员、副总理兼外长陈毅对此很不理解,对社会上出现的一些不健康现象提出了批评。他说:"在革命队伍中几十年,看到问题就要讲话,不讲憋不住。""如果看到问题不讲话,我这个共产党员一个铜板也不值。"又说:"如果我在这里只讲好话,就不会有人贴我的大字报。可是,我不是那种哼哼哈哈的人,光讲文化大革命好得很!伟大!你好,我好,大家好,恭喜发财!我素来不是这个性格。在一场大的运动中,如果大家只讲好话,不敢讲存在的问题,只有一片赞扬声,而不容许讲不同意见,那是很危险的呀!"

这时部里一位副司长贴大字报揭发说,陈毅在机场接外宾时曾对身边的工作人员说,今天揪出北大校长陆平,明天揪出南大校长匡亚明,到处踢开党委闹革命,还要不要党的领导?大字报还说,当时李先念副总理也在场,可以作证。为此,外交部专门有人去找李副总理核实,李副总理回答说:"没听见。"

几天后的一个下午,陈毅同志来到外交部,在东交民巷(当时改名为反帝路)30号(即现在的华凤宾馆)小礼堂向大家谈了他对当时社会上出现的破"四旧"等过"左"现象的看法。我当时正从驻越使馆回国休假,也听了陈毅同志的讲话。他说,红卫兵娃娃十分幼稚,今天上午去找我辩论,质问为什么日本前来参加中日青年大联欢的都是有钱人家的"少爷"和"公子哥儿",为什么没有日本贫下中农的子弟。我说,中日青年大联欢是毛主席批准的,你们反对毛主席的决定吗?这些娃娃只好哑口无言,实在幼稚得可笑。我还说,我戴的手表是西藏的达赖喇嘛送给我的，也要拿去破"四旧"吗？接着陈毅同志叫着那位贴大字报的副司长的名字说，你是一个老党员，说话要凭党性，要有天地良心。这时后台的电话铃响了，陈毅同志接完电话后说，现在毛主席找我去开会，以后再谈。从此，陈毅同志再也没有机会以副总理和部长的身份与外交部的同志当面交谈，直到去世。

"文化大革命"中的两派

1967年春，外交部的运动方兴未艾。按照上面的统一部署，驻外人员都要分期分批回国参加"文化大革命"。每个使馆都回来一部分人参加运动，绝大多数的大使也都要回国。根据中央决定，只有驻阿联（埃及）大使黄华没有回国。

1967年春节后，我回国参加了近半年的运动。在北京，每个使馆的人都成立一个战斗队，每个战斗队都有一个由年轻人组成的核心组。一般说来二秘以上的外交官都不能参加核心组，揭发批判的直接对象就是本使馆的大使。有的大使，如驻古巴大使王幼平，本人是老红军，历史上无任何问题，又一贯平易近人，群众关系很好，在战斗队内"批"不起来。其他馆便贴出大字报，说驻古巴使馆风平浪静，是"世外桃源"。

在外交部，甚至整个外事口，斗争的焦点是如何评价解放17年来的外交工作。对此，外交部分成两派：造反派认为17年来外交部执行的是一条"三降一灭"的路线。所谓"三降"，即投降帝国主义、修正主义和各国反动派；"一灭"就是扑灭民族解放运动。由此得出的结论是必须坚决打倒外交部部长陈毅，"誓与陈毅血战到底"，实际是把矛头指向主管外交工作的周总理。另一派则认为17年来的外交路线是毛主席亲自制定的，工作成绩是主要的；对陈毅的缺点、错误可以批判，主张对陈毅"一批二保"，反对打倒陈毅。

在极为困难的情况下，周总理苦撑局面，多方斡旋。他同意对陈毅进行批判帮助，但坚决不同意"打倒"。总理表示："陈毅是外长，代表国家，是国际影响问题。对他的批判只能在外交部内，不能在部外搞。"又说，"你们要打倒陈毅，陈毅同志就倒了？没那么简单。"

1967年8月7日，外交部造反派在东交民巷30号小礼堂召开"批陈小会"，持不同观点者不得参加，只能在院子里观望。大约午后一时许，周总理身着银灰色咔叽布中山装来到30号院内，准备走进会场。这时卫士长成元功报告说，会场内挂有一条"打倒三反分子陈毅"的大标语。总理听后非常气愤，质问造反派头头："昨天说得好好的，已经达成了协议嘛，你们怎么还这个样子！"说着总理便停下脚步，冒着酷暑坚持站在院子里，不肯走进会场。僵持了近一个小时，会议主持人才同意把大标语拿掉。散会后，等在院子里的人自动排成两行鼓掌，总理从中间走过，不时向大家挥手致意。就在这时，造反派头头又乘势把陈毅同志扣留在地下室。总理闻讯后，责令一名支持造反派的司局级干部，要他立即把陈毅同志护送回家。

这期间，总理先后陪同陈毅同志参加过8次大小批判会。在一次批判大会上，造反派扬言要拦截陈毅的汽车，还说要冲会场。当时身体已十分虚弱的周总理愤怒地说："你们准备拦截陈毅同志的汽车，我马上挺身而出！你们谁要冲击会场，我就站在人民大会堂门口，让你们从我身上踏过去！"由于激动，总理心脏病发作，保健医生赶紧给他吸氧，导致总理整整30个小时无法工作。

夺权闹剧

1967年8月7日，"中央文革"中的骨干分子王力在钓鱼台召见外交部造反派头头，极力煽动极"左"思潮。他说："你这外交部就这么难？红卫兵为什么不能干外交？""部党委班子没有动吧？革命不动班子？这么大的革命不动班子还行？为什么不能动一动班子？""我看你们现在没有真正掌握实权，有点权才威风。"他还说："揪陈毅的大方向当然对，为什么不可以揪？""你们有什么过火？我看没有什么过火的地方。文革小组对革命派总是支持的。革命不能半途而废。坚决支持你们，将革命进行到底。"这就是臭名昭著的"王八七讲话"。

在"王八七讲话"的鼓动下，造反派头头和外交部一些受蒙蔽的人于8月16日一举砸烂了外交部政治部，悍然宣布夺了部党委大权，并强行封闭了所有副部长的办公室，并给所有驻外使领馆发电报，通报夺权的消息，而把不赞成夺权的人统统打成"保皇派"。接着，造反派召开夺权庆功大会。我听见会场内有人声嘶力竭地叫喊："打、打、打，打倒保皇派！滚、滚、滚，滚他妈的蛋！"

由于中央对外交工作的领导失控，短短几天接连发生了砸缅甸、印度、印尼驻华使馆和8月22日火烧英国代办处的恶性涉外事件。外交部造反派还前往建国门外的外交公寓，揪斗英国代办霍普森。8月23日，周总理紧急召见外事口各造反派头头，代表党中央、国务院宣布：外交部"夺权"是非法的，不算数的。党中央多次申明，外交、国防、财政大权在中央，不能夺，你们在外交部"夺权"，是目无中央，目无国务院。

8月25日，周总理找杨成武同志谈话，委托杨成武把"王八七讲话"呈送给在上海的毛主席。毛主席听取了杨成武的汇报，看了"王八七讲话"后，在上面批了"大、大、大毒草"几个大字，并说"王力讲的这些话，连我也不能随便讲的，我没有叫他管外交部的事嘛！"还说，"王、关、戚（王力、关锋、戚本禹）是破坏文化大革命的，不是好人。你（杨成武）只向总理一个人报告。把他们抓起来，要总理负责处理"。根据毛主席的指示，王力于8月30日被抓起来，关进了秦城监狱。

我于1967年9月底返回了驻越使馆。

"五七"干校

所谓"五七"干校，是指根据毛主席1966年5月7日写给林彪的一封信，即"五七指示"，而兴办起来的干部学校，实质上是在"文化大革命"中集中容纳党政机关干部、知识分子，对他们进行劳动改造和思想教育的场所。1970年6月22日，中共中央批准的《关于国务院各部门设立党的核心小组和革命委员会的请示报告》中规定："国务院各委机构由原来的90个精简为27个，各部委的干部编制总数

压掉82%。"因此，各部委大量的干部都涌入了"五七"干校。

据我所知，"文革"期间外交部在先后黑龙江、湖南、湖北、江西、山西和北京北郊开办了六所"五七"干校，部里专门设立了一个管理干校的办公室，叫"五七办"。在问到为什么要设这么多干校时，有关领导解释说，那是因为新建每一所"五七"干校的报告，都经过了毛主席和林副主席圈阅；如要撤销，势必还要呈请毛主席和林副主席圈阅。为不惊动领导同志，只好把干校维持下去。

干校参照部队的组织形式，分为校部和连、班三级。连里设连长、副连长和指导员，班里设班长和副班长。我所在的连里，有好几位老大使，如驻巴基斯坦大使章文晋、驻柬埔寨大使陈叔亮、驻斯里兰卡大使谢克西、驻伊拉克大使曹痴等。还有后来担任副外长的朱启祯和王英凡。王英凡是副连长，朱启祯在炊事班，当时是驻阿联使馆一秘。每当开饭时，朱启祯负责在窗口给大家打饭，肩上披一条擦汗的毛巾，每份饭分量掌握得非常准确。1925年入党、曾担任过副外长的王炳南也在我们这个连，他是被审查对象。他的专案由"上边"掌握，连里专门派人和他同住一个房间，实际上是监督看管。

"五七"战士的基本任务是参加农田劳动，强度很大。而物质条件却十分贫乏。除夫妇一起下放的，一般都是五、六个人同住一个集体宿舍。生活单调、枯燥，伙食更是缺肉少油。但大家都能互相关心、互相帮助。一次，一位老大姐知道我粮食不够吃，竟慷慨地支援我20斤粮票。还有一次，我端着饭碗从一位同志的家门经过，听到里面有人喊我的名字，便走进他的房间。只见他拿出从北京带去的玻璃瓶，里面装着炼好的猪油。他顺手往我碗里放了一勺，我那碗缺肉少油的素炒白菜，顿时变成了美味佳肴。

事实上人们来到干校，总有一种不被信任的感觉。大家时刻在关心外部世界的变化，盼望早日返回工作岗位。那时干校规定每天上午有一小时的"天天读"时间，用来读毛主席著作或"两报一刊"社论等政治材料。有的同志担心自己的外语被丢掉，便把外语书籍夹在《红旗》杂志里面，表面上看是读《红旗》，实际是在读外语。

每当国庆前夕，干校领导便通知大家说，国庆期间停止进京，以确保首都的安全。这使"五七"战士们心里很不舒服，为什么他们往日可以陪外宾出入钓鱼台国宾馆和人民大会堂，此刻却成了影响首都安全的不安定因素。尽管如此，大家都不敢轻易说出真实想法，都希望用良好的表现，换取早日离开干校。一般情况下，每人都要在干校待上两三年，也有人"常驻"了七八年，荒废了一生中最宝贵、精力最旺盛的黄金时光。

巨星陨落

1976年1月8日，周总理与世长辞。消息传来，外交部一片悲痛。"四人帮"在幸灾乐祸的同时，则拼命压低悼念周总理的规格。在他们的旨意下，周总理的遗体被停放在北京医院一个很小的普通太平间。

许多外国领导人纷纷表示要前来参加周总理的葬礼。一天，韩念龙副外长听说斯里兰卡总理班达拉奈克已经准备好了前来北京的专机，便非常激动地对亚洲司的同志说，要着手准备接待，否则在情理上太说不过去了。但接着便传来了"上级"的指示：一律不接待外国领导人。

当时外交部规定，除处长以上干部和高级翻译可以去向总理遗体告别外，每个处还可以去一名群众代表。当时我既不是处长，也不是高级翻译，便主动推荐我自己。但亚洲司领导不同意，说要派一名具有"法家"思想的年轻人去，意思是说我没有法家思想，我的资格便被否定了。我不甘心，下班后又去部里政治部再次表达我的愿望。政治部负责人康晓同志说，大家已在院子里排队。天也快黑了，你就悄悄地站在队里，和大家一起去吧！

走进北京医院，只看见一队队解放军手托军帽，缓缓行进。他们在战场上是铁打的硬汉，此刻却在凛冽的寒风中失声痛哭。周总理安卧在鲜花丛中，外交部的同志默默地向敬爱的总理做最后的告别。

广大干部、群众对"四人帮"的倒行逆施无不义愤填膺。在强大的舆论压力下，"四人帮"不得不同意在劳动人民文化宫为周总理设置灵堂。由于朝鲜和越南驻华大使要前来转送这两个国家领导人从国内运来的花圈,亚洲司便派懂朝语的谭静同志和我到劳动人民文化宫值班。我看见现场只有华国锋一人站在那里,"四人帮"成员无一人到场。解放军军乐队的同志一边吹奏哀乐,一边以泪洗面,情景极为感人。在那种极度沉闷、万马齐喑的政治气候下,人人都为党和国家的前途担忧。

那年清明节前夕,天安门广场爆发了群众自发悼念周总理的活动。尽管北京市向各单位打招呼,让人们不要去天安门广场,但去的人越来越多,人民英雄纪念碑四周已成为花圈的海洋。不久,"上级"下达了不准去天安门广场的禁令,并要求人们交出抄写的悼念周总理的诗词。

如今近40年过去了,十恶不赦的"四人帮"已沦为历史的罪人。改革开放以来,国家面貌发生了翻天覆地的变化。作为外交战线上的一名老兵,追忆往事,更加怀念敬爱的周总理。周总理伟大的一生和崇高的道德风范是全体外交人员学习的光辉榜样,更是鼓舞全国人民实现中华民族伟大复兴的强大动力。

下放"五七"干校

1970年春,我结束了在驻越使馆的五年任期回国。当年7月即下放到位于江西上高县的外交部"五七"干校。

我到江西干校后遇到不少熟悉的同事,他们自称是"三一八战士"。我不太清楚这个称呼的含义,后来得知,他们是1969年3月18日来到干校的,是干校的第一批学员。临行前大家曾到北京天安门广场人民英雄纪念碑前集合,宣誓要一辈子扎根干校,永远不回北京。尽管"三一八"战士曾宣誓要一辈子走"五七"道路,但"上边"并没有明确宣布过每人要在干校待多长时间。

如果说下放干校有什么收获，我认为最大的收获就是亲身感受到失去工作的痛苦和对工作的渴望。因此一旦有机会重新走上工作岗位，便会倍加珍惜，更加努力地投入工作。

值得一提的是，在干校期间大家建立的深厚的"战友"情谊，却十分值得珍惜。如今大家都已七八十岁，仍不时在一起聚会。有一次我们五连的老战士聚会，到场的竟有六十九人。见面时大家互相问长问短，谈笑风生，回忆在干校的酸甜苦辣，那种亲热劲儿在机关里是不太能看到的。前驻扎伊尔大使孙昆山和前驻波兰大使馆政务参赞王砚是聚会的召集人，每次聚会前后都要忙碌一番，散会后还要把现场拍摄的照片洗印后寄给每一个人。一次，孙大使骑着自行车到邮局去寄照片，由于路途颠簸，照片掉在了半路。只好重新洗印，重新邮寄。看着照片上那一张张熟悉的面孔，便会勾起几十年前的往事回忆。

东四外交部大楼情结

我在外交部工作近40年。除去在国外常驻，大部分时间是在东四朝阳门内那幢大楼里上班。

那时的外交部有两幢办公楼。西楼是原科学院情报所，东楼是原对外文委。部领导、地区业务司以及办公厅都在西楼；干部司、行政司、部机关党委、医务室等都在东楼。

总的说来，办公条件比较艰苦。部长、副部长等部领导的办公室在西楼三层。虽每人一个房间，但面积很小，只有一张办公桌、几把椅子和一个衣架。一个木制盆架上面放着一个搪瓷脸盆，架上搭着一条白毛巾，没有单用卫生间。部领导找有关人员商谈什么问题，也都是挤在自己的办公室。

亚洲司和苏欧司同在四层，各占一半。当年我所在的亚洲司二处主管我国同印支三国事务，共有十五、六个人，占用两个房间。桌椅全是使用多年的，有高有低，有大有小，几乎没有两件是相同的。全司有一个乒乓球室兼会议室，开会时要每人把自己办公室的椅子搬去，散会后再搬回办公室。整个外交部有两个锅炉房。每天上班后，人们都提着竹壳或铁皮壳暖瓶,排着长队等候打开水。有的司局级领导干部,如马列同志,虽曾为周总理当过秘书,仍身体力行,照样提着暖水瓶排队打水。

部里有一个不大的食堂。如大家同一时间去用餐,会有很多人没有座位。每餐除米饭、馒头等主食外,一般提供甲、乙、丙三个档次的菜,我记得80年代的价格分别为2角、1角和5分。碗筷自备,用后再拿回办公室。有一年的"三八"妇女节,食堂特意为女同志做了炸春卷,男同志没有份儿。一些夫妇同在部里工作的女同志舍不得吃,拿回去和丈夫分享。亚洲司的一位男性副司长,幸运地买到了一碗卖剩下的碎春卷,乐得合不拢嘴。那时人们家里都没有洗浴设备。部里有一个浴室,每周一三五对女同志开放,二四六对男士开放,每次费用为两角。还有一个理发室,如要理发,需在早上7点以前在理发室门外一块小黑板上登记。如名额已满,只好第二天再去登记,有时甚至排几天才能轮上。

五六十年代入部的干部多有家庭经济负担。每当发工资后,东四邮局便会挤满外交部的人,都是在往家里汇款。我入部时按研究生待遇定为行政21级,月工资为62元,一直维持了十五、六年不变。按照当时的经济状况,遇有接待外宾的任务,很多人无法拿出体面的服装。于是部里总务司(即现在的行政司)设置了一个服装库房,凭借本单位开具的证明可借用中山装或大衣,用后如期归还。一次,保卫处为大家更换出入证,从照相馆请来摄影师在东楼小礼堂给每人照相。当时我正准备归还借来的中山装,考虑到穿着这套衣服去照相会比较体面,便穿着它去了小礼堂。但摄影师嫌上衣的领口太大,就临时找来一个夹衣服的夹子,把脖子后面的多余部分用夹子夹起来,就这样拍了一张"标准像"。至今我还珍藏着这张照片,每逢看到它就会情不自禁想到脖子后面那个夹子。

那时每天下班后或节假日,各司都要安排专人值班。除司领导外,每人都要轮流参加。按规定,值班可得到3两粮票和6角钱人民币补贴。晚11点食堂供应夜宵,凭借补贴可买上一碗馄饨和一个馒头,或一碗米粥和一个包子。我担任处长时，遇到春节，就把值班的任务留给自己。节假日期间每个司还要有一位司长或副司长在家里值班，不得外出，遇有急事可以随时找到。那时，绝大多数干部家里都没有电话。值班的人如有事需找相关的人，只能把电话打到宿舍区传达室，再用话筒呼叫。"文革"期间我家住在三里屯东九楼，与礼宾司的吴明廉同住一楼。他的事情多，经常听见传达室的人用话筒高声呼叫"吴明廉电话！"1988年亚洲司新任司长徐敦信到任，家里没有电话。为工作需要，经多方努力才从别的单位搞到一部电话。

工作条件虽然艰苦，但同志之间相互爱护，互相关心，时刻都能感受到集体的温暖。有几件事至今不忘。

1980年夏，我女儿准备报考北京外语学院英语系。口试前，亚洲司的张家松、任厚坤、孟宪英和荣淑丽同志，牺牲午休时间，轮流在东楼传达室为我女儿辅导口语。任厚坤同志还让我女儿星期日到她家进行辅导，并为我女儿准备了西红柿加白糖。时隔30多年，在亚洲司一次老同志聚会上，我再次向任厚坤同志表示感谢，她说，这点小事算得了什么，只是那时没有条件。如果是现在，起码也要给孩子准备水果。

一次部里更换出入证，要求每人把旧出入证上缴，换取新证。在保卫处工作的王浩同志是何英副部长的夫人，她发现我上缴的旧出入证里面还夹有3两粮票，便从东楼跑到西楼，亲自把3两粮票当面交到我手里。

一次韩念龙副部长陪同越南南方民族解放阵线领导人到天津参观访问，我作为翻译和有关同志一道随同前往。晚上宴会结束后，韩副部长把我叫到一旁说，你是天津人，晚上的文艺节目就不要看了，让外办派一辆车送你回家看看父母，明天早饭前赶回来。那时我不过是一名普通科员，部领导如此关心下属，令我激动不已。韩念龙副部长是老革命，作风平易近人，他经常在工间操时间，从三楼的办公室走到亚洲司所在的四楼各处，同一般干部聊聊家常，因此能记住许多普通干部的名字和家里的情况。

那个年代,大家追求的是无私奉献,没有奖金,也不像现在提拔得这么快,不少处长、副处长的年龄都在50岁以上。但大家不计较这些,照样一心一意埋头工作。不少同志都自愿加班加点,晚上许多办公室都灯火通明。我和大家一样把全部心思扑在工作上。八十年代后期我担任亚洲司二处(印支处)处长时,被评为1987年外交部优秀党员。"外交部优秀党员"亚洲司同时被评为外交部优秀党员的还有两位同志,一位是三处(东南亚处)处长关登明,后来担任了驻菲律宾和驻马来西亚大使。另一位是四处(日本处)处长王毅,即现任的外交部部长。当时外交部政治部在东楼小礼堂召开了一次报告会,安排六位被评为优秀党员的同志在会上发言。我是发言者之一。齐怀远副部长最后代表部领导讲话时,对六位同志还逐一作了点评,在谈到我的时候说:"李家忠同志长期以来以革命工作为重,把革命工作需要作为自己的志愿,组织叫干啥就干好啥,毫无怨言,从不讲价钱,从不计较个人的职务高低,甘心做老黄牛。"我对这几句话看得很重,认为这是组织上对我的鉴定,更是对我的鼓励和要求,我必须更加努力,不辜负组织的期望。

1987年被评为"外交部优秀党员"。

1981年春,我第二次被派到驻越南使馆工作,任二秘、研究室负责人。临行前,亚洲司二处十几位同志用一整个下午为我开欢送茶话会。每位同志都语重心长地发了言，大家从不同角度既肯定了我的长处和进步，又指出了我的缺点和不足。我想，这么多同志帮我"照镜子"，是一次难得的机会，便详细做了记录，准备长期珍藏，不时翻看。但在清理办公桌时，不慎将这份记录放进了要销毁的手稿中，等投进焚烧炉后才发现，已经来不及了。如今 30 多年过去，想起来仍感到万分遗憾。

自 1989 年年末，我连续在国外工作了 10 年。2000 年回国后，外交部已搬进朝阳门那幢非常气派的现代化大楼。但我对外交部的大部分记忆却凝固在东四那两栋老楼里。如今每逢走到东四，我都会在那两栋楼前驻足凝望良久，脑海中又浮现出那些对往事的回忆。

第三章
越战亲历

炮火下的五年

1965年春,我第一次到中国驻越南大使馆工作。临行前,外交部翻译队为我开了欢送会,同志们都说我能到抗美前线去工作,是组织上对我的信任。我表示一定不辜负组织和同志们的期望,以实际行动接受战争环境的考验。

当时美国正逐步把侵越战争扩大到越南北方。我抵达河内后,便感受到浓浓的备战气氛。面对这种严峻形势,使馆的工作也相应做了调整。遵照国内指示,所有夫人和女同志都撤回国内,留下的男同志也做了必要准备。河内市到处都修建了防空洞和单人掩体,市中心的还剑湖周围还修建了一个环湖的防空地道。全市各条街道都架有广播喇叭,市民可随时听到美国飞机的动向。中国援越部队为大使馆修建了4个坚固的钢筋水泥防空洞,每个可容纳20多人,并能承受敌机投下的700磅重的炸弹。大使馆各办公室和宿舍的玻璃窗都贴上了纸条,防止一旦被炸时玻璃片四处飞溅。此外还准备了蜡烛和火柴,防备停电。每人都配备有蓝色棉大衣和手电筒,便于夜间钻防空洞时使用。为保证大使馆被炸后仍能继续工作,越南政府在和平省一个偏僻的山脚下,为大使馆提供了一个疏散基地,由大使馆派两名年轻工作人员驻守。

不久,美国飞机开始对河内和越南北方其他城市进行大规模轰炸,大使馆的正常工作秩序也随之被打乱。每当广播中说:"同胞注意,敌机距河内50公里"时,大家便要放下手中的工作,注意下一步情况。当广播中说"敌机距河内20公里"时,便要马上进入防空洞。有时未等进入防空洞,就已听到敌机投下炸弹的爆炸声和越南防空部队发射的高炮声。待美国飞机轰炸过后,广播中便说:"同胞注意,敌机已经远去"。这时,我们再从防空洞中走出来,继续工作。即使夜间,美国飞机也经常来轰炸。为此,每天晚上从11点到次日清晨6点,使馆都轮流安排两人值班,主要任务是当有空袭警报时,负责叫醒大家尽快进防空洞,并把院内所有电灯关掉。有时一天要钻防空洞好几次。

我从小在和平环境中长大,没有经历过战争炮火的锻炼。虽已下决心接受考验,但开始听到美国飞机在上空的吼叫声,特别是夜间看到越南高射机枪喷出的一道道火舌把天空染得通红,就会不由自主地心跳加快。但几天过后,便逐渐适应和习惯,以至于有时出于好奇,还把大使馆仅有的一台录音机放在露天的地方,让它记录下美国飞机的轰炸声和越南高炮的轰鸣声。当时中央电视台派到越南的军事记者周居芳同志住在河内还剑湖附近的统一饭店。每当美国飞机前来轰炸,他都扛着摄像机跑向饭店最高的地方,力求拍下越南高炮击中美国飞机的镜头。他的勇敢和敬业精神令我们感动。

周总理认为驻越南使馆的职责十分重要,称我国驻越南大使朱其文为"战争大使"。那时通信条件还很落后,使馆没有电视,国内的《人民日报》要到一周后才能收到。周总理便指示外交部每天向驻越使馆通报重要消息。办法是外交部新闻司每天定时从北京用长途电话逐句口读每条消息,使馆指定我和研究室另一年轻人逐句听写,然后交打字员打印若干份,送大使馆领导和有关同志阅读。由于长途电话线路不好,听起来十分吃力,再加上天气炎热,每次听完都满身是汗。

河内市区有一座横跨红河的铁桥,全长1681米,是连接中国大使馆和河内机场的必经通道,也是美国飞机轰炸的重点目标。每次大桥被炸断,都由中国援越部队和越南工兵分头从两端修复,最后到中间会合。为防止大桥被炸,每当国内外交信使前来,使馆负责接机人员都要带上橡皮筏,以备一旦大桥被炸,可以用船筏将信使安全接到使馆。

一次我和石秉毅同志送贺克强等两位信使回国。为争取时间,便从一条小路穿过。不料当汽车行至小路中间,只见一颗未炸的炸弹横在眼前,挡住了去路。炸弹半截埋在地下,另半截露出地面。我们无法判断它是否为定时炸弹,更不知道如果从它身上越过,会不会因震动导致它爆炸。但如从原路退回,肯定会错过班机起飞的时间。时间急迫,容不得过多考虑。经过两三分钟的商量,我们一致决定从炸弹身上冲过去。幸好炸弹没有爆炸,信使按时起飞,我们几个人也都活到了今天。信使老贺退休后与我同住一楼。提起这件往事,他说,那时年轻气盛,一心想赶上飞机航班,顾不得去考虑其他。这也是我们几人的共同想法。

美国清楚地知道中国是支援越南抗美的大后方,因此一直把中国大使馆作为轰炸的重点目标。在河内举办的一个抗美战利品展览会上,我就亲眼看见过美国飞行员随身携带的地图,上面标有一个个轰炸目标,其中之一就是中国大使馆。

1966年12月14日中国大使馆工作人员正在吃午饭。武官处的王茂兴同志突然对大家说:"请同志们快些吃饭,饭后立即进入防空洞。有情况。"所谓有情况,是因为当时国内情报部门可以掌握美国飞机每批次从泰国乌塔保等空军基地起飞的动向,及时通过中国大使馆武官处通报给越南军方,便于越南防空部队立即采取应对措施。自然使馆也能首先了解相关信息。

情况果然如此。当天午后3时许,美国飞机多批轰炸河内市区。先有4架美机在中国大使馆上空盘旋,其中两架于3时24分向大使馆俯冲,发射一枚空对地导弹,炸毁了大使馆电影厅大楼西南角,楼顶被摧毁近一半,门窗玻璃全部破碎。与大使馆一街之隔的大使官邸和新华社河内分社的门窗也大都被炸毁。多亏使馆同志们及时钻进了防空洞,没有造成人员伤亡。后经越南军方专家鉴定,美机投下的是"百舌鸟"导弹。

下午6时15分,胡志明主席步行来到大使馆,向朱其文大使表示慰问。朱大使、陈亮政务参赞和陈皓武官陪同胡主席视察了被炸现场。当听说大使馆和新华分社的人员都没有受伤时,胡主席说:"那就好,那就好。"之后,胡主席又询问大使馆有多少人,防空洞能否确保大家的安全,大使馆有没有疏散计划等。朱大使逐一做了报告。胡主席对在场的使馆官员说:"房子被炸了,算不了什么,今后可以建更好的。只要人在,我们将继续战斗。"此前,越南外长阮维祯、副外长黄文利、阮基石和河内行政委员会主席(市长)陈维兴也前来大使馆表示慰问。

第二天，朱其文大使在大使馆举行记者招待会，揭露和谴责美国飞机轰炸中国大使馆犯下的罪行。12月16日，中国外交部发言人发表声明，强烈谴责"美帝国主义向中国人民蓄意进行的严重挑衅行为"。那时正值"文化大革命"爆发不久，许多外交文件的用词都带有文革气息。声明说："美帝国主义竟然明目张胆地向中国驻越南的外交代表机构开火，妄图用战争的恐吓试探中国人民支援越南人民同美帝国主义战斗到底的决心。美帝国主义真是瞎了眼睛，看错了对象。越南人民是吓不倒的，中国人民也是吓不倒的。""中国大使馆和新华分社的全体工作人员，对美帝国主义这一严重的战争挑衅行动表示极大的愤慨和最强烈的抗议。"他们表示"一定更高地举起毛泽东思想伟大红旗，为支援兄弟的越南人民争取抗美救国斗争的最后胜利，不惜做出任何牺牲，以完成祖国人民交给的任务。"

越战期间摄于大使馆院内，身后的两层楼曾遭美机轰炸。

我这次在越南工作的5年间究竟钻过多少次防空洞，无法统计。

中国援越部队在越南执行任务期间，有一千四百多位官兵壮烈牺牲，至今仍安葬在越南北方的土地上。中国大使馆武官处对每位烈士的墓地都有详细的记载。几十年来，每年清明节，使馆领导和工作人员都要为烈士扫墓，并用援越抗美的事迹对馆员进行革命传统和国际主义教育。

越南方面对保护中国烈士墓也十分重视,每座墓地都有专人看管。每次扫墓都有越南外交部和越中友协的代表共同前往,和大使馆一起向烈士墓敬献花圈,并按照越南习俗为烈士墓上香。1999年适值中国国庆50周年,越方专门拨款对所有中国烈士墓进行了全面维修。越共中央委员、越南主席府办公厅主任、越中友协主席阮景营亲自陪同我前往河北省陶美乡,为中国烈士扫墓。

2000年清明节,我和大使馆部分同志到越南北部高平省祭扫中国烈士墓。越共中央员、高平省委书记农鸿泰、省人民委员会主席(省长)谭香和省人民议会主席、省祖国阵线主席一起出面接待。农鸿泰书记说:"越南和中国是近邻,高平省和中国广西更是近邻。中国烈士为支援越南抗美救国斗争献出了宝贵生命。中国烈士就是越南烈士,保护好中国烈士墓是我们义不容辞的责任。"

我和大使馆同志在中国烈士墓前默哀。

牺牲的中国烈士都是风华正茂的中华民族优秀儿女。他们和我年龄相差无几,但为了支援越南人民反侵略的正义事业献出了宝贵生命。

我为中国烈士墓上香。烈士陵园的黄色纪念塔上刻有"世代铭记烈士的恩情"字样。

在高平省中国烈士墓前,我把年轻的越南看墓人抱在怀里,感谢他对中国烈士的一片情谊。站在旁边的是高平省人民委员会主席(省长)覃香和越中友协副主席武高潘。

每次站在烈士墓前,我心情都格外激动。在高平省,我含着热泪紧紧地抱住看墓的越南青年,向他表示感谢。

如今回忆起援越抗美的岁月,许多往事仍历历在目。在驻越使馆工作的第一个5年,是我一生的一段重要经历,对于我人生观、世界观的确立,以及一个外交人员如何对待生与死的问题,都起了重要作用。

援越抗美综述

美国的侵略图谋和战争升级

1954年越南抗法战争结束后,越南和印度支那并没有由此获得和平。美国乘机取代法国,力图干涉和控制印支三国,遏制中国,破坏关于印度支那的日内瓦协议,阴谋发动新的战争。

1962年2月8日,美军司令部在南越西贡成立,标志着"特种战争"的开始。在此基础上,进一步策动"局部战争"。

1964年8月4日,美国借口其军舰遭到越南海军的袭击,一手制造了"北部湾事件",把战火扩大到越南北方。1965年6月8日,美国公然宣布美军参战。

到1965年底,侵越美军增加到18.4万人,1967年增加到38.5万人,1969年增加到54.4万人,南越伪军也扩大到近100万人。

与此同时,美国飞机对越南北方狂轰滥炸,1965年出动25万架次,1966年79万架次,1967年108万架次。年投弹量从6.3万吨增加到13.6万吨,最高年份达到22.5万吨。

面临美国的战争行径,越南人民奋起反抗。1967年7月17日,越南民主共和国主席胡志明发表气壮山河的《告全国同胞书》,指出:"战争可能延长五年、十年、二十年,甚至更长的时间,河内、海防和一些城市、工厂可能被摧毁,但越南人民是不会被吓倒的!没有什么比独立、自由更可贵。到了胜利的那一天,我国人民将重新把自己的祖国建设得更加堂皇,更加壮丽。"

坚决支援越南人民抗美救国

中国始终密切关注美国战争升级的每个步骤,全力支持越南人民的正义斗争。那时几乎所有人都能记住毛主席的两句最高指示:"七亿中国人民是越南人民的坚强后盾,辽阔的中国领土是越南人民的可靠后方。"

1962年夏，胡志明主席访问中国，同中国领导人共同分析美国入侵越南所造成的严重局势和应采取的对策。

1963年3月，中国人民解放军总参谋长罗瑞卿访问越南。同年9月，越南人民军总参谋长文进勇访华。在两次访问中，双方共同研究了如美军向越南北方发动进攻，如何援助越南和两国如何配合作战的问题，并就"中越两军协同作战计划"和"中国支援越南军事装备和后勤物资计划"达成协议。

1964年8月6日，即北部湾事件发生的第三天，中国政府发表声明，强烈谴责美国的侵略行径，郑重指出："美国点起了侵略战火，越南民主共和国就取得了反侵略行动的权力。一切维护日内瓦协议的国家也取得了支援越南民主共和国反侵略的权力。""越南民主共和国是中国唇齿相依的邻邦，越南人民是中国人民亲如手足的兄弟。美国对越南民主共和国的侵犯，就是对中国的侵犯，中国人民绝不会坐视不救！"

两天后，北京百万工人、农民、机关干部、民兵、街道居民走上街头，举行声势浩大的示威游行，支援越南人民反对美国武装侵略。

1965年2月10日，北京150万人在天安门广场集会示威，愤怒声讨美国的侵略罪行，坚决支援越南人民反美斗争。

1971年3月，周总理率中国党政代表团访问越南，在河内的群众集会上庄严宣布："越南、老挝、柬埔寨是中国的近邻，我们决不允许美帝国主义在那里为所欲为。如果美国硬要扩大侵略印度支那战争，中国人民将采取一切必要措施，甚至不惜承担最大的民族牺牲，支持印支三国人民彻底打败美国侵略者。"

1965年5月25日，在周恩来总理主持下，组成了包括外交部、铁道部、交通部、总政、总后、海军、空军、铁道兵、工程兵、总参作战部等21个单位的援越协调小组，统一组织、实施援越事宜。另成立了由李先念、薄一波、罗瑞卿等七位同志组成的领导小组，负责掌握援越的方针政策，审批新增援越项目。而全部援越工作则是在周总理统一指挥下进行。与此同时，中共中央中南局书记陶铸率领广东、广西、云南、湖南等南方省区党委书记内部访问越南，商谈一旦美国侵越战争进一步扩大，这几个靠近越南的省、区如何援助越南的问题。胡志明主席亲往机场迎接。我那时正在大使馆工作，至今还珍藏着陶铸一行和大使馆全体人员合影的照片。

毛主席和周总理想越南人民之所想，急越南人民之所急，对援越工作考虑得十分细致。周总理多次强调："要把援助越南问题看作我国援外工作中头等重要的事情。"周总理要求运往越南南方战场的武器装备的包装要"便于运输，便于携带，便于使用，便于隐蔽"。针对越南部队战士的身材和体力，提出弹药包装最大重量不能超过25公斤，大米包装每袋50公斤。毛主席还特别嘱咐有关部门："一定要为越南战士配备蚊帐，给他们制作的压缩饼干要分量轻、营养好。"为此，上海利民食品厂彻底转产，专门为越南南方战士生产压缩饼干。为保证营养，每袋压缩饼干里还加放一包肉松。此外，根据毛主席的指示，中国还为越南南方部队每个连配备一台熊猫牌收音机。

为解决在美国飞机狂轰滥炸情况下的运输问题，周总理决定开辟一条从广西的北海和海南岛的三亚直达越南南方的秘密航线。一批批中国小型货轮经过北部湾，在晚间驶向越南南方海岸，把船上用多层塑料袋包装的大米投向海滩附近。米袋随着海浪漂浮到海岸，船上打出信号，越南南方游击队立即把大米抢运到内地。美伪军发现后，多次向中国货轮开枪，不少中国海员为支援越南献出了生命。

中方还支付大量外汇，开辟了一条通过柬埔寨境内的西哈努克港（磅逊港）的秘密运输线，把物资运到柬埔寨的鹦鹉嘴地区，再转运到越南南方各根据地和游击区。

与此同时，又和越南方面商量，开辟了一条贯穿越老边界和越柬边界崇山峻岭的秘密运输线，即"胡志明小道"。为进一步提高运输效率，1970年周总理派李强和方毅同志率团对"胡志明小道"进行现场考察，同越南领导人商讨改善运输条件的措施。考察团回国后，周总理亲自听取汇报,决定把土路改为碎石路,并增加支线,使之既能直行,也能横通。越南总理范文同说:"把这条土路修成了碎石路,成为全天候的运输通道,这是周总理给我们的启发。"

越南南方战士身上穿的衣服和手中使用的武器,也都是中国提供的。当时有的同志认为,中国对越南的援助已超出了自己的承受能力。周总理则说,越南战争这么激烈,越南人民牺牲很大,生活比我们困难。经过七八年战争,现在到了最后紧要关头。我们咬咬牙,要继续支援他们,要患难与共,争取最后胜利。

援越部队在越南

1965年4月,越南劳动党第一书记黎笋、政府副总理兼国防部长武元甲受胡志明主席的委托,率党政代表团到达北京,要求中方扩大对越南的援助,并向越南派出工程兵、铁道兵和高炮部队。4月8日,刘少奇主席代表中方表示,援越抗美是我们应尽的国际主义义务和义不容辞的责任。我们的方针是:"凡你们需要的,我这里有的,我们尽力援助。你们不请,我们不去。你们请我们哪一部分,我们就派哪一部分去。这主动权完全掌握在你们手里。"毛主席还曾对胡志明主席说:"咱们一家子嘛!有什么困难?要人有人,要物有物,你不要客气。"

应越方要求,从1965年10月到1968年3月,中国先后向越南派出高炮、工程、铁道、后勤等支援部队总计达32万余人,最高年份达17万人。出国前,总政治部特别颁发了《援越抗美部队人员纪律守则》,明文规定要"尊重越南民主共和国,尊重越南劳动党,尊重胡志明主席,尊重越南人民,尊重越南人民军",还规定要"爱护越南的一山一水,一草一木","认真为越南人民做好事"。中国支援部队在越南执行任务期间,作战、施工、后勤保障和交通运输等费用,全部由中方承担,不增加越南方面的任何负担。中国援越部队同越南人民一起,用鲜血和生命保卫越南北方的领空,保证越南北方运输线的畅通,使越南人民军得以抽调大批部队到越南南方作战。其中高炮部队和工程兵的防空部队共作战2153次,击落美国飞机1707架,击伤1608架,俘虏美国飞行员42人。

为了保密,中国援越部队都穿蓝色的制服,部队也不称"师"、"团",而称"支队"、"分队",一个"支队"就是一个师,一个"分队"就是一个团。

为了让中国援越部队及时了解越南抗美斗争的形势,越南中央统一委员会每月都向中国大使馆提供一份介绍材料。使馆领导指派我负责将材料翻译成中文,用油印机印出若干份,及时发给部队各单位。

援越部队的后勤保障相当充足,但吃不上新鲜蔬菜。由于上级明文规定要爱护越南的一草一木,援越部队不敢随意就地开荒种菜。胡志明主席得悉后,连忙说,没关系,没关系,中国支援部队来到越南,就是为了保护越南的一草一木。在胡志明主席的关怀下,援越部队很快解决了种菜问题。当时越南市场上很难买到新鲜的扁豆,而中国援越部队能种出很好的扁豆。一次,援越部队给使馆送来一卡车扁豆,大约有两千多斤。当时使馆只有四、五十人。于是在很长时间里,食堂几乎天天给大家做扁豆,炒扁豆、焖扁豆、扁豆水饺、扁豆包子……我记得从那以后,有好几年我一闻到扁豆的气味便反胃。

援越部队经常派人到使馆联系工作,我和他们经常接触,有时候还和一些同志聊聊天,听他们谈些见闻。我记得一位同志说,当时工程部队都是昼夜轮班施工。一次,一名战士下夜班回营房,刚打开房门,只见一只老虎睡在战友的床下,战友也正睡得香甜。这位战士意识到,一旦老虎醒来,很可能会把战友吃掉,至少也会把战友咬伤。但部队的纪律是不得伤害越南的野生动物。因此这位战士不敢擅自向老虎开枪,只得硬着头皮去请示上级首长,得到同意后赶忙返回营房。幸好老虎和战友都没有睡醒。战士向老虎开了枪,保住了战友的性命。

在整个执行任务期间,全体干部战士模范地贯彻执行了《守则》,充分体现了人民解放军的本色。部队在完成国际主义义务后,于1970年7月全部撤回中国。但有1442位烈士长眠在越南北方的土地上。1968年,胡志明主席在接见中国工程部队代表时,高度评价中国援越部队的工作,他说:"我赠给你们一个荣誉称号:你们是来时人人敬爱,走时人人想念的革命部队。"

抗美斗争最后胜利

1973年6月,越南党中央第一书记黎笋率党政代表团访华时说:"中国党、中国政府和人民,本着崇高的国际主义精神,一向给予越南人民以多方面的支持和援助,为有效增强越南人民的战斗力、国防和经济实力作出了贡献,鼓舞我们不断前进,夺取一个又一个胜利。中国人民所给予的形式生动和丰富的支持和援助,体现了你们对越南人民的深切诚意,这一切将永远不会磨灭地铭记在我们心中。"

1973年11月27日,越南民主共和国、越南南方共和临时革命政府、美国和南越伪政权的代表,经过五年的谈判,在巴黎正式签署了《关于在越南结束战争、恢复和平的协议》。至此,美国投入54.4万兵力、消耗2500亿美元的侵越战争宣告结束。按照巴黎协定,美军在60天内全部撤离了越南南方。

1973年6月,越南党中央第一书记黎笋和政府总理范文同率党政代表团访华,周总理亲自到首都机场迎接。之后,身患重病的周总理又亲自陪同越南客人到西安和延安参观访问。

1975年4月30日，越南南方解放武装力量一举攻克西贡，至此越南南方完全解放，从而宣告了抗美救国斗争的彻底胜利。

从20世纪50年代抗法战争和60年代抗美战争，直到1975年越南南方完全解放、越南实现全国统一，中国向越南提供的援助，按照当时人民币同美元的汇率计算，总额超过200亿美元。除14亿人民币的无息贷款外，其余全部为无偿援助。那时中国的国力并不强盛，人民生活并不富裕，尤其是期间经历了三年自然灾害和十年"文化大革命"，但中国人民不惜做出民族牺牲，节衣缩食，从道义上、物质上、人力上全力支援越南人民的抗美救国斗争，忠实履行了国际主义义务。

胡志明主席和中国大使馆

胡志明主席早年曾在中国从事革命活动，后来又多次访问中国，对中国很有感情。他身为越南党和国家的最高领导人，作风却异常艰苦朴素，平易近人，没有丝毫"大官"的架子。凡是见过他的人，包括中国驻越南大使馆的人员，对此都留下了深深的印象。

1965年春，我第一次到驻越使馆工作。使馆的老同志就曾向我讲过不少关于胡主席和大使馆的故事。他们说，1954年越南抗法战争胜利后，中国大使馆准备从越南北部太原省的抗法根据地迁入首都河内。当时胡主席表示，中国大使馆的人员可以在市区任何地方物色大使馆馆址，然后向他报告。近半个世纪来，坐落在河内巴亭郡黄耀街46号的中国大使馆，就是当年胡主席亲自批准建设的，至今仍被外交使团公认为河内最漂亮、最宽敞和地理位置最佳的大使馆之一。建馆后，罗贵波大使首次在大使馆举行宴会，招待胡主席等越南领导人。本来，在抗法战争期间，罗大使和越南领导人在越北根据地几乎是朝夕见面，不讲究任何外交礼节。但进城后一切都要按正规外交礼仪办事，确实不大习惯。宴会当天，胡主席和长征、范文同等领导人步行走到中国大使馆门前，但谁都不肯走在最前面。彼此你让我、我让你，谦让了好半天,才一起走进大使馆。还有一次,何伟大使在大使馆宴请胡主席。胡主席到大使馆时,并没有特别着装,仍像平常一样穿着拖鞋。宴会桌上,胡主席吃饭较快,不一会儿就放下了筷子。这时,胡主席表示想到大使馆院子里随便走走。何伟大使马上起立,要陪同胡主席一起到院子里去。胡主席执意不肯,坚持让大家照常用餐。何伟大使只好尊重胡主席的意见。但胡主席出去后,发现脚上的拖鞋只剩下了一只,于是又回到了宴会厅。大家正不明白是怎么回事,只见胡主席走到餐桌前,并弯下腰去,伸手从餐桌下面取出另一只拖鞋。这样的小事,让任何人帮助去做,都是完全应该的。但胡主席不愿惊动任何人,坚持自己去做,这种无产阶级革命领袖的作风,使在场的人无不深受感动。

中国驻越南大使馆是河内最漂亮的大使馆之一,这是我和同事在大使馆前合影。

1965年春夏之交,我到大使馆工作不久,中国铁路杂技团到越南访问演出。一天,朱其文大使在大使馆为胡主席举行专场演出。那时河内的天气已经很热,我看见胡主席身着越南农民常穿的褐色无领布衫,脚穿用橡胶轮胎制作的"抗战鞋",由朱大使陪同步入会场。在场的大使馆工作人员、中国专家和留学生近200人起立鼓掌，欢迎胡主席。朱大使请胡主席在前排沙发上就座，但胡主席没有马上就座，而是挥手让大家先坐下。谁知大家非但没坐下，反而鼓掌更热烈了。胡主席面对大家，索性一下子坐在了地上。这时，大家才不再鼓掌，坐了下来。

  使馆的同志对胡主席都非常敬重。使馆院内种有几棵荔枝树，其中一棵的果实分外香甜。每年摘取荔枝时，朱大使都叮嘱有关同志务必要挑选出一些最好的荔枝，首先送给胡主席。1966年，为准备"八一"建军节招待会，使馆特意从北京采购一批水蜜桃，空运到河内，也是先挑选出最好的水蜜桃，用红色玻璃纸包好并系上红色缎带，送给胡主席。平时，使馆还负责向胡主席提供熊猫牌香烟、崂山牌矿泉水和由北京特制的燕麦片。胡主席用时都十分节约。一支香烟要分两次吸，吸到一半时，便将其放到一个盛放青霉素注射粉剂的小空瓶里，让其自行熄灭，过一会儿再吸另一半。对矿泉水，胡主席也要求改成小瓶装的，因为一次喝不完一大瓶，剩下的存放时间一长，气泡就跑光了，造成浪费。此外，胡主席冬天穿的棉衣、棉裤也是在北京用浅黄色丝光府绸和丝绵特制的，来年开春，再通过大使馆送回北京干洗。

  胡主席不仅同毛主席、周总理等中国老一辈领导人关系十分密切，而且对蔡畅、邓颖超、康克清等几位老大姐和毛主席的夫人江青也很关心。每逢她们的生日，胡主席总要让秘书把他的贺电送到中国使馆，再转发到北京。1968年秋的一天，胡主席让秘书瞿文烁来到使馆见我，转达胡主席的一个想法。他说，外电报道说邓颖超同志已经去世，但又未见中方发消息，不知是否属实，特来中国使馆打听一下，如情况属实，胡主席肯定要发唁电。大使馆虽从未听说邓大姐去世，断定是外电在造谣，但由于胡主席如此关心，并亲自询问，还是如实向国内做了报告。几天后，国内指示使馆转交一封邓大姐给胡主席的电报，我记得第一句话是："敬爱的胡伯伯，我还活着……"接下去说，她现在的身体比前一段时间要好一些，还能做些工作，感谢胡伯伯的关心，祝胡伯伯健康长寿，希望有机会在北京和胡伯伯见面。

胡主席还十分关心中国留学生学习越语的情况。1965年和1966年,已有数十名中国留学生在越南正规大学学习。但胡主席提出,再为一些中国留学生开办一个学习越语的"半工半读学校",胡主席亲自担任"校长",朱其文大使担任"教务长"。学生共有十余人,半天在越南的工厂劳动,半天由越南的大学老师上课。每隔一个多月,胡主席便把这些半工半读学生召到主席府,亲自检查他们的学习有没有进步。这些同学毕业后,在各自岗位上为发展中越关系做出了自己的努力,其中有两位同学曾任中国驻越南大使馆武官和副武官。

2000年春,我和曾任胡志明秘书的武期在胡志明博物馆前留影。

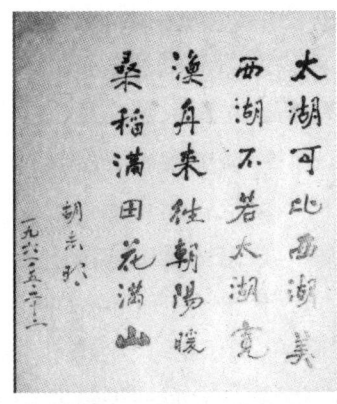

胡志明的汉文诗。

1969年胡主席逝世后,胡主席的秘书武奇和瞿文烁先后担任胡志明博物馆馆长,当年为中国半工半读留学生授课的老师阮辉欢曾任胡志明博物馆副馆长。他们继续同中国大使馆保持着密切联系。我本人曾多次参观胡志明博物馆,双方也多次相互宴请。彼此见面时的主要话题,甚至是唯一的话题,就是胡志明与中国。2000年春,新任胡志明博物馆女馆长阮氏情请求中国大使馆帮忙办一件事。她说,博物馆有四件展品已经老化,需要更新。这就是1933年胡主席在香港为躲避港英当局侦探的跟踪,化装成华人教授从香港逃往福建厦门时所穿的一件长袍、一顶呢帽、一双布鞋和一副墨镜,希望大使馆帮助解决。我立即让使馆文化处三秘彭世团去找阮氏情馆长,逐一详细了解具体要求,量下尺寸,拍下照片,报告国内。外交部亚洲司领导也十分重视,指定专人在北京抓紧落实,选用的都是最好的材料,加工制作也都最为精细。四件展品做好后,大使馆作为礼物赠给了博物馆,就像当年大使馆给胡主席送去熊猫牌香烟和崂山牌矿泉水一样。

胡志明与中苏论战

20世纪60年代,中苏两党围绕国际共运总路线出现分歧,继而展开大论战。之后又将矛盾扩大到国家关系,进一步导致了中苏关系的破裂和国际共运的分裂。当时美国在侵越战争中正不断升级,对越南及其领导人胡志明来说,如何对待社会主义阵营出现的分裂,又如何同时争取中苏两个社会主义国家对越南抗美斗争的有力支持,是十分敏感和棘手的问题。

面对中苏关系的剧变,越南上下极为忧虑,迫切希望了解事实真相。1963年9月至1964年7月,中方先后发表了九篇点名文章,批判赫鲁晓夫修正主义,简称"九评"。越南之声广播电台曾一度转播中国国际广播电台的对越广播,越南外文书店一度也曾出售翻译成越文的"九评"文章单行本。按照当时的认识能力,无论是中国国内还是越南的干部群众,都认为"九评"的观点鲜明,论据充分,说服力强,文章也写得漂亮,代表了中国共产党的理论水平。越南听众纷纷给中国国际广播电台来信,索要越文版的"九评"文章,有时一天就收到3000封来信。当时我刚刚进入外交部,被派到国际广播电台实习,便参加了给越南听众寄送"九评"文章的工作,同时摘录越南听众来信中对"九评"文章的评论看法,及时向上报告。记得一位越南著名作家在来信中说,读了"九评"文章,就像"一个淘气的孩子在聆听慈母的教诲"。

在这种背景下,胡志明决定1963年年底召开越南劳动党三届九中全会,专门讨论反修问题。该次会议公报指出:"越南劳动党坚决为捍卫马克思主义的纯洁性而斗争,反对国际共运的主要危险修正主义和右倾机会主义,同时反对教条主义和宗派主义。""在反对现代修正主义的斗争中,我党坚定地站在马克思主义立场,坚决保卫1957年《莫斯科宣言》和1960年《莫斯科声明》的原则。""坚决反对现代修正主义不仅是我党的国际义务,而且还是团结一致、保卫党的三大的正确路线和促进人民革命事业的迫切要求。"

1964年1月21日,越南党报《人民报》发表社论《加强团结一致,提高战斗一致,争取我们事业的新胜利》。社论指出:"党的九中全会是我党政治生活中的一件大事。中央的决定是统一全体人民思想的理论基础。""修正主义错误的实质是歪曲和摒弃马克思主义的基本原理,以及1957年《莫斯科宣言》和1960年《莫斯科声明》的革命原则,奉行阶级调和、与帝国主义无原则合作的政策,模糊敌我友之间的界限,分裂社会主义阵营和国际共运。"

1964年10月16日,赫鲁晓夫被迫下台。同日,中国第一颗原子弹爆炸成功。越南驻华大使陈子平兴高采烈地对中国同志说,这是我们共同的胜利,是双喜临门。陈子平大使的话在很大程度上代表了当时越南上下的看法和态度。此前越南领导人在公开谈话中谈到中国和苏联援助时,总是把苏联摆在中国之前。到1964年下半年,有一段时间越南领导人在提到援助时,把中国摆在了苏联之前。

1965年2月,苏联部长会议主席柯西金访问越南,双方发表的《联合声明》中说:"两国政府在为巩固越南国防力量所采取的措施方面达成了相应协议",意味着苏联将向越南提供军事援助。1965年4月,越南党第一书记黎笋前往莫斯科,进一步商谈援助问题。双方的补充声明提到:"苏联表示今后随时准备向越南民主共和国提供必要的援助,以打败美国侵略者。"这意味着苏联的态度发生了重大变化,从不援助改为援助。从那以后,越南未再出现批判苏联修正主义的言论。而当时中苏关系仍处于高度紧张状态。胡志明和越南领导层当然意识到这个问题的敏感性,便想方设法在中苏之间巧妙周旋,一方面在提到中苏援助时仍照例将苏联摆在中国前面,一方面又不时向中国作些示意,同苏联保持一定距离。

1962年9月,中国全国人大常委会副委员长彭真率团访问越南。离开河内前,胡志明设宴为代表团饯行,并发表了热情洋溢的讲话。他说:"越中两党、两国的关系是团结、团结、永远团结",并把中国唐代诗人王昌龄《芙蓉楼送辛渐》一诗中"洛阳亲友如相问,一片冰心在玉壶"两句加以改造说:"北京亲友如相问,一片冰心在玉壶",间接表明了越南在中苏分歧中的态度,是"意在不言中"。

1963年5月,刘少奇主席访问越南,胡志明在河内机场致欢迎辞时,称刘少奇是"毕生为马列主义奋斗,为工人阶级、劳动人民和被压迫民族做出巨大贡献的战士"。胡志明在陪同刘少奇参观阮爱国党校(即中央党校)时,向党校师生介绍说:"刘少奇同志是真正的马列主义者",潜台词是说真正的马列主义在中国。

1964年7月,越南派团来华出席关于越南问题的日内瓦会议10周年纪念活动。越南代表团在纪念大会的讲话稿中谈到日内瓦会议上中、苏、越三个代表团的密切合作时,特别提到"以外长莫洛托夫同志为团长的苏联代表团"。越南代表团团长陈辉燎对中方接待人员说,他们的讲话中特别提到"以外长莫洛托夫同志为团长"的字样,这是遵照胡志明主席的意见加上去的,意思是用这样比较含蓄的方式表示越南不同意苏联把莫洛托夫打成反党集团成员。

1965年,苏联表示准备援助越南12架米格-21战斗机,但同时提出要中国专门为苏联开辟一条纵贯中国领空到达越南的空中走廊,并拨出昆明机场供苏联飞机专用。中方向越方说明了情况,指出如苏联的意图得以实现,他们便可以借此任意进出中国领空,并在中国建立军事基地；如中方拒绝苏方的要求，苏方便可借此挑拨中越关系；由于事关中国国家主权，中方无法接受，望越方理解。胡志明和越南领导人表示尊重中方的意见，拒绝了苏方的援助。

1966 年，苏联报纸以转载西方信息的方式报道说，中国对苏联和东欧几个国家运往越南的物资过境制造很大困难。越南对此未加表态。周恩来总理即刻向正在北京度假的胡志明通报了这一情况，说明中方一贯大力协助运送苏联和东欧国家的援越物资，而且所有军用物资均免费运输。胡志明听后立即通报了国内。不久，越南通讯社发表声明说："越南民主共和国政府曾多次重申，苏联和其他东欧兄弟国家的援助物资，都得到了中方的尽力帮助"，上述谣传"完全是捏造，企图达到丑恶的挑拨目的。"

1967 年 11 月，苏联最高苏维埃决定授予胡志明列宁勋章。胡志明于 11 月 6 日给苏共中央写信说："获悉同志们决定授予我列宁勋章，我无比激动，无比感谢。对此，我谨表示如下意见：此时此刻，美国强盗正在强化侵略我们祖国的战争。他们正在极其野蛮地杀害成千上万的我国南方和北方的同胞。我们越南全军、全民正在为抗美救国而流血牺牲。在这样时刻，我个人却获有如此巨大和特殊的荣誉来接受列宁勋章，则丝毫也无法安心。因此，我非常感谢你们，但请你们暂缓授予我这份崇高的奖赏。等到我国人民赶走了美帝国主义侵略者，越南获得了完全解放，我将代表全体同胞郑重接受这份以伟大列宁命名的勋章。"就这样，胡志明用巧妙的方式婉拒了苏联的授勋决定。

若干年后，邓小平在回顾那场中苏论战时说，一个党评论外国党的是非，往往根据的是已有的公式或者某些定型的方案，事实证明这是行不通的。各国党的国内方针、路线是对还是错，不应该由别人写文章来肯定或者否定，而只能由那里的党、那里的人民，归根到底由他们的实践来做出回答。任何大党、中党、小党，都要互相尊重对方的选择和经验。人家根据自己的情况去进行探索，这不能指责。即使错了，也要由他们自己来纠正。我们反对人家发号施令，我们也决不能对人家发号施令。在同一些来访的外国党客人谈到过去的相处和争论时，邓小平说："回过头来说我们的真正错误是根据自己的经验和实践来论断和评论国际共运的是非，因此有些不符合唯物主义和辩证法原则。"

而胡志明，直到逝世仍在期盼国际共运能恢复团结，中苏关系能重归于好。他在遗嘱中说："关于世界共产主义运动，作为一个毕生为革命服务的人，我愈是为国际共运和工运的强大感到自豪，愈为当前各兄弟党之间的不和感到痛心。我希望我党努力活动，为在马列主义和无产阶级国际主义的基础上，有理有情地恢复各兄弟党之间的团结做出有力的贡献。我相信，各兄弟党和各兄弟国家一定会重新团结起来。"遗憾的是，胡志明的愿望最终未能实现。但胡志明运用他的智慧，在国际共运出现分裂、中苏关系高度紧张的情况下巧妙应对，最大限度地争取了中苏两个社会主义大国对越南抗美斗争的巨大支持和援助，为祖国立下了不可磨灭的功劳。

"明灯"阿尔巴尼亚

越南抗美战争时期，正值中苏关系日趋紧张，那时阿尔巴尼亚早已同苏联断绝了外交关系。这种局面促使阿尔巴尼亚进一步向中国靠拢，特别是毛主席称阿尔巴尼亚是"欧洲的社会主义明灯"后，中阿关系就更加火热。在河内，中国大使馆同阿尔巴尼亚大使馆的关系同样十分火热。

阿尔巴尼亚使馆距中国使馆很近，步行只需五六分钟。全馆只有三对夫妇，很多方面都靠中国使馆支援、帮助，而且不讲究外交礼节。阿馆没有电台，经两国外交部商量，阿馆同国内的往来电报，都由中国使馆代为转发。阿馆的机要员每周都要数次把电报送到中国使馆，中国使馆也指定专人接受并签字登记。接到阿尔巴尼亚国内的电报，我们也及时送到阿馆。这样的工作一直坚持了好几年。那时我们使馆有什么稀罕东西，如从院内摘下的新鲜荔枝、龙眼，都会想着给阿馆送去。一次，中国援越部队给使馆送来一卡车扁豆，我们也给阿馆送去一筐。

阿馆有一位三秘叫阿里夫，60年代初和我同时在河内综合大学留学，彼此十分熟悉。他每天中午都会自动到中国使馆来游泳，事先也从不打招呼。中午我们下班时，看见阿里夫已经躺在游泳池边晒太阳，毫不见外。但他毕竟是外国人，使馆还要派人陪他，并为他准备汽水、啤酒，我是参加陪同的人员之一，每次都搞得十分疲劳。那时"文革"刚刚开始，国内的许多电影都遭到批判，使馆的文化生活本来已相当枯燥，周末只能反复放映《平原游击队》《地道战》等几部老电影。尽管这样，阿馆的外交官每周仍自动前来看电影，他们走进电影厅时，大家还要鼓掌欢迎。春节全馆聚餐时，也把阿馆全体一起请来。

我和阿尔巴尼亚大使馆全体合影，后排左1为阿馆三秘阿里夫，他也曾在河内综合大学留学，和我住过同一宿舍。

特别要说的是国庆招待会。那时中苏关系尖锐对立,中国外交官见到苏联外交官从来不打招呼。一次苏联大使谢尔巴科夫见到中国外交官,主动把手伸过来,但中国外交官却拒绝和他握手,只听他说"真有意思"。在有各国驻越使节和外交官出席的中国国庆招待会上,中方的祝酒词中一定会有反修的内容,点名指出苏联对越南的援助是"假援助,真出卖",导致苏联和东欧国家的使节和外交官纷纷退场。这时,中国外交官则鼓掌为他们叫倒好,而在场的阿尔巴尼亚外交官则极为高兴和满意。应邀出席的越南领导人和官员则颇为尴尬。待招待会结束后,阿尔巴尼亚使馆全体留下来,服务人员重新摆上饭菜,与中国外交官再欢聚一次。

阿尔巴尼亚大使(左2)出席中国国庆招待会。左1为中国大使王幼平,左3为阿尔巴尼亚大使。

70年代开始,中阿关系逐渐冷却,到1978年彻底破裂,双方只保留了在对方的大使馆,直到80年代中期才重新恢复正常的国家关系。当年中国给予了阿尔巴尼亚无私的和超出国力的援助,我们在河内对阿尔巴尼亚使馆所做的一切,就是当时两国关系的具体反映。

胡志明来中国避寿

胡志明主席一生严于律己，廉洁奉公，淡泊名利，甘当人民的公仆。由于在人民中享有崇高的威望，每年5月19日胡主席生日前后，越南领导人和干部、群众都要通过各种形式为他祝寿。但胡主席不赞成这样做。1965年5月，他对前来为他祝寿的越南领导人说："我感谢大家有这份心意。但在我们全民正艰苦抗战、各项工作都十分紧张的时候，却来为一个人组织这样的祝寿活动，是不应该的。"为此他曾多次在生日期间到中国避寿。这里讲述的是其中一次的故事。

1965年5月15日清晨，胡主席秘密离开河内，前来中国度假、避寿，随行的有越南中央保健局局长茹世保和秘书武期。身为国家主席，胡主席出国的行李只有一个小手提箱。胡主席本人则仍穿着那套熟悉的棕色丝绸衣裤，外加一件咔叽布中山装。

经过近3个小时的飞行，专机抵达广州。1924年至1927年，胡主席曾化名阮爱国在这里从事革命活动，这次来到广州就像回到家里一样。广东省委迎接胡主席也像迎接一位远方归来的亲密朋友。在短短的一天中，广东省委请胡主席在白云山疗养院下榻，为胡主席举行了欢迎宴会，还安排了一场小型文艺演出。参加表演的还有著名粤剧表演艺术家红线女。

5月16日上午，胡主席离开广州前往长沙，同正在长沙的毛主席见面。当天中午，毛主席为胡主席举行家宴，两位领袖就越南的抗美斗争问题进行了深入交谈。毛主席对越南南方的战场情况十分关心。在这次会晤中，除商定许多重大问题外，毛主席决定中方将为越南南方的战士每人配备一顶蚊帐。

下午，湖南省委请胡主席到避暑胜地白鹤泉游览。当地群众认出胡主席后，都围了上来。胡主席用流利的中文同大家亲切交谈，介绍越南的抗美斗争，并逐一解答人们提出的问题，就像在国内一样，气氛极为热烈、融洽。

5月17日上午，胡主席离开长沙飞往北京。中国领导人刘少奇、周恩来、朱德、邓小平等亲自到专机旋梯前迎接，并请胡主席在西郊玉泉山宾馆下榻。下午，朱德同志夫妇和陈毅同志夫妇陪同胡主席散步。接着，刘少奇、周恩来、邓小平同志和胡主席举行会谈。晚饭后请胡主席观看电影。

　　第二天吃早餐时，胡主席看见宾馆的人员跑来跑去，像是在忙碌什么重要的事情，便让秘书武期去了解情况。武期秘书报告说，是在准备为胡主席过生日。这时，胡主席便将宾馆负责人请来说："我在这个时候到中国来，就是为了躲避国内的祝寿。因此，我请你们也不要安排为我祝寿。"当叶剑英同志前来准备陪同胡主席参观中国的武器展览时，胡主席再次提出，希望不要为他安排祝寿。叶剑英同志表示，中国同志很理解胡主席的心意，不会组织什么祝寿活动。

　　但周总理却为胡主席在北京期间的日程做了极为精心、细致和巧妙的安排。中午11时，胡主席步入餐厅就餐时，只见里面坐着许多女同志和少年儿童。大家看见胡主席，马上起立，热烈鼓掌。其中有毛主席的夫人江青、刘少奇主席的夫人王光美、周恩来总理的夫人邓颖超、李富春副总理的夫人蔡畅、陈毅副总理的夫人张茜等。而且每位夫人都带来一、两个孩子，为这次聚会增添了家庭气氛。在整个午餐期间，没有人提到祝寿的事，没有人致欢迎词，也没有献花。但每张餐桌上都按照中国的风俗习惯，摆有寿桃、寿面。人们欢声笑语，感情亲切、真挚。特别是孩子们的到来使胡主席格外高兴。胡主席走到每张桌前，同女同志们握手，同孩子们亲吻，同许多人开怀畅谈，度过了一个愉快而有意义的中午。

　　晚上，中方又安排了一场宴会。出席的有全体在京的中共中央政治局委员和夫人，谈话中也没有人提及胡主席的生日。

　　饭后还安排了一场文艺晚会。主持人说，这是为了庆祝越南南方人民的胜利。其中，反映越南南方抗美斗争的歌舞剧《椰林怒火》深深打动了在场观众。演员们身穿越南南方妇女的衣服，头戴越南南方妇女的围巾，感情十分投入。武期秘书说，他看到胡主席两次用手帕擦拭眼泪。演出结束时，胡主席走上舞台，向演员们献花，同大家亲切握手。

5月19日，即胡主席生日的当天，越南《人民报》和《人民军队报》都在头版套红刊登了胡主席的照片。同日，中国领导人毛泽东、刘少奇、朱德、周恩来联名致电，祝贺胡主席75岁寿辰。贺电称颂胡主席是"越南劳动党的创始者和久经考验的领袖、国际共产主义运动杰出的老战士、中国人民最亲密的朋友"，祝愿胡主席健康、长寿，祝越南人民在保卫北方、解放南方、统一祖国的伟大的抗美救国斗争中，不断取得新的、更加辉煌的胜利。

当天上午，胡主席由董必武副主席和夫人陪同飞往山东省会济南，下午乘火车到曲阜参观孔子故里。早在1921年，年轻的阮爱国就曾在法国《共产主义杂志》发表文章，论述孔子的学说。他写道："伟大的孔子提倡世界大同和财富的权利平等。孔子认为天下太平只能产生自世界大同。"阮爱国还特别引用了孔子的一句话："不患寡而患不均"。可见，胡主席很早就对孔孟学说怀有浓厚的兴趣。

下午2时，胡主席步履矫健地走进孔府，只见这里的气氛极为庄严、肃穆，周围安静得几乎连自己心跳的声音都能听到。走到三关，胡主席在院子中间停下脚步，同秘书武期谈起了孔子的身世。胡主席说，孔子的父亲有三个妻子，第一个妻子生了九个女儿，第二个妻子生了一个儿子，第三个妻子也生了一个儿子，就是孔子。孔子的儿子名叫孔鲤。截至1937年，孔德成是孔子的第77代嫡孙。胡主席说，中国宋、元、明、清历代王朝都花费大量人力、物力对孔府进行维修，连慈禧太后也曾献礼朝拜。这些都证明孔子的学说经过各个时代，早已成为具有生命力的和正统的思想体系。我们不能排斥一切，而应该有选择地接受和吸取美好的东西，用来丰富自己和子孙后代。

站在孔庙内一棵据说是2400年前孔子亲自栽种的古树下，胡主席继续说，孔子主张财富和生活平等。他说，当年他引用过的孔子那句话"不患寡而患不均"，其完整的语句是"不患寡而患不均，不患贫而患不安，盖均无贫，和无寡，安无倾"。

离开孔庙，胡主席来到孔林。他一边漫步一边说，孟子发展了孔子"以民为本"的思想，提出"民为贵，社稷次之，君为轻。"胡主席告诉秘书武期，他在1921年曾把孟子的这三句话翻译成法文，意思是"人民的利益高于一切，国家的利益次之，君主的利益无足轻重。"说着，胡主席把这几句法文又背诵了一遍，并问武期秘书："你看我这样翻译可以吗？"胡主席还说，孟子所说的'义战'是指为了正义的目的而进行的战争。

经过3个小时饶有兴致地参观，胡主席于下午5时返回济南。在火车上，望着远处山坡上淡淡的夕阳，胡主席轻轻地读着他刚刚写完的一首汉文诗：

五月十九访曲阜。

古松古庙两依稀，

孔家势力今何在，

只剩斜阳照古碑。

第四章

胡志明逝世前后

周恩来关心胡志明健康

周总理为胡主席送北京烤鸭

　　1965年以后，胡主席健康状况欠佳。周总理对胡主席的病情十分关心，亲自挑选最高水平的专家前往河内为胡主席治病，并亲自听取汇报。1969年5月，胡主席的病情相对稳定，便让中国专家回国休整一下，待一个月后返回。医疗组专家感谢胡主席的关怀，并问胡主席需要他们从北京带回什么东西。胡主席笑着说，什么都不需要，只带回一只北京烤鸭就行了。周总理在听取汇报时，得知胡主席想吃烤鸭，当即表示，一只不够，要带两只，还要把甜面酱、大葱和薄饼一并配齐。

　　当时正值炎热的夏天，如何运输烤鸭并保鲜成了大难题。为此，周总理把外贸部副部长李强找来商量，但李强也缺乏这方面知识，又请来保鲜专家研究。最后决定将烤鸭和各种配套食品严密包好，放在一个搪瓷水罐里，四周撒上一种特制的化学粉剂，可将温度保持在零下40摄氏度。一个月后，医疗组专家返回河内，带回了周总理送给胡主席的烤鸭。胡主席将其中一只送给了医疗组的专家，对另外一只做了特殊安排。

　　6月30日，主席府给大使馆打电话说，明天7月1日是中国共产党成立48周年，胡主席定于中午12点在主席府宴请王幼平大使。第二天，我作为翻译，跟随王大使准时到达主席府，胡主席的秘书武期已在院内迎候。武秘书说，今天胡主席要请王大使品尝北京烤鸭。我虽然把这句话给王大使翻译了过去，但心里有些嘀咕，认为这是不大可能的事，甚至怀疑自己是否听错了。王大使似乎也不太明白个中的来龙去脉。走进餐厅后，武秘书可能看出了我们的疑惑表情，便趁着胡主席还未到场，向我们讲述了他从医疗组那里听到的上述故事。

　　不一会儿，胡主席在工作人员搀扶下走进餐厅。他身穿浅黄色布料长裤和无领短衫，脚下穿着白色布袜，没穿鞋，看上去身体相当虚弱，但精神矍铄,谈话兴致很高。不一会儿,服务员把烤鸭等菜肴摆了上来。胡主席知道王大使是中国的老红军,彼此便不讲究什么外交礼节,谈笑风生,无拘无束,就像一家人一样。胡主席还风趣地问大使馆的蚊子多不多,并说如大使馆的蚊子不够,主席府可以支援一部分,说得在场的人都笑了起来。胡主席起身举杯祝贺中国共产党成立48周年。王大使也随即起立,举杯祝胡主席万寿无疆。这时,胡主席说,人活在世上是不可能万寿无疆的,并用手势比画说,总有一天会倒下去。宴会结束时,王大使再次感谢胡主席的盛情款待,并目送胡主席回卧室休息。其实那一天,因为年迈体弱,胡主席在餐桌上并没有吃多少烤鸭。但烤鸭这件事确实体现出周总理和胡主席两位老一辈革命家的深厚友谊,因而长时间被传为佳话。

30年后的1999年,胡主席的秘书武期也已78岁。一次我和他谈起周总理给胡主席送烤鸭的事,他仍十分激动,并告诉我说,至今他还珍藏着当年那只盛放甜面酱的陶瓷小罐,作为有历史意义的文物。

周总理接连派三个医疗组前往河内

8月下旬,胡志明主席的病情进一步恶化。中国医疗组的专家们深知自己责任重大,全力以赴地研究治疗方案,日夜守护在胡主席身边。8月24日,越方表示希望中方增派医生,周总理立即决定再派第二个医疗组。北京医院的护士长王星明回忆说,24日晚,她刚刚上床准备睡觉,突然听到一阵急促的敲门声。她连忙打开房门,原来是医院来人通知她说有紧急任务,要马上动身。王星明来不及问清是什么任务,便跟着医院的人赶到人民大会堂,看见周总理已在同第二个医疗组的成员谈话。接着,她便跟着这个医疗组星夜奔赴西郊机场,登上伊尔–18专机,于25日凌晨抵达河内。由于动身过于仓促,王星明连随身洗换的衣服都没来得及准备。当时越南和中国一样,物资、商品供应相当紧张,所有日常用品都要凭票购买。使馆便派我跟越方干部一起,陪着王护士长到河内专门为外国人开设的国际商店去买布,临时赶做几件夏天的衣服。

紧接着，周总理于8月26日又派出第三个医疗组。27日，胡主席的病情进一步恶化。中国医疗专家经过会诊，一致主张给胡主席输液。但越南领导人却感到为难，一方面是胡主席身体已极度虚弱，担心输液会发生意外；另一方面是胡主席一生虽历经枪林弹雨，但却怕打针。面对病危的领袖，越南领导人最终同意给胡主席输液。输液的任务落在了医疗组的护士孔繁英身上。她当时32岁，业务娴熟，胆大心细。孔繁英毫不犹豫地拿起针头，用酒精棉在胡主席脚面上消毒。当她对准血管正要进针时，胡主席突然睁开眼睛，问她叫什么名字，为什么要拿针。孔繁英一面笑着答话，一面就势插针。在胡主席不知不觉中，输液成功了。在场的越南领导人和中国医疗组全体同志都松了一口气。国防部长武元甲伸出大拇指，称赞孔繁英"技术高超"。

　　输液问题解决了，但未能阻止胡主席病情的恶化。医疗组的中医孙震环老先生说，他看到胡主席不时用手抓床。凭借几十年的临床经验，他认为这不是好兆头，因为一般情况下病人用手抓床，就预示着最多只能再坚持几天。越南领导人也意识到情况的严重性。越共中央对外部陈志贤副部长向中国大使馆政务陈亮参赞表示，请中国医疗组的专家们无论如何要想方设法，让胡主席坚持到9月2日越南国庆节之后，千万不能把国庆节变成国家的忌日。王幼平大使把这些情况及时报告了国内。征得越方的同意，大使馆武官处的袁康英同志进驻主席府，以便随时了解胡主席的病情变化，保持同大使馆的联系。

　　根据胡主席的病情和越方的担心，周总理于8月31日又派中国医学科学院院长、著名专家吴阶平大夫乘专机到河内送急救药品，同时进一步了解病情。周总理指示他当天返回，晚上要听取他的汇报。当天下午，胡主席的精神稍有好转，示意想听一首中国歌曲。王星明护士长便给胡主席唱了一首当时中国最为流行的《大海航行靠舵手》。胡主席听了很高兴，轻轻地握着王星明的手，还送给她一支鲜花表示感谢。但当晚吴阶平大夫离开河内后，胡主席病情又进一步恶化。

　　由于天气关系，吴阶平大夫9月1日才回到北京。周总理亲自听取了汇报，又找有关同志研究讨论，前后用了5个小时，决定再派吴大夫和部分医生携药品、器材前去河内抢救。9月2日凌晨,王大使紧急约见越南党中央书记处书记黎文良,通知中方决定再派出第四个医疗组,并说专机已从北京起飞,预计在午前抵达河内。但王大使回到使馆不久,医疗组的翻译张德维和在主席府值班的袁康英先后打来电话说:不行了,医疗组不要来了。王大使接完电话,意识到胡主席已经去世,一下子把头埋在桌上,半天说不出话来。

王大使一面把最新情况报告国内,一面派陈亮参赞和我到河内嘉林机场,准备迎接第四个医疗组。我们的车在半路上被越南党中央对外部的车拦住。对方告诉说,鉴于胡主席已经去世,中国专机在飞过广西凭祥上空时,已奉命返回北京,不来河内了。

越南领导人深知胡主席在人民心目中的崇高威望和神圣地位。为不致在国内引起过大震动,决定暂不发布胡主席逝世的消息,并采取了一点过渡的做法,即先后发布两次关于胡主席病情的通报,并将胡主席逝世的时间改为9月3日。2日,河内照例举行了庆祝越南民主共和国成立24周年的群众集会。获悉胡主席逝世的消息后,河内人民无不感到极大悲痛,晚上大街小巷一片寂静,家家户户都在默默地为胡主席像上香。

周总理亲往河内吊唁胡志明逝世

9月3日,使馆接到国内指示,得知周总理将率中国共产党代表团于4日上午乘专机抵达河内,吊唁胡主席逝世,并当天返回北京。代表团成员有中央政治局委员、中央军委副主席叶剑英,中央委员、广西壮族自治区革委会主任韦国清和驻越大使王幼平。指示还说,鉴于越南领导人正忙于操办丧事,为不给越方增添麻烦,周总理等领导同志将不在越方的宾馆下榻,而在使馆休息。为此,王大使指挥全馆忙碌了整整一昼夜,彻底搞了一次大扫除,并决定腾出大使、武官和政务参赞的住房,供三位领导同志休息。王大使的工作作风历来非常细致，在如此繁忙的情况下，还交代我设法为三位领导同志各准备一套文房四宝。

3日午夜，王大使紧急约见越南副总理兼外长阮维祯，通报周总理一行前来吊唁胡主席事，并告知专机将于4日上午7时抵达河内。两小时后，阮维祯约见王大使说，越方同意接待周总理一行改为，但越方对胡主席的后事还没有准备好，由于胡主席的遗体已交给苏联专家作医学处理，代表团将无法向胡主席的遗体告别。王大使把阮维祯所谈的内容立即报告了国内。

4日上午，王大使和使馆主要外交官很早就赶到河内嘉林机场，迎候周总理一行。越南总理范文同、副总理兼国防部长武元甲（政治局委员）和副总理兼外交部部长阮维桢（政治局委员）等也于上午7时赶到了机场。但专机未能准时到达，等了很长时间仍无消息。在王大使一再劝说下，越南几位领导人先行回城，留下中央对外部陈志贤副部长、外交部亚洲司黄保山司长和仪仗队继续等候。周总理一行于9时55分才抵达河内。检阅仪仗队后，准备驱车前往中国大使馆。但黄保山司长执意不肯，他恳切地说，越南领导人交给他的任务是必须把周总理等中国领导同志接到越南的宾馆。如周总理去了中国大使馆，就等于他没有完成任务，会因此受到批评甚至处分。他还解释说，柬埔寨的西哈努克亲王将到河内参加胡主席的葬礼，由于他是国家元首，只能安排住主席府，故只好请周总理一行在国防部宾馆下榻。听了黄保山的这番话，周总理当即决定，同意越方安排。关于专机未能准时到达的原因，周总理向越方解释说，专机从北京起飞后才收到中国大使馆报回的越方对胡主席的治丧安排，得知这次不能向胡主席遗体告别。为此在南宁停留时，专门对这一新情况进行了研究，最后决定还是按计划先来吊唁。

到宾馆后，武元甲、范文同、长征（政治局委员、国会主席）等先后赶来。见到周总理时，他们都放声大哭，情景十分感人。一国领导人逝世，别国领导人前往吊唁是常有的事，但越南领导人在周总理面前放声痛哭的场面，实属罕见。

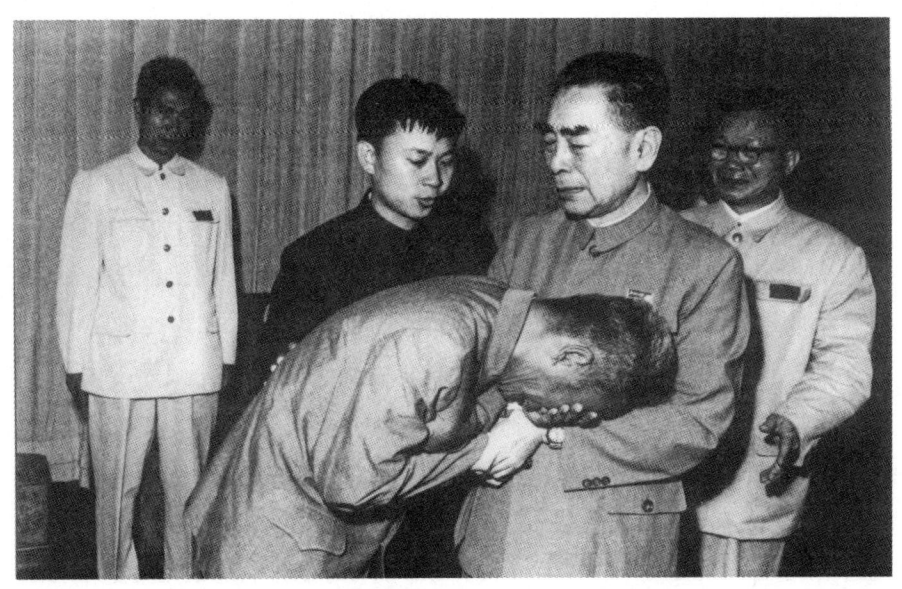
越南总理范文同在周总理面前失声痛哭。

下午，两国领导人举行会谈。中方参加的有代表团全体成员，越方有党中央第一书记黎笋、国会主席长征、政府主席范文同、国防部长武元甲、国会副主席黄文欢和中央对外部副部长陈志贤。

周总理首先说，胡主席不幸逝世，中国共产党、中国政府、军队和全体中国人民感到十分悲痛。胡主席一生奋斗，不仅为越南人民建立了不朽功勋，而且对国际无产阶级也做出了很大贡献。胡主席同中国革命、中国共产党的关系尤为密切。他几次到中国，参加中国革命，同中国人民共患难，并肩战斗，同中国人民、中国共产党建立了深厚的感情。胡主席的共产主义品质、对劳动人民生活的关心、革命意志、同敌人斗争到底的精神、艰苦朴素的生活作风五十年如一日，值得每一个共产党员学习。胡主席逝世不仅是越南人民的损失，也是中国人民和全世界反帝人民的损失。胡主席永远活在越南人民心中，永远活在中国人民和世界革命人民心中。遗憾的是，我们没有能在胡主席去世前同他见一面。在谈到中国代表团的组成时，周总理说，代表团的成员都是同胡主席和越南人民共同战斗过的人。我是受毛主席委托来的，我本人是胡主席的老战友；叶剑英同志在抗日战争时期同胡主席一起工作过；韦国清同志，你们是很熟悉的。周总理说的"熟悉"，是指在越南抗法战争期间，韦国清曾率领中国军事顾问团到越南工作。

越南劳动党第一书记黎笋首先对周总理一行前来吊唁胡主席表示十分感谢。他说，在当前这个困难的时刻，想请周恩来同志帮助我们，给我们提出一些意见。因为过去在遇到困难的时候，我们两党总是一起商量问题，因此目前我们很需要听取中国同志的意见。

周总理没有发表长篇谈话，主要表示希望越南党和越南人民继承胡主席遗志，抗击美帝的侵略，这是当前的主要任务。周总理重申，"七亿中国人民是越南人民的坚强后盾，辽阔的中国领土是越南人民的可靠后方。""请相信，中国人民将继续同你们站在一起，共同对敌。"周总理还通报说，中方将派李先念副总理率党政代表团正式参加胡主席的葬礼。周总理还邀请范文同总理率团于当年9月底访华，出席中国国庆30周年庆祝活动。范文同当即表示接受邀请。

周总理和叶剑英、韦国清在胡志明主席遗像前默哀。

长征说，胡主席在世时，越南领导人曾就胡主席百年后长期保存胡主席遗体事，征求过本人意见。胡主席不同意长期保存遗体，要求火葬。后来中央领导人说明保存遗体是为了照顾南方人民的感情，胡主席便未再说什么。胡主席停止呼吸后，越方便将胡主席的遗体交给苏联专家进行药物处理。

长征的这番话显然是向周总理解释无法向胡主席遗体告别的原因。中方当然尊重越方的安排。就这样，越方于当天下午在主席府大厅举行仪式，请周总理一行在胡主席遗像前默哀。但考虑到周总理同胡主席的特殊关系，越方于当晚7时左右专机起飞前，又秘密地请周总理一行到医院向胡主席的遗体作了告别。

李先念出席胡志明葬礼

1969年9月8日，李先念副总理率党政代表团前往河内出席胡志明主席的葬礼。代表团副团长是中央政治局候补委员、中央军委委员、安徽省革委会主任李德生，团员是我国驻越南大使王幼平。李先念一行抵达河内时，越南党中央政治局委员、政府副总理兼外长阮维祯，政治局委员、国会副主席黄文欢，政治局候补委员、人民军总参谋长文进勇，中央委员、越中友协主席黄国越等前往机场迎接。

代表团刚刚到达，阿尔巴尼亚代表团团长、阿尔巴尼亚劳动党的一位政治局委员便提出要到中国大使馆会见李先念副总理，说有要事相商。李副总理虽不知道对方要谈什么问题，但鉴于当时中阿两国的密切关系，立即表示欢迎。会见时，阿方提出，希望李先念副总理在第二天的胡主席葬礼上不要同苏联代表团团长、部长会议主席柯西金打招呼。李副总理同意了阿方的意见，表示在任何场合都不同柯西金打招呼。

9月9日上午，胡主席的葬礼在河内巴亭广场隆重举行。我作为翻译随同王幼平大使提前来到广场，站在看台上为外交使团设定的位置。越南主要领导人排成一行站在主席台上，前来出席葬礼的32个外国代表团团长、副团长陆续步入广场，登上主席台。我看见李先念副总理跟在柬埔寨西哈努克亲王后面步入广场。李德生同志可能由于来时过于仓促，仍穿着平时的军装和布鞋，军装的口袋还鼓鼓囊囊的。

广场中央搭起了临时讲台，旁边还有一个高大的香炉。黎笋第一书记站在讲台上致悼词后，直升机在广场上空盘旋。这时，广场上10万人失声痛哭，向他们敬爱的领袖作最后的告别。整个广场变成了哭声的海洋。

由于当时中苏关系正处于尖锐对立的状态，而越方又奉行对中苏两国都友好的政策，所以越方在礼宾方面颇费了一番心思。为避免让李先念副总理和柯西金相遇，越方安排两人分别站在主席台两侧，让越南领导人在中间将他们隔开。尽管如此，柯西金在现场仍多次向李副总理点头示意，李副总理却故意做出没看见的样子，不予理睬。葬礼结束后，李副总理和柯西金分别从主席台两侧走下来。柯西金看见李副总理后，紧走几步，想同他打个招呼，而且把手都伸过来了。但李副总理仍装作没看见，转身走开了。对此，阿尔巴尼亚代表团甚为满意。

9日下午，越南外交部第一亚洲司司长黄保山向中方转达苏联方面的如下意愿：柯西金定于11日晨乘专机离开河内回国，希望中途在北京停留两三个小时，同周恩来总理见面，特征求中方意见。李副总理立即向国内做了报告。10日晨，使馆收到国内答复，同意苏联专机11日在北京停留，周总理将在机场同柯西金会晤。当时王大使已去机场为李先念副总理代表团送行。那时没有手机，王大使的汽车上也没有电话，无法同机场联系，陈亮参赞立即驱车赶到河内嘉林机场，向李副总理和王大使汇报。但在场为李副总理送行的越南总理范文同说，柯西金已在一个小时前离开河内回国了。对于柯西金未等中方答复便离开河内的无理做法，李副总理十分生气。

当天下午，越南外交部第一亚洲司司长黄保山紧急约见王大使，说他本人在这件事上犯了严重错误，受到了范文同总理极为严厉的批评，目前正在作检讨。作为弥补，越南外交部已约见苏联大使，转达

周总理和柯西金在北京首都机场。

中方的答复,让苏联大使立即报告柯西金。黄特别强调,这件事的责任完全在他,特向中方表示歉意。

黄保山的道歉,真实地反映了越南领导人在中苏关系上小心翼翼的心态。当时越南的抗美斗争需要中国和苏联这两个社会主义大国的有力支援,而中苏两国关系却尖锐对立,越南担心在处理中苏关系上出现任何差错,都会影响这两个大国对越南的支援。

客观地说,柯西金的专机未等接到中方答复即飞离河内,同黄保山个人没有任何关系。实际上,柯西金之所以在10日晨离开河内回国,是因为对中方如何答复心中无底。如他留在河内期间得到中方不同意会见的答复,会显得十分尴尬和没有面子。但柯西金并未完全死心,便让专机飞往中亚的塔什干,有意在那里等待中方的答复。莫斯科收到了越方转告的中方答复后,便指示柯西金去北京会见周恩来。最终,柯西金还是去了北京。

据苏联/俄罗斯问题专家、外交部前苏欧司司长周晓沛大使回忆,周总理同柯西金在首都机场候机楼西侧的贵宾室举行了三个多小时的会谈,着重谈了缓和两国边境地区紧张局势问题并达成共识。双方同意，中苏之间的原则争论不应该妨碍两国国家关系的正常化；两国不应为边界问题打仗，应通过和平谈判解决；边界问题解决前，应采取措施维持边界现状，防止武装冲突。双方还赞同恢复互派大使，重新发展双边贸易。会晤结束时，周总理对柯西金说，你这次主动要来，我们得到消息晚了，但我们的答复是快的。虽然你走了一段弯路，总还是收到了一点效果。中国有句成语叫作"不虚此行"。政治上也是这样，不可能没有弯路。柯西金解释了走弯路的过程，并表示，昨天飞行了20个小时，他并不遗憾，很高兴到这里来。

双方共同商定的消息稿是："1969年9月11日，根据双方达成的协议，苏联部长会议主席柯西金从越南回莫斯科途中，同周恩来总理在北京举行了会晤。这次会晤是有益的，是在坦率的气氛中进行的。"但中方发消息时删去了"会晤是有益的"一句。

第五章

中越关系正常化前夕

在常驻联合国代表团工作两个月

　　1988年秋，钱其琛外长前往纽约出席42届联合国大会。在整个80年代，柬埔寨问题一直是地区热点，联合国大会也连年通过关于要求越南从柬埔寨撤军的决议。我作为亚洲司印支处处长，和部里几十位有关同志一道随同前往，在我国常驻联合国代表团逗留了两个月，主要是就柬埔寨问题备询和做些文书工作。到达的第二天，我向常驻代表团团长李鹿野大使、副团长丁原洪大使等同志汇报了中央领导有关柬埔寨问题的最新谈话精神。他们觉得很重要，让我向代表团由吴建民负责的研究室的同志再说一遍。代表团对我很关心，安排施燕华参赞同我保持经常联系，并对我的工作给予帮助。按照代表团安排，我参加了钱部长同泰国、新加坡外长和柬埔寨三派抵抗力量之一的领导人宋双的会见。联合国大会就柬埔寨问题进行一般辩论时，我多次去听会。现场有中文同声传译，也可以到秘书处领取各国发言者的中文讲稿，回来后把有关段落剪下来，装订成册。我的一项重要任务，就是在联合国大会就柬埔寨问题进行一般性辩论时，为李鹿野大使起草一篇发言稿。还有一次，代表团另一位副团长俞孟嘉大使要去向美国某个学术单位介绍印度支那形势，我也为他准备了讲稿。

　　和我一道前去的还有外交部国际司副处长万经章，他在国内时就与我比较熟悉。代表团的一秘于树宁还是我中学同学。他们对我都很照顾，主动给我介绍美国和纽约的情况，带我熟悉纽约的街道，怕我感到寂寞，经常和我聊天。老于还趁中午带我到联合国大厅，让我坐在中国代表团的座位上，给我拍照留念。李鹿野大使在一个星期天，请北京去出差的全体同志到他的官邸去玩，请大家吃饭。代表团还特意安排我们一行到华盛顿中国大使馆住了一天。那时改革开放已近十年，但驻美使馆的馆舍和工作人员的住房仍很拥挤。我看见只是在走廊里放有一台共用的电视机。

　　那时中越关系尚未正常化，我见到越南外交官时，只点头打个招

第五章 中越关系正常化前夕

在联合国大厅中国席拍照留念。

与常驻联合国代表团官员、我的中学同学于树宁在联合国大楼前留影。

呼。越南代表团的成员范锷曾在越南驻华使馆工作过，到纽约任职前是越南外交部国际组织司司长。一天，他在联合国大楼见到我，主动走过来和我打招呼，表示希望能安排时间同我单独谈谈。我请示代表团领导后，同他见了面，彼此寒暄一阵后，他表示希望两人能就如何尽快实现中越关系正常化交换意见。我心平气和地表示，只要越南从柬埔寨撤军、柬问题得到政治解决，中越关系就具备了正常化的条件。其实两人都知道，像

89

我和他这样的级别的外交官，不可能谈出什么重要结果。但通过这次接触，彼此都加深了印象。后来我担任驻越大使期间，每年都请他参加使馆举行的国庆招待会。

短短两个月，不可能对纽约、美国、联合国有很多了解。但我看到代表团的同志们每天背着挎包，不带翻译，一个人穿梭在联合国大厅的走廊，来去匆匆。他们不在乎同对方交谈的地点，也不计较是否有上档次的饮料，只关心能否解决问题。他们办事的高效率和快节奏给我留下了深刻印象。一般说来，我国外交包括四大板块，李肇星部长在谈到每个板块的定位时曾说，周边外交居首要地位，同大国的关系是关键，同发展中国家的关系是基础，而多边外交则是"重要平台"。通过两个月的观察，我对这个多边外交平台多少有了一点感性认识。

中越副外长磋商

从 1978 年底到 1991 年 11 月，中越关系处于不正常状态达 13 年之久。这期间，由于当时越南领导人奉行的内外政策，越南经济濒临崩溃，人民生活极度困难，国际处境空前孤立。为摆脱这种局面，越方在 20 世纪 80 年代后期便不断试探改善对华关系的可能性。而中国方面，邓小平在 20 世纪 80 年代中期也提出了稳定南疆的构想。在这种大背景下，1989 年初举行的中越副外长内部磋商，便是两国关系破裂 10 年后的首次正式接触。

一

1988 年 12 月 14 日上午 10 时半，越南外交部给中国大使馆打电话说，越南第一副外长丁儒廉请李世淳大使于 15 日上午 10 时前往越南外交部，谈两国关系问题，希望尽早告知李大使能否按时应约。照理说，大使去驻在国外交部是极为平常的事，但由于两国关系恶化以后，中国大使馆同越方各个部门几乎没有什么往来，所以对越方突然打来的电话，自然十分谨慎，不敢轻易表态，遂当即向国内作了请示报告。当晚，国内便答复说，李大使可往见越南丁儒廉副外长，主要听他说些什么，可允报告国内，并顺乎自然地了解越方意图，但当场不必作什么表态。

15日上午，李世淳大使准时到达越南外交部。丁儒廉副外长面交了阮基石外长给钱其琛外长的一封信，要求中方同意阮基石在第二年（1989年）3月前去北京，同钱其琛外长举行会晤。信中说："我们认为，越中两国坐在一起的时机已经成熟，让我们相互合作，为柬埔寨各方在民族和解的基础上达成妥善的政治解决办法创造条件。""本着这种精神，我随时愿意在您认为合适的最早时间前往北京，同您举行秘密或公开会晤。"丁儒廉还补充说，过去阮基石外长曾两次要求去北京，中方都说钱外长工作忙，越方可以理解。现在越方希望钱外长能在3个多月的时间内抽出时间会见阮基石外长。越方真诚希望早日解决柬埔寨问题，实现两国关系正常化，以顺应当前世界总的发展趋势。

中国国内对越外长阮基石的信件和副外长丁儒廉的谈话进行了认真的研究，总的考虑是可以同越方作些接触。但鉴于两国外长会晤是一个重要的政治举动，在当时两国关系的状况下，时机尚不成熟，遂于12月23日答复使馆，请李大使约告丁儒廉：中方认为实现两国外长会晤还有许多准备工作要做，为此建议越方在最近期内派一位副外长到北京，就早日解决柬埔寨政治问题举行内部磋商，中方的意见是不公开发表阮基石外长的信，双方接触磋商一事也不公开发消息。

12月24日上午，李世淳大使往见丁儒廉，将中方的上述意见告诉了他。由于此前中方曾两次未接受同阮基石会晤，故越方对中方这次作何答复，也心中无底。李大使的答复虽未提阮基石前往北京事，但同意越方派一位副外长去北京，实际上立场已有所松动，这不免出乎丁儒廉的意料。丁遂两次表示"非常感谢"。他说，越方非常欢迎中方对阮基石外长的信迅速做出了答复，欢迎中方在答复中表现出的诚意态度。要增进越中双方的进一步相互了解，必须尽早举行两国间的内部会晤。中方建议越方先派一位副外长去北京，为两国外长会晤作准备，这是一个好的步骤，也是十分必要的。丁还说，越方同意中方意见，目前两国间的接触和磋商均秘密进行，不公开。

12月27日，越南驻华大使阮明芳约见中国外交部刘述卿副部长说，他已接到国内通报，知道了丁儒廉副外长会见李世淳大使的事，越方正在为两国副外长磋商作认真准备。现奉命了解两个问题：一是中方对会晤的时间有何意见，二是中方对会晤的内容有何考虑。刘副部长说，关于会晤的时间，越方可以先提个初步意见，中方再考虑，中方认为明年（1989年）1月上旬或中旬都可以。关于会晤内容，中方知道越方最为关心的问题是尽快实现两国关系正常化，而中方认为必须首先解决柬埔寨问题，而后才能谈及两国关系正常化。所以刘副部长强调说，这次磋商中，两国副外长将围绕如何尽早公正合理地解决柬埔寨问题进行讨论。至于两国关系正常化问题，可在以后讨论。

12月31日，越南外交部中国司专员阮伯炬（后曾为越南驻华使馆公使衔参赞）通报中国大使馆二秘胡乾文：丁儒廉副外长一行拟于1989年1月16日（星期一）或18日（星期三）乘中国民航班机从曼谷飞往北京。由于当时两国间铁路、公路和空中航线早已中断，丁儒廉一行只能绕道前往北京。

1989年1月10日，阮伯炬专员向胡乾文二秘通报了丁儒廉一行名单。阮说，原定代表团共4人，但越方充分认识到这次磋商的重大意义，故决定由4人增至8人。他们是：（一）第一副外长丁儒廉；（二）驻华大使阮明芳；（三）外交部部长助理邓严衡（后曾任驻华大使）；（四）驻华使馆参赞黄如理；（五）外交部中国司副司长陈友义；（六）外交部中国司专员兼翻译阮伯炬；（七）驻华使馆三秘周功逢；（八）驻华使馆随员裴仲云（后曾为越南驻广州总领事）。阮伯炬还对胡乾文说，中方同意同越方磋商，对越全国是一个巨大的鼓舞。越中对抗10年，越方损失太大，再也不能对抗下去了。越中央已向全国高、中级干部传达了越中两国即将磋商一事，所有干部都表示欢迎，并希望磋商成功。阮基石外长也说，越方不会再错过机会，将努力同中方达成双方都能接受的协议。

根据越方参加磋商的人员安排，中方决定由6人参加磋商，即副外长刘述卿、部长助理徐敦信、亚洲司副司长张青、亚洲司参赞谢月娥、处长李家忠、副处长兼翻译胡正跃（后曾任外交部部长助理）。

二

1989年1月13日，越副外长丁儒廉一行离开河内赴曼谷，越南副外长阮怡年（后曾任外长）、外交部中国司代司长吴必素和中国驻越大使李世淳前往机场送行。丁儒廉在机场对李大使说，越方对此次磋商总的指导思想是求同存异、互谅互让。希望双方能互相照顾，听取对方意见，使磋商取得更多成果。

1月14日下午6时20分，丁儒廉一行乘中国民航航班由曼谷途经广州抵达北京。由于是秘密磋商，中方安排飞机停在首都机场一角一块比较偏僻的冰地上，我以外交部处长的身份登上飞机迎接。刘述卿副外长、张青副司长和越南阮明芳大使在老机场休息室迎候。当时有几十名外国记者听说有越南高级官员来到北京，便匆忙赶到机场，想捞取点冷门儿消息。由于中方的巧妙安排，避开了记者，使他们一无所获。事先越方曾说，丁一行在京期间将住在越南驻华使馆。后中方表示愿安排他们住在钓鱼台国宾馆，一切费用由中方招待。越方接受了中方的好意并表示感谢。

15日晚，刘副部长在钓鱼台7号楼举行宴会，欢迎丁儒廉一行。刘副部长说，过去中越关系很好，后来关系恶化了，我们很痛心。中越对抗不符合两国人民的利益，两国关系应恢复正常。但首先应把两国最大的分歧——柬埔寨问题解决了。这次磋商任务很重，意义很大，虽说是内部磋商，可全世界都知道了。我们要很好地工作，务求取得成果，不要辜负两国人民和世界舆论的希望。丁儒廉说，10年来他第一次有机会同中国同志坐在一起，这是实现两国关系正常化的开端。越南和中国逐步改善关系符合两国人民的利益，也符合全世界走向缓和以及通过协商解决分歧的总趋势。丁说，越方准备同中方讨论柬埔

寨问题,但也要谈两国关系正常化问题。

16日上午,磋商在东四原外交部西楼三层会议厅举行,下午继续磋商。17日中越两国外交部部长助理徐敦信和邓严衡进行一整天的讨论。双方着重讨论了柬埔寨问题,主要结果是:(一)在越南从柬埔寨撤军问题上,越方重申根据政治解决柬埔寨问题的框架文件,至迟在1989年9月从柬埔寨全部撤军,并说这是越最高领导人的决策。中方对越方所承诺的撤军时限不持异议,但强调撤军必须是真撤,不应以任何方式留驻或重返,也不应以什么"框架"为条件拖延撤军。(二)在停止外界对柬埔寨各方的援助、保证柬埔寨中立地位、实行国际监督和提供国际保证等方面,双方意见趋于一致。(三)双方最主要的分歧在于越南撤军后如何保证柬埔寨国内的和平问题。为避免柬埔寨发生内战,中方主张在越南全部撤军后至选举成立柬埔寨新政府前的过渡时期,应成立以西哈努克为首、有柬埔寨四方参加的联合政府,并由这个联合政府主持大选;同时冻结各派军队,将各派军队减少到同等数量,建立统一的国防军。所谓柬埔寨四方,是指越军出兵柬埔寨后建立起来的金边政权为一方,抵抗力量为另一方。而抵抗力量又包括三方,即西哈努克一方、红色高棉一方和宋双一方。越方则认为这是柬埔寨问题的国内方面,即柬埔寨的内部问题,应由柬埔寨各方去讨论解决,而不应由越中双方讨论。与此同时,越方则一再要求讨论两国关系正常化问题,并提出不少具体建议,如双方停止敌对宣传、停止在两国陆地边界全线和岛屿地区的敌对行动、双方在边界地区的武装力量应脱离接触、双方为两国边民的往来和谋生提供方便等。中方表示,应首先解决柬埔寨问题,为实现中越关系正常化创造条件。相信随着越南从柬埔寨撤军和柬埔寨问题的解决,中越关系将逐步得到改善。

1月19日,钱其琛外长在外交部会见了丁儒廉一行,就如何解决柬埔寨问题和改善中越关系发表了十分重要的谈话。钱外长说,中方在磋商中所阐述的意见是我们中央的意见,请丁儒廉同志报告越南领导人,认真考虑。中越有着传统友谊,又是邻国,在越南抗美救国斗争中，中国做出了民族牺牲。但后来发生的事情造成了两国之间存在10年之久的问题。越方把自己的军队开进比自己弱小的邻国，这样做是错误的，马列主义没有输出革命这一条，更不要说把军队开到外国去。钱外长说，目前国际形势的大气候是缓和和对话以结束地区冲突，各国都在集中力量搞经济建设，希望越南人民也能过上和平的生活，把越南建设成为一个繁荣的国家。正因为如此，我们对越南决定今年9月以前从柬埔寨撤军持欢迎态度，希望越方的决定能真正付诸实现。这次内部磋商取得了不少共同点。关于柬埔寨内部问题，当然应该在没有外来干涉的情况下，由柬埔寨四方自己解决。但作为当事国的越南以及与柬埔寨问题有直接关系的苏联、中国、泰国，对此应有明确的主张，即在外国军队撤出和停止外国援助后，柬埔寨应实现四方联合，实现民族和解，不要发生内战和动荡，这是一个非常重要的问题。有关国家都应持积极和建设性的态度，越南更应如此。中国不会使越南为难，但也希望越南要有诚意。此次磋商已有了良好的开端，可继续下去。有些问题中方要作进一步准备。欢迎丁儒廉同志隔一段时间再来北京。钱外长请丁儒廉转达他对阮基石外长的问候，表示已收到阮基石的来信。钱部长说，正如中方已经答复的那样，两国外长会晤还有许多准备工作要做，只有柬埔寨问题取得进展，才有可能考虑。有关柬埔寨问题的一些基本方面如能得到解决，中越关系的改善和正常化将是自然的结果。

丁儒廉对钱外长的接见表示感谢，并转达了阮基石外长对钱外长的问候。丁儒廉强调，早日解决柬埔寨问题和实现越中关系正常化，集中力量搞经济建设，这是越南的一项长远战略。通过这次磋商，双方增进了相互了解，在许多方面都取得了一致。当然也还有一些分歧。越方愿意向前看，希望继续同中方交换意见。他本人随时愿意再来北京，把尚未达成谅解的一些问题解决好。在18日最后一次全体会上，丁儒廉评价这次磋商是越中关系中"突破性的一步。"

总的说来，在这次磋商中，双方本着坦诚、求实和向前看的精神，进行了深入讨论，都希望拖了10年之久的柬埔寨问题尽早得到公正合理解决。通过这次磋商，双方进一步了解了对方在柬埔寨问题上的立场，对推动柬埔寨问题的早日解决是有益的。尽管直至两年多以后，才在越共新任总书记阮文灵的推动下实现了中越关系正常化，但此次副外长磋商结束了两国关系长达 10 年之久的完全僵持状态。可以说，磋商仍有其重要意义。

三

丁儒廉第一副外长是越共中央委员，曾任越南驻苏大使，是一名非常精明干练的老外交。1977 年至 1978 年，丁曾作为越南政府代表团团长来京，同中国韩念龙副外长进行两国陆地边界谈判。1979 年我对越自卫还击后，丁再次作为越南代表团团长来京，进行两国副外长级谈判。我作为翻译和记录，参加了这两次谈判。在当时两国关系的大背景下，双方的谈判言辞都不免过于激烈。但 10 年之后，丁儒廉此次到北京却显得异常拘谨和注意分寸，处处都表现得彬彬有礼。到北京的当天，当我陪同他走进首都机场老休息室过厅时，只见他轻轻地将大衣脱下，挂在衣帽钩上，然后从西装口袋里掏出小梳子，把头发梳理整齐后，才步入休息室同刘述卿副部长等人见面。在刘副部长举行的欢迎宴会上，丁儒廉注意体现出轻松和谈笑风生。他还自我介绍说他非常喜欢唐诗，并当场背诵了崔护的《题都城南花》："去年今日此门中，人面桃花相映红。人面不知何处去，桃花依旧笑春风。"磋商中，他对中方的某些意见虽不同意，但不再当面进行批驳，而是耐心听取，并表示将带回国内向领导报告。

当年的中方谈判对手韩念龙副外长已退居二线，担任外交学会会长。为表示友好和以礼相待，韩念龙专门于 19 日中午在前门全聚德烤鸭店请丁儒廉一行品尝烤鸭。丁见到 10 年前的谈判对手韩念龙，快步走上前去同他拥抱。丁一行于 20 日离开北京，经深圳、香港回国。张青副司长和我以及亚洲司高德可同志陪同丁儒廉一行到深圳参观访问。在深圳，丁儒廉用两手握着我的两只胳膊说："请相信，我们一定会从柬埔寨全部撤军。"

我和丁儒廉合影。

1996年越共八大后，丁儒廉不再是越共中央委员，并从副外长的位子上退下来，担任越中友协副会长。我于1995年出任驻越大使后，有机会经常见到丁儒廉。凡是中国大使馆的活动，他有请必到，而且往往是到场最早。

中越领导人成都会晤

1986年7月，越共总书记黎笋病逝，同年12月，阮文灵在越共六大上当选为越共总书记。阮文灵决心大幅度调整越南的对内对外政策，一方面提出全面革新的主张，一方面力图摆脱极为孤立的国际处境。而改善对华关系便是他急于解决的问题。

1989年10月，老挝人民革命党总书记兼部长会议主席凯山丰威汉访华。当时我是外交部亚洲司二处（印支处）处长，参加了准备和接待工作。凯山在会见邓小平时，转达了越共新任总书记阮文灵对邓小平的亲切问候。他说,越南对中国的状况已有了新的认识,对中国的态度也有了改变,还说阮文灵希望中国能邀请他访华。邓小平也请凯山转达他对阮文灵的问候。邓小平说:"我早就认识阮文灵同志,我知道他很有理智,工作很能干,胡志明主席很器重他。我希望他当机立断,把柬埔寨问题一刀斩断。现在我年龄已大,快要退休,我希望在我退休之前或退休后不久,柬埔寨问题能得到解决,中越关系恢复正常,这就了却了我的一件心事。"

凯山回国途中,把邓小平的话原原本本地转达给了越南领导人。阮文灵在思考如何实现解决柬埔寨问题和改善对华关系的目标。1990年5月19日,越方在河内主席府举行纪念胡志明主席100周年诞辰招待会。当时我国驻越南大使张德维正在国内休假,我作为大使馆临时代办应邀出席。招待会上,越南第一副外长丁儒廉把我引荐给越共总书记阮文灵。几句寒暄之后,阮文灵说,他要安排时间会见张德维大使。回馆后,我立即把这一信息报告了国内。

6月5日,阮文灵总书记在越共中央会客厅会见了张德维大使。阮文灵说,在越南抗美战争时期,他曾多次去过中国,见过毛主席、周总理、邓小平等同志。毛主席、周总理、邓小平同志与胡主席是同辈人,阮文灵则是他们的学生。在革命战争时期和在敌人的监狱里,他总是学习和研究毛主席论述民族民主革命的著作,受益匪浅。在越南抗法、抗美时期,中国在各方面都给予越南巨大援助,连大米、压缩饼干、咸菜等都是中国援助的。而且中国在战略和指导思想上也给了越南许多帮助。比如越南人民战争,就是学习了毛主席的人民战争思想,把它运用到越南的实践中去。可以说,如果没有中国的援助,越南是不可能打败美帝国主义的。

阮文灵说,越南抗美胜利、全国统一后,本应集中精力从事经济建设,但出现了意想不到的困难和复杂情况。这十几年越南比抗战时期更艰苦,日子更难过,特别是越中关系出现了困难。应该说,越南对中国做了一些不好的事情。他始终主张做错了就要改正。这方面的事情请中国同志谅解,过去的事情就让它过去算了。当前更重要的是搞好现在和将来的两国关系。

阮文灵还说，当前国际形势正在剧变，东欧的形势演变很复杂，苏联的形势也很严峻。帝国主义极力插手，大搞和平演变，梦想一举消灭社会主义。过去人们说苏联是世界和平的堡垒，但现在这个堡垒正在动摇。在当前形势下，中国的地位和作用特别重要。越中两国是社会主义邻邦。越南是小国，越南党是小党，很需要中国这样的大国、大党的支持和帮助。阮说，这是他的心里话。

阮文灵表示，他很想同中国最高领导同志见面，进行深入的、兄弟般的交谈，可不拘外交礼节。他说，历史经验表明，两国最高领导人直接谈，容易达成相互谅解和取得一致，许多重大问题也好解决。阮还说，他年纪大了，想在退休前同中国领导人一起协商，把柬埔寨问题和恢复越中关系问题解决掉。

张德维大使把阮文灵的谈话详细报告了国内。国内经过认真研究后答复说，还是要越南尽快从柬埔寨撤军，并解决好柬埔寨四方联合问题，之后再按部就班和顺理成章地安排两国领导人高级会晤。也就是说，中国领导人尚不准备很快同阮文灵见面。面临这种情况，如何打破僵局，达到同中国领导人会晤的目标，需要阮文灵凭借他的智慧来实现。

阮文灵考虑再次会见中国大使，但越南外交部部长阮基石认为没有必要。在无法通过越南外交部同中国大使馆沟通的情况下，阮文灵不得已只得秘密地通过一个邻居、越南社科院的一名干部于8月16日前往中国大使馆，把他想要说的口信转告给张德维大使。口信中说："凯山同志去年10月转达了邓小平同志对我的问候和他希望在有生之年看到中越关系正常化的口信，我对此十分欢迎。我同样殷切希望在我主持越共六届中央的任期内能恢复越中关系，以便从即将召开的七大开始两国关系的新阶段。我只有办成了这件事，才能不辜负越南人民和越南共产党员对我的信任。""我认为，现在两国领导人有必要进行直接和深入的讨论，以便消除所有误会，并排除越南外交部的干扰。我相信，只要两国真正的共产党人都从捍卫社会主义和恢复纯真友谊的殷切希望出发进行会晤,柬埔寨问题一定能迅速得到解决。如果中国同志也有这种看法,请发出内部邀请,我将立即秘密前往中国。""为了讨论进行得扎实牢靠,帮助我回国后能更有力地说服越共中央和政治局集体,最好有杜梅、范文同二人和我一起去。"所说的杜梅,当时任越南部长会议主席。范文同则是越共元老、越共中央顾问。阮还说:"倘若得到中国同志的支持和帮助,我将能沿着胡主席的道路,在培育美好的越中友谊、捍卫社会主义和共同的革命利益方面更加顺利地稳步达到目的。"

张德维大使再次把阮文灵的口信详细报告了国内。国内不理解为什么这么重要的谈话要由一名普通的越南干部来转达。换言之,对所谈内容的可靠性和准确性感到不踏实。于是指示张大使设法见到阮文灵,请他当面确认所谈内容。

当时中国大使馆同越方各部门几乎没有任何来往,终于通过越南国防部外事局联系到越南国防部长黎德英。在他的帮助下,阮文灵总书记同意于8月22日晚在国防部会见张大使。

见面时,阮文灵确认那位越南干部转达的口信内容准确无误。阮说,他本人始终认为,越南应同中国保持良好的关系。1976年越共四大时,他因不同意越南当局恶化越中关系的一些做法而被指责为"右倾"。1982年越共五大时,又由于他主张现阶段越南应允许多种经济成分同时存在和不同意当局的反华政策而被排挤出政治局。当时他很难理解为什么要对中国采取那样的态度。如果胡伯伯健在,决不会出现这样的怪事。阮还说,越南对华侨、华人的政策也是错误的。华侨、华人为越南革命做出了宝贵的贡献,越南在胜利后却歧视他们,驱赶他们,实在太不近情理。

阮说,1986年他出任越共总书记后,便下决心克服各种阻力,逐步纠正过去的错误,恢复对华友好关系。首先他说服越共中央建议国会删去了宪法中有关反华的内容。接着又做各方面工作,终于做出了从柬埔寨撤军的决定。他说,在当前国际形势下,越南同中国建立和发展团结、合作关系就显得更加重要和迫切了。因此他最大的愿望就是能在 1991 年越共七大前实现越中关系正常化，这对越南全党和全民都是一件振奋人心的大事。

阮文灵还说，像这样的单独会见不宜太多。如中方决定邀请他访华，希望张大使通过越南外交部正式提出；同时会见阮文灵、杜梅和越南国务委员会主席武志公，当面转达中国领导人的意见，这样会更加稳妥。

8 月 28 日，大使馆接到国内指示，请张大使转告阮文灵：江泽民总书记和李鹏总理欢迎阮文灵总书记和杜梅部长会议主席于 9 月 3 日至 4 日对中国进行内部访问，也欢迎越共中央顾问范文同同时前往。目前，政治解决柬埔寨问题的时机已经成熟，中越双方应共同努力，促成问题尽快解决，并早日实现中越关系正常化。鉴于亚运会即将在北京举行，为便于保密，会谈地点将安排在四川成都。

使馆立即行动起来。经越共中央对外部安排，阮文灵和杜梅于当天下午 4 时在越共中央会客厅会见了张大使。阮文灵和杜梅听取了张大使转达国内的信息后，都表示非常高兴地接受邀请，同意中方提出的会晤时间和地点，并说将立即向越共政治局报告，尽快确定随行人员名单，着手准备工作。阮文灵还说，范文同顾问只要健康状况允许，也一定会应邀前往。

30 日，国内向使馆通报了此次会晤的大体日程安排：9 月 3 日上午，越方专机飞离河内；中午 1 时抵达成都；下午双方领导人举行会谈；晚上中方宴请。9 月 4 日上午继续会谈，下午专机离成都回国。经请示国内同意，张大使将搭乘越方专机前往成都，参加会晤。

3 日晨，我搭乘张大使的汽车前往河内内排国际机场，既是为张大使送行，也是为阮文灵一行送行。越方一行共 15 人，除阮文灵、杜梅、范文同外，主要随行官员有越共中办主任红河（中央委员）、越共中央对外部部长黄碧山（中央委员）、外交部第一副部长丁儒廉（中央委员），其余为工作人员。机场没有任何欢送仪式，阮文灵一行和张大使登机后，专机就起飞了。

张大使从成都回馆后对有关人员说，会晤的气氛很好，双方主要讨论了政治解决柬埔寨问题和恢复中越正常关系问题。关于柬埔寨问题，双方着重商谈了越南撤军后柬埔寨临时权力机构最高委员会的组成，即权力分配方案。中方提出该委员会由 13 名代表组成，除西哈努克任主席外，金边政权和抵抗力量方面各出 6 人。越方表示，因为西哈努克也属抵抗力量一方，实际上权力比例便成了 6 比 7，估计金边方面接受起来会有困难，但同意按此方案去做金边方面的工作。

关于中越关系，双方都持向前看的态度，没有翻老账。两国领导人都同意本着"结束过去，开辟未来"的精神，谱写中越关系新篇章。会晤结束时，双方签署了《会谈纪要》。当晚，阮文灵写下了一首诗，表达他当时的内心感受："兄弟之交数代传，怨恨顷刻化云烟。再相逢时笑颜开，千年情谊又重建。"

成都会晤扫除了中越关系的障碍，为一年后实现两国关系正常化铺平了道路，因此具有重要的历史意义。

第六章
在驻越大使的岗位上

中共代表团出席越共八大

1991年中越关系正常化以来，两党、两国关系中经历了不少重大事件。1996年6月李鹏总理率团出席越共八大便是其中的一件。

越方的期待和邀请

我作为中国第12任驻越大使，于1995年12月25日抵达河内赴任。1996年1月23日，即我到任后的第28天，越共总书记杜梅在会见我时谈到，越共将于当年6月召开八大，这是在当前国际形势下和重要的历史转折关头召开的一次具有重大意义的大会；越南党期待中国党派高级代表团与会。还说，这不仅是对越共的巨大支持，同时也是对世界革命和国际共运的有力推动。3月1日，越南驻华大使邓严衡再次对唐家璇副外长说，越南正期待着中共派高级代表团出席越共八大。

1996年1月23日，即我到任不满一个月，越共中央总书记杜梅（右3）便在越共中央会客厅接受我前往拜会。右2为越共中央对外部常务副部长范文章。

5月10日，越共中央对外部副部长阮文山约见我，递交了越共中央邀请中共派团出席越共八大的信件。邀请信说，越共中央定于1996年6月28日至30日在河内召开越共第八次全国代表大会。本次大会的任务是：回顾越共七大决议执行情况，总结10年革新事业，提出实现工业化、现代化的方向和目标，补充和修改党章。大会日程包括：（一）讨论通过政治报告、1996—2000年越南社会经济发展方向和任务计划的报告、修改党章报告、新党章和大会决议。（二）选举产生第八届中央委员会。信中说，越共中央邀请中国共产党代表团出席越共八大。代表团正式成员为3人，与会期间的食宿和交通费用由越方招待。希望中方尽快通报代表团名单、抵离河内日期。越共中央将非常高兴地接待中共代表团，相信中共代表团与会将为巩固和加强两党、两国和两国人民之间的友好合作关系做出贡献。阮文山还说，越方预计邀请40个外国党的代表团与会，因接待条件有限，原则上每个代表团仅限3名正式成员。考虑到越中两党的友好关系，中共代表团可另增加3—5名随行人员。中方代表团除参加大会外，如还有其他访问要求，请尽管提出，越方将尽量予以满足。我感谢阮文山向我递交邀请信，并立即将全部有关内容报告了国内。

国内对组团的规格颇费思考

中央对越共八大和我派团出席越共八大均十分重视。考虑到1960年越共（当时称越南劳动党）"三大"时，我们是由中央政治局委员、国务院副总理李富春同志率团出席，后来由于国际共运和中越关系出现问题，对越共"三大"后的几次党代会，中方均未派团出席。因此，这次派团的规格问题便颇费思考。为此，国内指示使馆要设法了解越共八大后的总书记人选，便于派出相应分量的代表团。如何摸准这一情况，一时成为使馆，特别是我本人十分艰巨和紧迫的任务。在不到一个月的时间里，我先后向越方官员、外国使节共18人了解、打听，但说法各异，没有一个较为肯定的信息。那一阵子，我思想上压力很大，想不出更好的办法来交出一份令国内满意的答卷。这时新华社河内分社社长凌德全对我说,还是要按邓小平的那句话办事,实事求是。你已经努力了,如为了完成任务而报回不准确的信息,反而会对国内形成干扰。我觉得老凌的话也有道理。但就在这时,5月31日,国内来了指示,要我分别约见越共中办主任潘演、中央对外部长红河和副外长武宽,当面直接询问越共新任总书记是谁。看着国内的指示,我能想象出国内是多么急切地等待使馆提供有分量的信息,我必须立即行动。当时潘演不在河内,红河和武宽在6月1日先后应约会见了我,使馆齐建国参赞一同前往。他们对中方关心越共八大的人事安排表示理解,但都说迄今尚不知道最高领导人的人事安排,要到八大选举后才能决定。武宽还说,他绝不是知道而故意不说,而是确实不知道。还说,此时此刻越方任何人都无法做出肯定的答复。但可以肯定的是,不管新任总书记是谁,越南现行的内外路线都不会改变,对华睦邻友好的政策也不会改变,只会进一步加强。我把红河与武宽所谈的内容报告了国内,但心里明白他们都未能回答国内的关切。

4天后,即6月5日,越共中央对外部常务副部长范文章约见我说,他受杜梅总书记的委托,向江泽民总书记赠送一幅江总书记同杜梅总书记合影的工艺纪念品。当时我想,6月5日并不是中国或越南的什么重大节日,两国也没有重要代表团互访,越方在这个时候赠送

这就是越方送给江泽民总书记的工艺品礼物。

杜梅总书记同江总书记的合影，莫非是对中方的关切作某种暗示？但我的猜想是否准确，没有把握。我首先表示感谢，并说大使馆一定认真负责地将这份珍贵的礼物运到北京。同时我问，此时此刻向江总书记赠送这份礼物，可否理解为越共八大后杜梅同志仍然是总书记？范文章谈话历来十分谨慎。他说，除了红河部长6月1日所谈的内容外，他本人没有什么要补充的。几天后，我在一次招待会上又向范文章问了同一个问题。他说，相信李大使凭借多年的外交工作经验，会得出恰当的结论。几天后，曾担任过越南政府副总理的越南工商会主席段维诚对我说，据他了解，越共新任总书记仍将是杜梅，并说这个信息98%是准确的。但此时距八大开幕已没有多少时间，他说得越肯定，我越是担心，生怕对国内造成干扰，终未敢报告。

李鹏总理率团出席越共八大

尽管了解不到越共八大后的人事安排，中央仍决定派政治局常委、国务院总理李鹏率中共代表团出席越共八大，代表团成员还有中联部长李淑铮等三、四人。李鹏总理因国内公务繁忙，需在参加越共八大开幕式、致辞和会见越南领导人后提前回国。经中央同意，增加政治局候补委员温家宝作为代表团首席团员，待李鹏总理回国后，牵头同其他团员一起参加越共八大全过程。

6月12日，中联部将李鹏总理率团出席越共八大事通知了越南驻华大使邓严衡。6月14日上午，邓严衡大使紧急约见中联部副秘书长朱达成说，他昨夜接到越共中央来电，要他立即报告中共中联部，越共中央领导非常欢迎李鹏总理率中共代表团出席越共八大，对中共中央的决定表示衷心感谢并给予高度评价。之后，越南总理潘文凯在见到我时，对中方派出高规格代表团再次表示感谢。

6月27日，李鹏总理率中共代表团抵达河内。越方前往机场迎接的有越共中央委员、农业和农村发展部部长兼越中友协主席阮功丹和越共中央对外部常务副部长范文章以及中国使馆全体外交官。阮功丹部长陪同李鹏总理进城。为表示高规格接待，越方去机场迎接的官员又临时增加了越共中央政治局委员、外交部部长阮孟琴。同时，政府总理武文杰、中央对外部部长红河和副外长武宽在代表团下榻的政府宾馆迎候。

当天下午，李鹏总理一行同越共总书记杜梅和政府总理武文杰等越南领导人举行会谈。杜梅再次感谢中方派高级代表团出席越共八大，说李鹏总理来到越南这件事本身就说明了一切；表示越方永远不会忘记中国对越南革命事业的援助；强调两国间的共同点是最根本的，要让两国世世代代友好下去；希望中国帮助越南强大起来。李鹏称赞越南在革新事业中取得的成就，说越南找到了适合本国国情的发展道路；指出两国在大政方针方面有不少相同和相似之处，彼此有重要的共同利益，两国应继续友好下去；强调双方应本着平等协商原则，妥善解决两国边界领土问题；表示中方愿尽可能地帮助越南的经济建设。

当晚，杜梅在越共中央会客厅楼上举行小型宴会，欢迎中共代表团。越方出席的还有武文杰、阮孟琴、红河、武宽、范文章和对外部礼宾司司长阮泰云、驻华大使邓严衡。中方除代表团正式成员外，应邀出席的还有吕聪敏（李总理秘书）、万经常（卫士长）、朱达成（中联部副秘书长）、王毅（外交部亚洲司司长）、杨茂山（中联部礼宾局局长）和我。气氛颇为热烈。

直到杜梅同李鹏总理单独谈话时，才告知说他将继续担任总书记一段时间。

越共八大开幕

28日上午8时20分，李鹏总理在巴亭会堂的休息室会见了越共前任总书记阮文灵和越共元老范文同。由于八大要在9时正式开幕，各国党代表团团长还要提前到场，所以双方没有充分的时间深入交谈。但阮文灵仍回顾了1990年中越领导人成都会晤以来两党、两国关系的发展，表示越南永远不会忘记中国对越南抗法、抗美战争的巨大援助；希望双方从维护两国友好合作关系的大局出发，设法解决存在的分歧。范文同也表示，进一步巩固和发展同中国的友好合作关系是"今后越南国家和民族一件极其重要的大事"。

上午9时，李鹏总理随杜梅总书记等越南领导人一起走上大会主席台。登上主席台的还有其他近40个党代表团的团长。越方安排李鹏总理在前排杜梅总书记和黎德英国家主席之间、即中央第一把手和第二把手中间就座。老挝党主席坎代则被安排坐在杜梅的右边。大会秘书处负责人、越共中央对外部部长红河在介绍外国党代表团团长和主要成员时，也是首先介绍李鹏和温家宝同志，这时全场长时间热烈鼓掌表示欢迎。上午的日程只有一项，即由杜梅总书记做政治报告。现场准备了英、法、俄和中文同声传译。中方代表团正式成员均在巴亭会堂楼上就座。我虽应邀出席，但是同各国驻越使节坐在一起。

下午2时大会继续进行。第一个发言的是越南计划投资部部长杜国杉，接着是李鹏总理代表中国共产党致辞。这是30多年来中国领导人第一次在越南的党代会上讲话，代表们都全神贯注，想听听李鹏总理究竟会讲些什么。李总理首先对越共八大的召开表示热烈祝贺，向越共全体党员和越南人民致以崇高的敬意。接着高度评价了越南共产党走过的战斗历程，肯定越共是越南工人阶级的政党，是越南人民革命和建设事业的领导者。特别强调在风云变幻的国际形势下，越共坚持马列主义、胡志明思想，坚持共产党的领导和社会主义方向，坚持以经济建设为中心、党的建设为关键，有效地维护了国家的安定，促进了经济的发展，人民生活逐步改善，对外关系不断扩展，国际地位得到提高。肯定越共八大是一次承上启下、继往开来的大会，相信越南人民遵照八大确定的方针，一定会把一个更加稳定和繁荣的社会主义越南带入21世纪。李总理还回顾了中越两党、两国的传统友好关系，表示坚信"通过共同努力，建立在独立自主、完全平等、互相尊重、互不干涉内部事务原则基础上的中越两党友好关系，建立在和平共处五项原则基础上的中越两国友好关系，必将得到进一步的巩固和发展。"短短几分钟内，全场5次长时间热烈鼓掌。李总理致辞后，大会执行主席武文杰主动走上前来同他握手，杜梅总书记更是前来同他拥抱。李总理离开会场时,杜梅、黎德英、武文杰及红河离开主席台,一起将他送出巴亭会堂。之后大会主席武文杰宣布:"中共中央政治局常委、国务院总理、中共代表团团长李鹏同志因公务繁忙,不得不先期回国,由中共中央政治局候补委员、书记处书记温家宝同志担任代理团长"。温家宝同志仍然被安排坐在李总理的位置上。

李总理的讲话在会场内外引起了热烈反响。河内市委书记黎春松说,八大代表们对李鹏同志的讲话一致称赞,大家很受感动和鼓舞。邓严衡大使说,这是一篇很精彩的讲话,必将对推动越中两党、两国关系产生积极影响。老挝外长宋沙瓦说,李鹏同志的讲话对当前世界社会主义事业和国际形势及前景做了简明深刻的分析,具有很强的说服力和建设性。

李鹏总理回国后,温家宝同志领导代表团,继续以饱满的热情,认真参加大会有关议程,并接受了越南党报《人民报》的采访,圆满完成了中央交付的任务。原来国内通知说,温家宝同志将为使馆人员、中国留学生和中资公司代表做一次关于国内形势的报告。但代表团抵达河内后,温家宝表示鉴于李鹏总理已到使馆同大家见了面,并做了

越共八大期间,温家宝同志为大使馆工作人员、中国留学生和中资公司代表作报告。

讲话，他便不再做报告了。但在使馆强烈要求下，温家宝同志还是抽空到使馆做了一个关于国内经济形势的报告。他讲话没有稿子，却引用了上百个数字，给在场同志留下了深刻的印象。

中国医疗组参与救治越南国家主席

越方提出派中国医疗组请求

1996年12月7日（星期六）上午，越共中央对外部给中国大使馆打电话说，阮文山部长将于当天下午3时紧急约见中国大使。下午，我和大使馆随员张向斌准时到达对外部。

走进会客厅，阮文山部长连忙起身迎上前来，站在他身旁的还有越南卫生部部长杜原芳。阮文山部长说，今天请大使来，是谈一件十分重要的事情。11月7日，黎德英主席在家洗澡时，高血压病紧急发作，血压升至225/110毫米汞柱，当即被送到河内108军医院。经抢救，病情虽有所缓解，但一个月来始终处于嗜睡状态，四肢部分瘫痪，吞咽困难，需用鼻饲进食。越南医疗专家认为，随时都有出现突发性病变的可能性。在这种情况下，越南卫生部和中央保健委员会经反复研究，一致认为应请求中国医疗专家来越南协助治疗，除此无更好的办法，并就此向中央政治局做了报告。12月7日上午，杜梅总书记批示同意了这个意见。

阮文山请我将这些情况报告国内，建议中共中央本着同志加兄弟的情谊，派脑神经、脑病变、脑血管专家前往越南参与治疗，时间越快越好。至于派西医还是中医，以及派多少人，均听从中方决定。阮文山还说，黎德英主席的详细病历将在当晚前送到中国大使馆。我表示，将立即把阮文山所谈内容报告国内，一有消息会马上向越方通报。回馆后，我立即把阮文山所谈的内容报告了国内。

中央对越方的请求迅速做出回应。12月10日，即越方提出请求的第三天，我便遵照国内指示，紧急约见越共中央对外部阮文山部长，向越方通报说：中共中央对黎德英主席的病情十分关切，衷心希望他早日康复。中共中央认真研究了越方的建议，决定立即派四人医疗小组赴越，协助对黎德英主席的治疗。医疗小组定于12日乘中国南方航空公司CZ361航班飞抵河内。医疗小组组长为北京医院神经内科主任医师王新德。成员有协和医院神经内科主任医师李舜伟、北京医院心内科主任医师刘焕民和北京医院中医科主任医师米逸颖。另外，还将派中联部亚二局一秘李军作为医疗小组专职翻译。阮文山部长听后激动不已，表示越方一定同大使馆密切配合，做好医疗小组的接待工作。事后我得知，国内在星期日，即接到大使馆电报的第二天下午就已组成了医疗组，可见行动之快。

12日晚，医疗小组准时抵达河内内排国际机场。越共中央对外部常务副部长范文章、108军医院副院长阮金女孝大校和我一起到机场迎接。阮文山部长和108军医院院长武鹏庭大校在医疗小组下榻的国防部宾馆迎候。

阮文山部长对中方迅速派出医疗小组一再表示感谢。双方商定，本着只争朝夕的精神，第二天上午8时便去108军医院，对黎德英主席的病情进行会诊。越方还表示，关于中国医疗组来越事，需对外保密。中国大使馆除我和政务参赞高德可外，其他同志均不知道此事。医疗组的翻译李军同志的爱人周成玉是大使馆的二秘，在很长时间内也不知道她的丈夫已到了河内。

13日上午8时，我陪同医疗小组准时到达108军医院会议室，听取越南医生对黎主席病情的介绍。越方在场的有国家副主席阮氏萍、卫生部长杜原芳、中央保健委员会专门委员会主席阮世庆中将、108军医院院长武鹏庭和其他专家、教授共18人。王新德教授曾参加过为胡志明主席看病的医疗组，早就认识阮世庆中将，两位老朋友见面时，热烈拥抱。

杜原芳部长起立致辞说，中国党和政府派出医疗专家前来为黎德英主席治病，充分体现了中国党和政府对越中关系的高度重视和对越南党与政府的高度信赖。此举进一步巩固了两党两国的传统友谊。相信凭借中国的先进医学和两国医疗专家的通力合作，黎德英主席的病情会逐渐好转起来。

武鹏庭院长说，越共中央政治局指示越方有关部门和医疗专家要绝对信赖中国专家，要为中国专家创造一切条件，与中国专家通力合作；要尊重中国专家的意见，治疗方面要以中国专家为主；技术问题出现双方意见不一时，要按中国专家的意见办，由中国专家最后决定。越南专家要趁此机会好好向中国专家学习。

接着，越方专家详细介绍了黎主席的病情，之后双方专家到病房查看病人，我也跟了进去。

鉴于黎主席的身份，医院专门腾出整个一层楼作为他的病房，供医护人员使用。走进病房，只见黎主席昏睡在病床上，鼻孔里插着鼻饲管，眼睛紧闭，四肢不能动弹。中国专家用大头针试看他四肢有无痛感，均无反应。翻开眼皮，眼球也不能转动。武院长说："中国医疗专家给主席看病来了。"黎主席照样毫无反应。我国几位专家逐一为黎主席作了详细检查后，便退出病房。

接着，双方专家共同会诊，商量下一步如何开展治疗工作。中国专家诊断黎主席患的是蛛网膜下腔出血、脑溢血和高血压病，认为目前病情相当严重，而且不排除再度脑出血的可能性；一旦再度出血，情况将更加危险。越南专家同意中国专家的诊断和对病情的预测分析。

在谈到今后工作计划时，王新德教授让我发言。由于现场无法同中方专家商量，我只好谈谈个人的想法，心想讲错了由我个人负责就是了。我首先肯定一个多月来越南专家为救治黎德英主席所做的大量卓有成效的工作。我说，中共中央派中国医疗小组来越南的唯一任务，就是协助越南专家为黎德英主席治病。中国专家将全力以赴，同越南专家密切合作，毫无保留地提出意见和建议。但治疗上仍应以越南专家为主。中国专家的建议只有在获得越南专家同意后才能付诸实施。中国专家开出的药方，只有在越南专家签字后才能给病人服用。中国

专家绝不做任何越南专家尚未同意的事情。我还说，至于医疗小组在河内工作多长时间，国内未作明确规定，将视黎德英主席病情的变化再议。

武院长和在场的越南官员、专家对我的意见未表示异议。双方商定，将采取中西医结合的治疗方案。两国专家每天上午 8 时到病房为黎主席查体并进行会诊，研究治疗方案。其余时间，中国专家虽住在宾馆，但随叫随到。我专家还表示，医疗小组从北京带来了一些药品，包括西药和中药，都将无偿提供给治疗使用。

黎主席的夫人也在现场，却一言不发，可以看出她内心的焦虑。

12 月 15 日，越共中央政治局常委黎可漂（1997 年 12 月至 2001 年 4 月任越共中央总书记）会见和宴请医疗小组，我也应邀出席。黎可漂说，黎德英主席患病后，越南医疗专家及时进行了抢救。但由于病情严重，越南领导人也没有把握。经政治局研究，决定请求中国党派医疗专家来越为黎主席治病。江泽民总书记、李鹏总理对此非常重视，立即满足了越方的要求，越共中央政治局全体同志为此十分感动，这是越中两党、两国团结和友好合作的体现。中国医疗专家还特别带来了名贵中药安宫牛黄丸，越方表示衷心感谢。越南领导人相信，有中国现代医术和传统医术的丰富经验，有中国专家和越南专家的密切合作，黎德英主席一定能早日康复。但席间谈到治疗前景时，黎可漂只询问黎主席能否再坐起来，流露出他本人对黎主席能否完全康复并无多少信心。

双方密切配合疗效明显

使馆把医疗小组抵达越南后的工作情况和我在双方专家会诊时所谈的意见及时报告了国内。国内答复同意我们商定的"工作方针"，并做了一些具体指示。我立即请医疗小组的专家到大使馆，向他们传达了国内的指示精神，并研究具体如何开展工作。

大家一致认为：（一）越南专家确实已尽了最大努力。现在越方专家同意我方诊断意见，表明双方的看法已经一致，这是搞好合作和争取最佳疗效的前提。（二）越方专家对我方专家确实非常尊重。正因为如此，我们在言谈举止上更要特别注意尊重越南专家。（三）108军医院设备较差，对病人的护理欠周到细致，消毒不够严格，在很大程度上影响了疗效。我们将随时提醒，提出改进建议，但要注意方式方法。（四）医疗小组是由中央派出的，要随时向国内请示汇报，以及时得到国内的指示。如前方需要补充什么药品，大使馆将及时通报中联部，中联部将指定专人到北京医院领取，密封包好后交每星期一、四的民航班机带到河内，大使馆再派专人前往领取。

应该说，医疗小组对黎主席病情的严重程度是有充分认识的，因此开始时对治疗前景的估计也十分谨慎。但由于诊断准确，采取中西医结合的治疗方案，措施得当，在不长时间内黎主席的病情竟奇迹般地明显好转。

10天后，黎主席的蛛网膜下腔出血已大部吸收，肢体已能动弹，双手可抬至头部，左腿可抬至膝部，并开始说话。语句虽不清晰，但越方官员说可听懂30%左右。24日，医疗小组为黎主席查体时，我也在场，他已能叫出我的名字。只是仍须维持鼻饲，不能直接进食。

在治疗过程中，越方未再提及以谁为主的问题。每次会诊双方均各抒己见。对治疗方案，中国专家每次均以建议方式提出，同越方专家商量。但越方专家十分尊重中国专家的意见，双方配合密切，关系颇为融洽。特别是黎主席病情明显好转后，越方专家对中国专家更加敬重。

国内对医疗小组的工作也表示满意。12月31日，中联部特意给大使馆发来电报说，半个月来，医疗小组遵照中央指示，以高度责任感和精湛的医术，辛勤工作，克服困难，同越方专家密切配合，终于使黎主席病情好转、稳定。国内向医疗小组表示亲切慰问和衷心感谢，并祝大家新年快乐。

12月31日，我带着鲜花到医院向黎主席祝贺新年，祝他早日康复。

黎主席让医务人员扶他坐起，双手接过鲜花，并握着我的手说，他的健康恢复到今天这个地步，是越中医疗专家共同努力的结果，当然其中也有他个人的一份努力。黎主席特别让我转达他对江总书记和李总理的衷心感谢和亲切问候。

越方挽留医疗组

鉴于黎德英主席病情已明显好转，并进入康复阶段，双方专家对下一步的治疗方案也已商定，经请示国内同意，医疗小组拟于1997年新年后一月中旬回国。1月4日，王新德教授非正式地向越南中央保健委员会专门委员会主席阮世庆中将表示，中国医疗小组拟于1月14日回国，并就此征求越方意见。阮世庆允即向领导报告。

1月9日，108军医院院长武鹏庭宴请中国医疗小组时，在座的越南卫生部长杜原芳表示，他想大胆地向李大使提出一个要求。他说，再有一个月就要过春节了，出于好客，越方希望中国专家多留一段时间，以便更好地了解越南，并对越方专家给予更多帮助。越方知道中国专家已来越近一个月，国内还有许多工作要做，尤其是春节期间应

医疗组回国前与黎德英夫妇合影留念。

该同家人团聚。但越南卫生部、中央对外部、中央保健委员会,特别是黎德英主席本人希望中国专家能再留一段时间,最好能到春节前夕或过了春节再回国。如这一愿望能得到满足,那将是黎德英主席全家的幸福。希望中国同志研究后,尽快给予答复。当然,最后如何决定,要看中国同志的意见。

由于我对杜部长所提要求毫无思想准备,所以当场未立即表态。宴会结束后,我把杜部长请到一旁,询问越方对我专家回国的时间有无更具体的意见。杜部长说,越方的意见是,从中方提出的回国时间1月14日算起,可多留两周,也可多留10天,如中方实在有困难,多留一周也可以。

回到大使馆,我和医疗小组的专家们一起商量。大家一致认为,中央派我医疗小组来越为黎主席治病,是一项重要的政治任务。尽管黎主席病情已进入康复阶段,我专家眼下已无更多事情可做,但鉴于越南卫生部长亲自出面,郑重提出希望我专家多留一段时间,且强调这是黎主席本人的愿望,在此情况下,我不便回绝;但如留在越南过春节,对越方也有诸多不便,况且专家们在国内确实还有大量工作要做。经认真研究,认为可以接受杜部长提出的中间方案,即在14日以后再多留10天,24日回国。结果国内同意了我们的意见,越方也很满意。

1月21日,政治局常委黎可漂再次宴请中国医疗小组,感谢中共中央同意让医疗小组多留10天,并向王新德教授面交了越共中央总书记杜梅和黎德英主席分别给江泽民总书记和李鹏总理的感谢信。

这时,黎主席的病情进一步好转,说话能力已恢复正常,上肢功能良好,能自行坐起并签署文件。在有医护人员搀扶的情况下,还可站立并步行几步。

医疗组圆满完成任务

在一个多月的时间里,越方对中国医疗小组的接待和照顾颇为热情周到。108军医院在黎主席病房旁边,专门为中国专家布置了一间休息室，给每人配备了全新的白大褂，房间内每天都摆放着稀有的热带水果，并不断更换品种。越方还利用星期日安排医疗小组到南方胡志明市旅游。除政治局常委黎可漂两次宴请外，国家副主席阮氏萍、卫生部长杜原芳和国防部副部长陈亨中也分别宴请了医疗小组。

1月23日，我陪医疗小组前往108军医院向黎德英主席告辞。黎主席早已穿上西装、皮鞋，系上领带，和夫人一起坐在一间专门布置的房间里，等候同医疗小组的合影留念。摄影记者也做好了准备。

当时黎主席虽未多说什么，但兴致很高。照相后，大家同黎主席夫妇一一握手告别，随后走出房间。但黎主席又把大家请回去，说还要同每个人单独合影留念。

当晚，我在使馆宴请医疗小组和越方代表。越南主席府办公厅主任阮越勇、中央对外部常务副部长范文章、中组部副部长朱文易和108军医院院长武鹏庭应邀出席。我举杯感谢一个多月来越方对中国医疗小组的热情款待，强调黎德英主席病情好转和逐渐康复是中越医疗专家共同努力、密切合作的结果，是双方的共同胜利，并祝黎主席早日彻底康复。范文章副部长再次对中国医疗组表示感谢。他赞扬中

阮氏萍副主席与医疗组成员和越方专家合影。

国专家通过自己的工作，为进一步增进两党、两国相互了解和信任做出了贡献。

1月24日，中国医疗小组圆满完成任务，离开河内回国。越共中央对外部副部长黄瑞江和我到机场送行。

医疗小组回国后，中联部和医疗小组向中央写了总结报告。李鹏总理在报告上批示："这是通过医疗进行外交和党际交往活动的一次成功事例。应总结经验，并对以王新德同志为组长的全体医疗小组表示慰问和表扬。"

医疗组的工作在越引起热烈反响

春节是中越两国人民共同的传统节日。按照越南多年的惯例，除夕之夜，国家主席要向全国人民发表电视讲话。我心想，黎主席尚在康复阶段，今年可能由其他领导人发表电视讲话。

但2月6日（除夕）晚，我和大使馆一些同志到河内市中心还剑湖畔观看夜景回来后打开电视机，看见黎德英主席正在发表电视讲话。口齿虽不能像生病前那样清晰，但能在电视台讲话，表明身体康复状况已相当可观。

事后，越南同志告诉我说，中国医疗小组回国后，黎主席仍继续住在医院，直至除夕当晚才取下鼻饲回家。途中在主席府大厅停留，发表了电视讲话。这是

我和康复后的黎德英顾问在河内西湖宾馆交谈。

三个多月来，黎主席第一次公开露面。

两个月后的4月2日，越南九届国会第十一次会议开幕。各国驻越使节均应邀出席。我看见黎德英主席大步走上主席台，声音洪亮地发表了即席讲话。国会代表们看到黎主席已完全康复，长时间热烈鼓掌表示祝贺。

中国医疗专家救治黎德英主席的故事不胫而走，在越南干部、群众中广为传颂。他们都把中国医生描绘成神医。一些不了解实情的人，还把黎主席的起死回生完全归功于医疗组带去的中药安宫牛黄丸，以至于不少越南代表团访华后，都要想方设法带回一、两丸。就连黎主席夫妇也对此深信不疑，竟托人买回2000美元的安宫牛黄丸，放在身边备用。

此后几年，越方又先后三次请中方派医疗专家，为越共中央前总书记阮文灵、前国务委员会主席武志公、越共前政治局委员裴善悟、前国防部长段奎大将和越共元老范文同治病。还安排越共政治局委员、河内市委书记黎春松和副总理阮功丹到北京治病。直到现在，越南驻华使馆的官员还经常到北京医院中医科请米逸颖大夫看病。

辞行时黎德英夫妇同我夫妇合影。

我离任前，和夫人向黎德英顾问辞行。右1是越共中央对外部阮文山部长。

2000年7月上旬，我任期届满回国。离开河内前夕，越方安排我和夫人向黎德英夫妇辞行拜会，地点就在他的家里，并由越共中央对外部部长阮文山陪见。

此时，黎德英已从国家主席的位置上退下来，担任越共中央顾问，身体早已完全康复。他热情地同我握手、拥抱，并同我们合影留念。谈话中，他兴致勃勃地赞扬了几年来中越关系的发展，一再感谢中国派医疗专家为他治病。黎德英还当面赠送了一份亲笔书面留言，全文是："李家忠同志在越南工作期间，为建立越中两党、两国和两国人民的友好关系做出了积极贡献。祝李家忠同志和全家健康、幸福。祝您在新的工作岗位上继续为建立越中两国的牢固团结和友好合作做出贡献。黎德英2000年7月5日于河内"

如今中国医疗组为黎德英主席治病的事已过去20年，我很想知道他后来健康情况如何。2015年7月24日越南《人民报》报道，95岁的黎德英一天前在河内出席了越南公安部队建立70周年庆祝活动。相信当年医疗组的所有专家得悉这一消息，都会和我一样感到欣慰和高兴。

越南的革新和总书记阮文灵

我担任驻越大使馆政务参赞(1989年12月至1993年10月)和驻越大使(1995年12月至2000年7月)期间,曾先后与越共四位总书记阮文灵、杜梅、黎可漂和农德孟(时任越南国会主席)有不同程度的接触。他们四位经历不同,性格和作风特点也各不相同,但共同之处是都坚持社会主义道路,都积极主张革新开放、大力发展越南经济,都注重反腐倡廉,都十分重视加强对华友好合作关系。

说到阮文灵,中国领导人毛泽东、周恩来、邓小平对他并不陌生。20世纪60年代越南抗美战争期间,身为越南党南方局书记的阮文灵化名十菊,不止一次秘密来到中国,同中国领导人商谈对越援助问题。90年代我在越南工作期间,同阮文灵也有过一定的接触。

阮文灵于1915年7月1日生于河内,祖籍海兴省。1929年参加青年、学生运动。1930年被法国殖民当局逮捕、被判处无期徒刑,流放到昆仑岛。1936年获释,同年加入印度支那共产党,在河内、海防一带从事地下活动,1939年被派到南方,任西贡市委委员。1941年再次被捕和流放到昆仑岛,1945年八月革命后获释。1945年至1957年先后任西贡市委书记、南部区党委委员、中央南方局代理书记。1960年在越南劳动党三大上当选中央委员,任南方局书记。1976年全国统一后,曾任胡志明市(即西贡)市委书记、越南总工会主席、越共中央政治局委员、书记处书记。1986年12月在越共六大上当选为越共中央总书记。1991年6月在越共七大上主动提出不连任总书记职务,被推举为中央顾问,移居胡志明市。1997年12月在越共八届四中全会上辞去中央顾问职务。

根据我的了解,阮文灵的政绩主要表现在如下方面:

一、努力探索革新道路

1975年越南抗美战争结束、全国统一后，未能集中精力医治越南的战争创伤，恢复和发展经济。当时的领导人一面制造了柬埔寨问题，一面在国内推行一系列过"左"的社会主义改造，提出要用20年在全国范围完成从小生产向社会主义大生产的过渡。这些脱离实际、严重违反客观规律的政策，严重挫伤了广大劳动者和各阶层群众的生产积极性，导致了越南经济、社会陷入了深重危机。

这种局面令时任胡志明市市委书记阮文灵深为焦虑。在困难面前，他一面向中央建议推迟南方的社会主义改造进度，一面大胆支持各阶层群众采取灵活的生产、经营方式改善生活，并允许胡志明市一些企业在完成计划后，到市场上寻求原料，并把产品拿到市场上去销售。这种做法调动了企业和劳动者的劳动积极性，促进了生产发展，改善了工人生活，受到热烈欢迎。但也遭到了中央某些领导人的非议，认为这种"松绑"背离了社会主义经营管理原则，为资本主义"开绿灯"。为此，阮文灵在1982年越共五大上只当选为中央委员，被排挤出政治局。直至1985年6月才被补选为政治局委员。但阮文灵并未因遭受不公正待遇而退缩，他相信自己的想法是正确的。

阮文灵在担任总书记的5年中，本着边实验边革新的精神，提出了一些重要的指导思想和举措：如，必须发扬自力自强精神，改变长期形成的依靠外援思想；必须打破大锅饭体制，解放生产力，发展多种成分的商品经济；除国有经济和集体经济外，应鼓励发展个体经济、私人资本主义经济和以家庭为单位的经济；大幅度调整对外政策，彻底改变越南向苏联"一边倒"的对外路线，明确提出"越南愿同所有国家成为朋友"；打破封闭的局面，扩大对外经济合作关系，大力引进外资；农业实行包产到户等。这些指导思想和举措，冲破了大锅饭体制的束缚，大大调动了广大劳动者的积极性，使越南经济逐渐活跃起来。1989年，越南结束了每年需进口40—50万吨粮食的历史，实现了粮食自给并略有节余。持续多年的通货膨胀也得到有效控制。越南的革新取得了可喜的初步成果。

如今,越南的革新开放取得了世界公认的成就,越南也成为继中国之后经济增长最快的国家,人们不会忘记越南革新开放的倡导者和创始人阮文灵。

二、顶住苏联解体的压力,坚持走社会主义道路

在相当长时期内,越南一直同苏联保持密切的关系。越南的经济在很大程度上依靠苏联的援助,对外政策上也同苏联保持高度一致。黎笋总书记当政期间,曾提出同苏联全面合作是越南对外政策的"基石"。由此可见越苏关系对越南具有何等重要的意义。正因为如此,苏联解体对越南造成的巨大冲击可想而知。当时外援几乎全部停止,国内经济濒临崩溃的边缘,多数西方国家对越南的封锁尚未解除,党内外思想更异常混乱。

在这种情况下,阮文灵保持冷静的头脑,对形势做出清醒的判断,在紧急关头坚定、正确回答和解决了一系列重大问题:

——1990年3月,阮文灵主持召开越共六届八中全会,明确指出:虽然社会主义正处于困难阶段,面临严峻考验,但社会主义一定会经受住考验,逐步克服困难,继续前进,没有任何力量可以阻挡。

——肯定越南将继续坚定地走社会主义道路,决不接受社会主义道路以外的任何其他道路;坚持共产党的领导,决不接受政治多元化和多党制。

——强调当前要以经济建设为中心。指出政治体制的改革十分复杂,必须逐步进行。在条件不具备的情况下,仓促进行政治体制改革将导致丧失政治稳定,必须吸取某些社会主义国家的惨痛教训。

——作为组织措施,八中全会决定对主张自由化、多党制的越共领导成员陈春柏给予撤销政治局委员、书记处书记和中央委员职务的处分。阮文灵在1990年纪念胡志明100周年诞辰大会上重申:"全党、全民将永远沿着胡志明主席选择的道路走下去。"

三、从柬埔寨撤军、改善对华关系

阮文灵清楚地看到柬埔寨问题给越南带来的恶果，并充分意识到要解决柬埔寨问题，必须首先改善对华关系。

为此，他推动越南国会于1988年12月22日通过宪法修正案，删去了宪法序言中对中国不友好的词句。1989年宣布越南从柬埔寨撤军。之后又排除内部阻力，于1990年9月促成了具有重大历史意义的中越领导人成都会晤，为政治解决柬埔寨问题和实现中越关系正常化扫清了道路。阮文灵任期内，越南还调整了对华人的政策，决定归还没收的华人财产，并逐步改善了华人的生存和经营环境。

四、作风简朴、平易近人

阮文灵身为总书记，经常深入基层开展调查研究。为能了解第一手情况，他到农村时有意不通知省委书记，中午便吃随身携带的干粮，或用自己的干粮去换农民的煮玉米，为的是同农民面对面地交谈。我亲眼看到，阮文灵乘坐的是普通小轿车，没有窗帘，车上只有一名警卫员，没有开道车和警卫车。他还效仿胡志明主席的做法，经常用笔名在党报上发表短文，宣传党的方针、政策，批评党内和社会上某些消极现象。

我先后六次见到阮文灵。第一次是1990年5月19日，我以大使馆临时代办身份出席在越南主席府举行的纪念胡志明主席100周年诞辰招待会。越南外交部常务副部长丁儒廉把我引荐给阮文灵。第二次是1990年9月3日，我作为中国大使馆临时代办到河内国际机场，为前去参加中越领导人成都会晤的阮文灵送行。第三次是阮文灵于1992年访华后，我作为大使馆政务参赞，参加张德维大使在官邸为阮文灵夫妇举行的家宴。第四次是1996年春，我作为新任驻越大使，前往胡志明市拜会阮文灵顾问。第五次是1997年8月25日陪同中国医疗组前往胡志明市，为阮文灵看病。第六次是两天后，阮文灵到中国医疗组住地看望大家，并和医疗组全体合影。

阮文灵顾问亲自到医疗组住地看望大家。

前去胡志明市拜会越共中央顾问阮文灵。

我清楚地记得,在上述场合,阮文灵多次谈到一个共同的话题,就是感谢中国对越南的援助。他说,越南抗美战争期间,他曾多次前往北京，商谈中国援助问题。毛主席、周总理对援助越南考虑得十分全面、细致和周到。除武器、弹药外，连越南南方战士的蚊帐和长途行军时所需的压缩饼干都一一考虑到了。如果没有中国巨大、无私的援助，越南不可能取得抗美斗争的胜利，越南党和人民对此将永志不忘。

1998年4月27日，阮文灵在胡志明市逝世。按照越方安排，遗体告别仪式和追悼会在胡志明市举行，外交使团则由越方安排在河内向阮文灵的遗像致哀。考虑到几十年来阮文灵为发展中越关系所做的努力，我向国内建议，让我前去胡志明市吊唁阮文灵，国内同意了我的意见。到胡志明市后，越共政治局委员、政府第一副总理阮晋勇单独会见了我。他感谢中方发来唁电，也感谢中方派大使专程到胡志明市吊唁阮文灵，称此举再次体现了越中两党、两国的深厚情谊。

油漆工出身的总书记杜梅

同阮文灵相比，我和杜梅的接触更多一些。在担任大使期间，曾多次有机会陪同中国重要代表团出席杜梅的会见，还曾陪同他访华。

杜梅1917年2月2日生于河内市郊清池县，曾作过油漆工人。1936年参加革命，1939年加入印度支那共产党。抗法战争期间，先后担任河东省、河南省、南定省省委和抗战行政委员会主席、第三联区党委委员、红河左岸区党委书记等职。1941年遭法国殖民当局逮捕，被判处10年徒刑。第二次世界大战末期越狱，1945年在河东省参加八月革命起义。八月革命后，历任河东、河南、南定、宁平、和平等省省委书记。1955年任海防市委书记兼军事行政委员会主席。1955年3月被补选为越南劳动党中央候补委员。1956年任商业部副部长。1958年任内贸部部长。1960年在越南劳动党三大上当选为中央委员。1967年至1968年任国家物价委员会主任。1969年至1973年任政府副总理，主管基本建设。1976年在越共四大上当选为中央政治局候补委员。1982年在越共五大上当选为中央政治局委员、书记处常务书记。1988年6月至1991年6月任部长会议主席。1991年6月在越共七大上当选为越共中央总书记。1997年12月在越共八届四中全会上辞去总书记职务,至2001年4月任越共中央顾问。

杜梅给我印象最深的是他坚定的革命信念。在会见中国高级代表团时,杜梅总是说,当前国际共运处于低潮只是暂时现象,苏联的解体并不表明马列主义已经过时。恰恰相反,马列主义仍有强大的生命力,现在世界上毕竟还有几个共产党执政的社会主义国家。他还说,20世纪是民族解放运动取得胜利和彻底埋葬新老殖民主义的世纪,21世纪必将是社会主义在全世界取得胜利的世纪。他激烈抨击导致苏联解体的几个人。他说,一个好端端的苏联共产党,竟被戈尔巴乔夫一个人给搞垮了,请问他们党的民主集中制到哪里去了?

杜梅还很关心对青年人的教育,说现在必须强调"革命"二字,不能一切向钱看,把革命老本丢了。金钱要为革命服务,不能为金钱而丢掉革命。市场经济和革新开放带来一些弊端,值得警惕,不小心就会垮台、亡国。

每次会见中国代表团,杜梅都是情绪激昂,兴致极高,几乎每次谈话都超过预计的时间。杜梅经常不顾80多岁高龄到各地视察,讲话时从不拿讲稿,而且要站着讲,洋溢着一个老共产党员的革命激情。我多次同越南朋友说,杜梅总书记身上始终有一种布尔什维克精神。

杜梅早年参加革命,没有上过大学。但他勤奋好学,喜欢读书,不断吸取新的知识。越南官员说,杜梅每天清晨5时便起床读书,许多官员、专家、学者没有读过的书,他都读过。1995年杜梅夫人去世后,他和越共元老、前总理范文同分别住在主席府内的两栋小楼内。2000年范文同去世后,只剩杜梅一个人住在主席府内,未与子女同住,生活颇为孤独,读书更成了他唯一的乐趣。听说后来他起床读书的时间更早了。

无论任总书记时期,还是退居二线以后,杜梅经常到南北方视察,了解情况。遇有问题,他经常把各方面专家、学者请来,让大家敞开发表意见。越南社科人文中心下属世界经济研究院院长武大略是杜梅参谋班子的成员。武大略告诉我，大家在杜梅面前，什么话都敢讲，即使讲"出格"了，也不怕被扣帽子，不被采纳就是了。有一次谈到国企改革问题，武大略发言说，最好的办法就是把国有企业统统交给私人经营管理。杜梅当场表示，这样做绝对不行。但没讲任何批判的话。下次讨论其他问题，还照样把武大略请去。

身为最高领导人，杜梅作风随和、平易近人，没有官架子。1997年春节过后，杜梅总书记到河内市郊参加一年一度的植树节"动员仪式"，并现场发表讲话。我和一些外国使节应邀出席。杜梅总书记刚刚讲了几句话，话筒便出现故障，他只好坐下来等候，待话筒修好后继续讲。可刚讲了几句，话筒再次出现故障，他又坐下来等候。就这样一连三次，急得农业部长跑上跑下，满头是汗，而总书记却神色坦然，既没有发脾气，也没有批评任何人，好像什么事也没有发生一样。最后还是讲了话，并兴致勃勃地和大家一道植树。

1999年夏的一个晚上，我去巴亭会堂观看一场文艺演出。由于晚会已经开始，我便悄悄地坐在了后排。不一会儿，只见杜梅独自走了进来，也悄悄坐在了后排。可能是因为对节目兴趣不大，几分钟后又悄悄地走了，没有惊动任何人。

杜梅十分重视对华关系。几乎每次会见中代表团，都热情赞扬中国改革开放的成就，高度评价中国的国际地位。1996年8月，他对到访的傅全有总参谋长说，苏联解体对越南的冲击十分巨大，当时大部分外国援助都停止了，党内思想异常混乱。但越南顶住了冲击，没有跟着倒过去。其中一个极为重要的原因，就是越南北面有一个强大的社会主义中国。如果没有中国首先顶住了冲击，越南决不会像今天这样"安稳"。他还说，他把中国的胜利看作越南自己的胜利。1999年12月，杜梅对到访的朱镕基总理说，现在全世界都在看着中国，社会主义的希望在中国。到21世纪，不管中国是否愿意，中国都将成为世界社会主义运动的旗帜。

杜梅还注重研究中国的经验，努力加强双方的相互理解和沟通。

越南官员告诉我说，每当越南在革新过程中遇到什么问题，杜梅总是要求有关部门先了解一下中国是如何做的。1997年7月访华时，杜梅提出希望到云南参观访问，着重了解、考察云南发展经济的经验，推动越南北部靠近云南的省份发展经济。他认为，越南北部省份的气候、地理条件同云南相似，云南能够做到的事情，越南北部各省也能做到。杜梅还希望中国帮助越南培养更多的干部。他说，西方国家也为越南培养干部，但往往带有其他意图。让中国为越南培养干部，则非常放心。他还笑着说，中国决不会对越南学生实行"和平演变"。

杜梅在不少场合都流露出对中国和中国同志的真挚感情。1997年访华期间，杜梅曾到云南石林游览。看到当地傣族青年身穿节日盛装，载歌载舞地欢迎他，80岁高龄的杜梅也情不自禁地加入到人群中，和大家一道手舞足蹈起来。在云南省宜良县，杜梅走访了三户不同水平的农民家庭。三户的年平均收入分别是人民币1万元、10万元和100万元。看到中国农民在中国共产党领导下，生活越来越富裕，他感到由衷的高兴。每到一户，都与主人亲切交谈并提出许多问题。参观完两户以后，接待人员担心杜梅疲劳，建议不去第三户了。杜梅问，第三户年平均收入多少？回答说100万元。杜梅决定还是要去看。在那里，杜梅仔细参观了室内陈设，并与主人亲切交谈。杜梅问："你从事的是什么职业？"主人说："我从事的是建筑业。"杜梅问："你是不是共产党员？"主人说："我是共产党员。"杜梅问："你是否认为今天的好生活是党的改革开放政策给你带来的？"主人说："没有党的改革开放政策，就没有我的今天。"杜梅叮嘱说："你今后不管给谁盖房子，都要保证质量。给本村盖房子要保证质量，给别的村、别的县、别的省盖房子，也都要像给自己盖房子一样，全力以赴，保证质量。"主人激动地表示，他一定牢记杜梅总书记的话，不管到哪里盖房子，都一定要保证质量。当时我站在一旁听着杜梅和房主的谈话，感到这位外国领导人不像是在国外访问，而像是在国内一个基层单位视察工作，每句话都流露出真挚的感情和责任心，使我深受感动。

1997年8月，中国医疗组到越南为阮文灵等越南领导人治病，杜梅总书记亲自到医疗组驻地看望，同中国医疗专家亲切交谈。当被问到下次党代会后是否会退居二线时，杜梅说，他今年已80岁，很想退下来休息，但作为共产党员，一切要服从党和革命的需要，让干就干，让退就退。当时的神情就像和家人谈话一样。

上将总书记黎可漂

在我所接触的越共四位总书记中，与黎可漂见面次数最多，印象也最深。

黎可漂1931年12月27日出生于清化省东山县，1949年入党，1950年5月入伍，曾任第二军区政治部主任、副政委，第九军区副司令，越南人民军总政副主任、主任，1992年6月被授予上将军衔。1991年6月在越共七大上当选为中央委员。1994年5月越共七届中期全国代表会议上，被增选为中央政治局委员。1996年6月越共八大上当选为中央政治局委员、政治局常委。1997年12月在越共八届四中全会上当选为越共中央总书记，至2001年4月。

黎可漂担任总书记的时间不长，但他忠实地贯彻了越共中央的既定路线，政绩有目共睹。

黎可漂上任之初，西方外交使节和记者认为他系军人出身，思想肯定会偏于保守僵硬，越南的革新开放有可能因此停滞，甚至倒退。黎可漂对这些反映颇为重视。我也很想当面听听他对这些议论有何反应。

1998年1月14日，我前往拜会新任总书记黎可漂，总书记同我亲切握手。虽是初次见面，但谈起话来毫不拘束，就像老朋友一样。黎可漂主动说，他虽长期在军队工作，但思想不会保守，也不会僵硬，他将忠实地贯彻中央的既定方针，大力推进革新事业。

之后，黎可漂两次主动会见各国使节和记者，回答他们提出的各种问题，努力体现出随和、开放的形象。一名外国记者很没有礼貌地问，你不懂经济，如何能领导好越南的经济改革？黎可漂面带笑容地说，我对经济不能说一点不懂。即使不懂，也可以边干边学。况且，越共是实行集体领导，不是我一个人说了算。事后越南一位大学教授对我说，外国记者态度如此不友好，总书记也"过于谦虚"了。

实践证明，黎可漂任期内，越南的经济革新确实取得了一定成效。国有企业的股份制改革有较大进展；证券市场试点开始启动；对农民自发搞起来的"庄园经济"，尽管一些老革命有不同意见，担心会助长资本主义滋生，但黎可漂仍表示不应禁止，而应允许试验，通过实践检验后再做结论。2001年4月越共九大文件对此做出了肯定的回答，明确指出要"发展规模与各地区相符合的庄园经济"。

在对外关系方面，越南继续大力引进外资，进一步放宽各省市审批外资项目的权限；同美、俄等大国的经济关系较前发展。2000年同美国签订了贸易协定。当时，越南已同168个国家建立了外交关系。

黎可漂任期内，亚洲爆发了严重的金融危机，对越南的冲击也十分巨大。但黎可漂为首的越共中央冷静思考，并采取一系列有效措施，尽量减少危机的影响，始终保持了政治和社会稳定，没有出现东南亚某些国家那样的动荡。越南经济增长速度虽一度放慢，但不久又逐年回升，2000年增幅又达到7%以上。

对一些政治方面的大是大非，黎可漂旗帜鲜明地坚持原则，毫不妥协，但做法上力求稳妥。对极力主张自由化的前中央委员陈度，黎可漂虽不能容忍其错误言论，但仍亲自登门去陈家拜访，耐心说服规劝，直至不得不将陈度开除出党时，也不是由党中央做出决定，而是由陈度本人所在的国会外委会党支部做出决定，旨在尽量避免引起社会动荡，影响稳定。

黎可漂任期内，越南加大惩治腐败力度，先后处理了几起大案要案，罢免了武春禄的副总理职务，分别对几名中央委员和政府部长给予记过或党内警告处分，还制定了党员"19条不允许"的文件。

1998年5月19日是胡志明主席诞辰108周年。这一天，黎可漂代表党中央向全党发动了为期两年的"整党"运动,要求各级党组织和领导干部认真进行对照检查,同时广泛征求群众意见,并由上级领导验收运动结果。

黎可漂本人也十分注意克己奉公,忘我工作。他曾对我说,多少年来他从未休息过。越南国防部的官员告诉我说,1999年黎可漂的儿子结婚,只在国防部宾馆临时租了一个房间,请少数亲朋用些茶点,没有摆宴席,黎可漂本人也没有到场,生怕造成不良影响。

1999年2月黎可漂访华期间,曾到广州参观访问。广东省委书记李长春举行盛大欢迎宴会,菜肴十分丰盛。但我看到黎可漂吃得很少。我问越南官员,黎总书记是否身体不舒服,对方回答说,总书记身体很好。我作为大使,看到来访的贵宾没有吃好,心里很不安。宴会快结束时,黎可漂问服务人员有没有大米饭和鱼露,服务员很快端来了大米饭和鱼露。只见黎可漂把鱼露倒在大米饭里搅拌一下,端起碗大口吃了起来。原来,他是对那些高档的宴会菜肴不适应,仍习惯吃普通的饭菜。1999年底,我有机会乘坐黎可漂总书记的专机,亲眼看到专机上为总书记准备的食品只有两样,一样是糯米饭团,另一样是烤白薯。

黎可漂为发展越中关系倾注了大量心血。1999年2月25日至3月2日,黎可漂对中国进行正式友好访问,双方发表《联合声明》,确定了新世纪中越关系的发展框架,即"长期稳定、面向未来、睦邻友好、全面合作",简称"16字方针"。回顾半个世纪来中越关系的风风雨雨,道路并不平坦。我认为这"16字方针"是对中越关系正反两方面经验的深刻总结,对新世纪中越关系平稳、顺利、健康发展具有重要意义。越南领导人和高级官员说,这是"黄金般的16个字"。

黎可漂为解决两国边界领土问题发挥了重要作用。中越两国曾在20世纪70年代举行过划分北部湾的谈判和陆地边界谈判。由于复杂的原因,谈判未有进展。1991年中越关系正常化以后,双方都认为应加快谈判步伐,早日解决两国的边界领土问题。为此,1999年2月黎可漂访华期间发表的《联合声明》中,公开宣布"双方决心加快谈判进程，提高工作效率，在1999年内签署陆地边界条约和在2000年内解决划分北部湾问题，共同把两国边界建设成为和平、友好和稳定的边界。"正是在两国最高领导人的亲自关心和直接指导下，两国终于在1999年12月30日签署了陆地边界条约。2000年12月又按时签订了划分北部湾协定和渔业协定。应该说，边界领土问题取得的进展是双方共同努力的结果，其中黎可漂亲自过问和直接指导起了十分重要的作用。

与此同时，黎可漂十分重视两国的全面交流，强调借鉴中国经验。2000年2月10日，黎可漂在会见到访的中共中央政治局委员、中国社会科学院院长李铁映时说，越南的革新和中国的改革开放以及两国的社会主义建设在许多方面都有相同或相似之处，甚至面临相同的难题，需要共同探讨。越共将在2001年第一季度召开九大，不少理论和实践问题都需要加紧准备。他建议两国理论家举行高层次的研讨会，就如何建设有中国特色的社会主义和符合越南国情的社会主义进行深入研讨。黎可漂的建议得到了中方积极响应。2000年5月和11月，先后在北京和河内举行了两次理论研讨会。越方代表团团长是越共政治局委员、中央理论委员会主席阮德平。中方代表团团长是李铁映。尽管李铁映在2000年2月曾访问过越南，但为了响应黎可漂的建议，他在同年11月再次去了越南。此外，黎可漂还派越共政治局委员、常务副总理阮晋勇率高级代表团访华，全面考察中国改革开放的经验。

在某些具体做法上，黎可漂也十分注意参考中国的做法和经验。1996年越共八大曾决定不再设立中央书记处，中央的日常工作由政治局常委统管。实践证明这样做效果并不理想，政治局常委整天忙于日常事务，成了办事机构。为此，黎可漂专门派人到中国考察、了解中共中央书记处的组成和职能，结果在2001年4月越共九大上恢复了中央书记处建制。

黎可漂多次强调应加强两国领导人的交往、增进互信。黎可漂对我说，作为总书记，他不可能每年都去中国访问，中国的总书记也不可能每年都到越南访问。他提议当江泽民总书记到中国南方省份视察时，他本人可携少数几名助手前去与江总书记见面，就双边关系和彼此关心的各种问题深入交换意见。这种活动不讲究礼宾规格，也不作公开报道，目的只有一个，就是加强沟通，建立起彼此的"绝对信赖"。有了"绝对信赖"，任何问题都会迎刃而解。中方对黎可漂的建议予以积极响应。1999年12月两党总书记在广西南宁进行了内部会晤。

我任驻越大使期间，黎可漂时任越共政治局常委。1997年政协主席李瑞环访越时，黎可漂代表越共中央与李瑞环主席举行了对口会谈。出任总书记后，黎可漂几乎会见了所有到访的中国重要代表团。就我本人来说，除出席上述会见外，还有几件事值得一提：

1998年春的一个星期天，我和罗马尼亚大使瓦里留相约到距河内不远的"雄王庙"游览。在徒步返回时，看见黎可漂由五、六名随行人员陪同，正朝我们的方向走来。在距我们六、七米时，黎可漂便大声喊我的名字。我和罗马尼亚大使赶忙迎上前去，同他握手寒暄。当时黎可漂穿着普通，没有庞大的车队和严密的保安措施，就和平常人过路一样。几天后，我收到了当时黎可漂同我握手的照片。

1999年2月黎可漂访华时，中联部部长戴秉国等中方官员到首都机场迎接。当时我奉命回国参加接待工作，也在迎接行列中。黎可漂走下专机看见我时，一下将我抱住。记者拍下了那一瞬间，至今我仍珍藏着这张照片。

2000年2月2日，越共中央在河内巴亭会堂举行纪念建党70周年大会，各国使节应邀出席。黎可漂在大会上发表讲话，回顾了越共70年走过的历程，并提出新世纪的奋斗目标。在讲到抗法和抗美斗争时，他使用了"法国殖民者"和"美帝国主义"等字眼，还谈到挫败西方敌对势力的"和平演变"图谋。这使一些西方使节感到不快。黎可漂讲话刚刚结束，未等各界代表发言，西方大使们便纷纷退场，一些其他国家的大使未弄清原因，也跟着退了场，只有几个社会主义国家和埃及、阿尔及利亚大使留了下来。这件事引起了黎可漂的注意。几天后，在一个外交场合，黎可漂将我拉到一旁，让我帮助了解一下西方使节们为什么纷纷退场。我相继了解了法国、澳大利亚等西方大

越南驻华大使裴鸿福、黎可漂总书记、中联部部长戴秉国和我在专机上（1999年3月）。

使们的想法。他们说，大使们应邀出席纪念大会，是越方的客人，大使们不是越南共产党的"党员"，没有必要去听那些"说教"。越南领导人在大使们面前说这些话，不够礼貌。我把了解到的有关情况告诉了黎可漂的助理阮忠。

1999年黎可漂访华时，曾到四川成都参观访问。他特意提出要去看看1990年中越两国领导人举行内部会晤的地点金牛宾馆。因为在那次会晤中，双方领导人一致同意本着"结束过去、开辟未来"的精神，尽快实现中越关系正常化，所以一直被双方认为是中越关系的历史性转折点。黎可漂要去看金牛宾馆，意在表明他要沿着成都会晤的道路致力于发展中越友好关系。

在成都期间，越南计划投资部副部长武鸿福对我说，越南同志对诸葛亮等"三国"人物非常熟悉，很希望抽空去看看武侯祠。接着又有好几位部长表示愿意去看。由于日程已排满，不好更动，便决定第二天早晨五点半出发，参观后再回宾馆用早餐，这样全团的活动日程可保持不变。黎可漂总书记得知后，便表示他也想和大家一起去。这样，省里又把全团日程做了调整。我以前去过武侯祠，发现这次窗明几净，卫生环境大为改观。武后祠的负责人对我说，昨晚接到黎可漂总书记要去参观的通知后，临时把全体工作人员从家里找了回来，突击大扫除，一直搞到后半夜。他笑着说，这才真正叫作"外事促内事"。

2000年6月30日我向黎可漂辞行拜会时，黎可漂很动感情，说了不少赞扬我的话，表示希望我今后常来常往。他还说，我在大使的岗位上，他可以见我。我不在大使的岗位上，他照样可以见我。告别时，黎可漂还亲自送给我一件玳瑁工艺品，作为纪念。

在同黎可漂的接触中，有一件事一直是个遗憾。2000年春节期间，我宴请越共政治局委员、公安部部长黎明香时说，我已荣幸地请到了几位越共政治局委员到中国大使馆吃饭，但不知其他政治局委员是否会接受我的邀请到中国大使馆吃饭，更不知黎可漂总书记会不会接受我的邀请。黎明香表示他愿意帮我了解一下。不久，黎明香在回请我时说，他已经帮我了解过了，所有的政治局委员都十分乐意接受邀请到中国大使馆吃饭。黎明香还说，黎可漂总书记也表示，如果李家忠大使邀请，他也会应邀到场。为此，我专门约见越共中央对外部常务副部长范文章，商谈具体落实宴请黎可漂总书记事宜，甚至还就宴请菜单交换了意见。范文章特别提出，要为黎可漂总书记准备大米饭和鱼露。后来总书记工作日程太忙，直至我2000年7月离任回国，这个计划也未能实现。

2008年9月下旬的一天，中联部亚洲局打电话说，越共前总书记黎可漂正在进行内部访华，他希望能够我和另一位前驻越大使齐建国见见面。中联部安排我和齐大使第二天到万豪酒店与黎可漂共进早餐。这一天我们到场很早，没想到黎可漂也提前到达，彼此见面后热烈拥抱。那天越南驻华大使阮文诗也出席作陪。我和齐大使都高度评价黎可漂同志在担任越共总书记期间为发展两党两国关系做出了重要贡献。黎可漂告诉我们，他这次虽是内部访问，媒体不作公开报道，但中方接待十分热情，胡锦涛总书记和前总书记江泽民分别会见和宴请了他，并进行了非常亲切的交谈。黎可漂说，这次他带来几位助手，主要考察一下中国的"三农"问题，然后把考察后的一些想法提供给越南现任领导人参考。黎可漂说,当前两党两国关系发展很顺利。对于双方存在的分歧和争议,只要从大局出发,友好协商,就一定会找出解决办法。他表示今后还会再来中国访问。中联部的同志为我们拍下了几幅照片,我也把自己撰写回忆录送给黎可漂同志作为纪念。分手后,在回家的路上,我不禁回忆起往日同黎可漂总书记交往的情景,就像昨日发生的事情。

我所看到的朱镕基总理

早就听说过朱镕基总理雷厉风行的工作作风,但一直没有亲身感受。1998年和1999年终于有了两三次机会。

一

1998年8月外交部举行第九次使节会议,我作为驻越南大使回国参会。会议的重要议程之一是请朱镕基总理在京西宾馆向大家做我国经济形势报告。那天我坐在会场中间靠后的座位,但仍能很清楚地看到朱总理的音容笑貌。这是我第一次近距离地看到朱总理。只见他走上讲台时,手里没有拿任何讲稿,坐下来一口气讲下去。

报告的内容不在这里重复,但有两个情节给我留下了很深的印象。在谈到下岗工人的生活困难时,总理深情地背出了当时老百姓中流传的几句顺口溜:"一生跟着党,老了没人养。想要靠子女,他们全下岗"。作为13亿人口的总理,对百姓的疾苦能有如此切肤的感受,令我深受感动。

在谈到外贸出口时,总理说形势很严峻,今年的出口额度必须完成,这是立下了军令的。说到这里,总理话锋一转说,可外经贸部长却说要量力而行。此时外经贸部长就坐在台下。散会时,大家请领导同志先退场。那位部长从我身边走过时,有人拍着他的肩膀说:总理又点你啦！部长则说：我经常被点，这也是对自己的鞭策。听到这话使我很自然地想起了周总理。当年周总理就经常当众点名批评外交部的部、司两级领导，大家总是把总理的批评作为对自己的鞭策。直到几十年后，现在仍有许多老同志写文章，回忆当年总理对自己的批评，讲述从中得到的教益。

二

1998年10月，越南总理潘文凯访华，我奉命回国参加接待工作，并参加了两国总理在人民大会堂举行的会谈。双方主要讨论了如何进一步加强两国经贸合作问题。潘文凯提出了一个建议，即由两国总理共同确定一个指标：到2000年将双边贸易额增加到20亿美元。对于越方的这一建议，中方事先不知道，没有思想准备，外交部上呈的会谈参考要点中自然也没有相应的表态口径。朱总理当场表示，中方对促进两国经贸合作历来持积极态度，由于两国都在实行市场经济，只要措施得当，即使不确定具体指标，贸易额也肯定会逐年增加。当时我坐在唐家璇外长旁边，感到这样的表态意味着中方没有接受越方的建议。由于在那样的场合，没有我说话的资格和机会，便当即给唐部

1998年10月，越南总理潘文凯访华。这是我和越南驻华大使裴鸿福同潘文凯夫妇在专机上。

长写了一个便条，上面列举了三个数字：1997年两国贸易额为14.4亿美元，两国边贸金额为3.6亿美元，两项相加为18亿美元。

唐部长立即明白了我的意思。会谈结束后，唐部长向朱总理汇报说：截至1997年，两国正规贸易额已达到18亿美元，距离潘文凯总理建议的20亿美元差距不大，而且还有两年时间，估计完成的困难不大。而且两国总理确定的目标只是一个大体意向，不是非达到不可的硬指标，即使完不成也无大的负面影响。再说潘文凯总理的建议不是个人随便提出来的，估计在国内已经过高层领导讨论。如果不接受，可能会造成他没有完成任务的印象，回去不好交代。为体现此次访问的成果，不妨接受对方建议，形成皆大欢喜的局面。

朱总理听后觉得唐部长说得有道理，表示再考虑考虑。当晚在欢迎宴会上，朱总理又把下午的话题拉了回来，同意把20亿美元作为两国总理确定的到2000年双边贸易额的奋斗目标。

当晚宴会前，朱总理和周围同志随便聊天。谈起粮食收购问题时，他提到农业部一位领导写了一篇关于粮食收购问题的文章，其指导思想完全是同中央"唱反调"。朱总理说的时候情绪很激动，但过了一会儿又说，这些话只在这里说说就算了，不要再去追究。当年我就是因为说了一两句话，就被大棒子打了下去。现在决不能再这样。

通过这两件事，我对朱总理的作风有了一些直观感受。

实践证明，确定贸易额目标的做法对促进双方贸易的增长发挥了积极作用。之后双方曾多次确定贸易额目标。到2016年，两国贸易额已突破1000亿美元。

三

1999年12月1日至4日，朱总理对越南进行正式友好访问。考虑到自1991年中越关系正常化以来两国上没有较大规模地经济合作项目，我提前两个多月便约见越南计划投资部副部长武洪福，希望越方及早提出对这次访问的初步设想，以便双方共同努力，推动两国经贸合作取得较大突破。

越方虽对朱总理大刀阔斧的作风早有耳闻，但估计中方不会大规模增加对越投资。故一个半月后，越方才提出三个带有试探性质的合作项目，一是在中部广治省兴建一个水电站，总投资1.7亿美元；二是在太原省兴建一个热电厂，总投资1.2亿美元；三是兴建一个年产2000万米布的现代化纺织厂。

国内主管部门经过认真研究，答复说，关于水电站和热电厂事，由于资金额太大，中方无力提供政府贷款。关于纺织厂项目，中方愿积极支持双方企业进行探讨，对有经济效益的项目，中方可考虑提供部分信贷支持。

我感到，国内主管部门对推动两国经贸合作的态度还是积极的，但由于资金有限，无法支持大的项目。据我所知，每年我国援外的总金额是在年初就已敲定的。如同一个蛋糕，切给这个国家多些，切给其他国家的便会少些。因此我对国内主管部门的答复是可以理解的。但在内心仍期盼朱总理来越南后，凭借他大刀阔斧的作风，能在现场做出一些超乎意料的决定，使两国经贸关系有较大的突破。朱总理访越的第一站是南方的胡志明市，第二天才抵达首都河内。在同越南总理潘文凯会谈时，讨论的主要问题是如何进一步加强两国的经贸合作，而越方更希望知道朱总理带来了什么令他们鼓舞的消息。朱总理除了按照在国内已经商定的意见，宣布以中国政府的名义赠送给越南政府1000台康佳牌24英寸彩电和1000辆轻骑牌摩托车外，在现场还做出了几个出乎人们意料的决定：

（一）对越方提出的兴建三个大项目问题给予了积极回应。朱总理说："最近越方提出了一些大型合作项目。只要是对越南经济结构调整、经济效益提高有益，中国政府都愿意真诚同越方合作，并提供资金支持。"在会见越共中央顾问杜梅时，朱总理还说："越方提出希望中方援建热电厂、水电站和纺织厂，这些基础设施有助于越南经济发展，大约需要3亿美元的投入。尽管中国目前也有困难，但我们愿意积极考虑向越方提供贷款援助。"

（二）对于长期存在的中方不同意在边贸活动中使用越币结算的

问题,朱总理充分考虑了越方的愿望,同意把越币也作为边贸结算货币。越方对此十分满意。朱总理对使馆的同志说,这个问题要想开一点。因为我们总是要跟我们的邻居越南开展贸易关系,将来总是要来承包,总是要来旅游,总是要花越币的。没有关系嘛,不要太小气了嘛。你就做一下这个币怕什么呢?他特别强调要多从全面的观点、政治的观点、全局的观点来看这个问题。

(三)对于双方商定的合作项目,改变以往由中方指定一家中国公司负责承办、越方不得挑选的做法,同意越方在若干个中国公司中任意挑选合作伙伴。朱总理对使馆的同志说:"我们应该鼓励竞争,不能老吃大锅饭。""有些公司自己不行,就不要硬扶持他们。"

(四)更出乎意料的是,朱总理在会谈时主动表示中方愿意帮助越南的一个氮肥厂和一个钢铁厂扭亏为盈,并进行技术改造。这两个厂都是 20 世纪 60 年代由中国援建的,由于年久失修、设备严重老化和管理不善,导致这两个厂连年亏损。中越关系正常化以后,双方有关公司就这两个厂的改造和扩建问题谈了多年,但始终未能达成共识,搞得很不愉快。越方在朱总理访问前曾专门向中方表示,建议两国总理会谈时不要提及这两个厂的问题,以免影响会谈气氛。

然而朱总理却在会谈中主动表示,他将从国内挑选有实践经验和有实干精神的专家到现场考察,通过加强管理和进行必要的技术改造,尽快扭亏为盈,帮助越南政府"卸掉一个包袱"。越南总理潘文凯听后十分高兴,当即表示感谢,但并不清楚如何着手这项工作。我和使馆的同志也不知道国内有关部门将怎样具体实施。

朱总理回国后的第九天,即 12 月 13 日上班后,使馆收到了朱总理亲自给越南总理潘文凯的信。信中说:"为尽快落实我们在河内达成的共识,中方决定派邯郸钢铁厂和安阳氮肥厂的专家于今年 12 月 20 日赴越南,协助越方进行技术改造,改进经营管理,提高产品质量和经济效益。为使上述工作顺利展开,两国相关部门及有关企业之间有必要相互沟通和了解。为此,我建议总理同志考虑派工业部长、钢铁工业总公司、化肥工业总公司负责人和两个企业的党委书记、厂长及少数有关专家，在中方专家赴越之前来华访问，参观中方有关企业。届时我将会见越工业部长和中越双方参加此项工作的人员。"

收到朱总理的邀请信，我极为兴奋，当即让研究室把来信翻译成越文，并让经商处联系越南工业部，提出我希望在当天上午约见邓武诸部长。但对方回答说，大使要见部长，请先给工业部发来照会。我听后很是不满，立即给邓武诸的秘书打电话说，我有急事要见部长。对方说部长正在开会。我因为同部长关系很好，便说能否请部长出来一下，我同他说几句话。不一会儿，邓部长出来接了电话，当即商定上午11点半我们在工业部见面。

邓部长看了朱总理的信，同样兴奋不已，表示将立即向潘文凯总理报告。接着，他又补充一句说，他认为越方一定会接受邀请。

越南总理潘文凯果然完全同意朱总理的意见，随即派由工业部长邓武诸率领的考察团按照中方建议，准时抵达北京。事后得知，邓武诸部长一行抵达北京机场时，朱总理已在人民大会堂等候。中方特别安排了开道车引路。朱总理同越南同志及在场中方人员做了一个多小时的谈话，对下一步的工作做了全面具体的部署。朱总理还当着越南客人的面，批评了中方官员。后经国务院批准，中方同意提供专款用于两企业的技术改造。在双方共同努力下，上述计划顺利完成。

邓武诸部长对我说，他见过不少外国总理，但态度如此诚恳，抓工作如此大刀阔斧，如此雷厉风行的，只有朱镕基总理一人。越南驻华大使裴鸿福对我说，朱镕基总理访问越南把两国经贸合作提高到了一个新的水平。

参与中越边界谈判的往事

我在外交部工作近40年，有机会直接参与了中越划分北部湾的谈判和陆地边界谈判。1991年中越关系正常化以后，在双方共同努力下，这两个历史遗留的问题终于得到了圆满解决。

谈判的准备

1974年下半年，中越两国政府举行了关于划分北部湾问题的副外长级谈判。1977年至1978年，又举行了同样级别的陆地边界谈判。在这两次谈判中，我均担任中国代表团团长的翻译。

为搞好这两次谈判，中方事先组成了一个精干的工作班子，成员分别来自外交部亚洲司、条约法律司、公安部、总参作战部、总参测绘局和海军司令部。这些人后来基本成为中国政府谈判代表团的固定成员。

中越陆地边界全长1347公里，是由中国满清政府和法国政府在19世纪80年代至90年代签约划定的，是已定界。由于当时技术所限，条约文字记载和附图对边界线的标示均不够精确，再加上近百年来边界两侧地形地貌和界碑的位置都有了不同程度的变化，中越两国政府同意以中法界约为基础，参照现实情况，通过谈判重新确定边界线走向。

为了解决陆地边界和划分北部湾问题，中方工作班子需对中法界约有一个基本的了解。在很短的时间里，我们把中法界约的中文文本和法文文本搜集齐全，印刷成册，人手一本。所谓中法界约，实际上包括从1887年签订的中法《续议界务专条》到1895年的《续议界务专条附章》，总共有12个文件。为确保准确，我们还到北京图书馆查找了大量历史资料。图书馆领导听说这项工作直接关系到国家的领土主权，都极为重视，为我们提供了各种便利条件。有时深夜去查找资料，对方也都热情配合。图书馆根据我们需要，把能够提供的资料约上万页全部复印出来，装订成册，无偿赠送给外交部，分文不取。我记得赠送当天，图书馆一位副馆长激动地表示：对北京图书馆来说，还有什么比能够直接为政治服务更光荣的呢！

与此同时，外交部还派人到法国外交部图书馆，查找中法签约的相关资料。还请郑州大学的一位历史学教授到北京，协助把我们理解的边界线走向标在一幅大比例尺的地图上。

1975年春，上述工作班子兵分两路，到广西和云南进行现场边界考察。我参加的是广西组，由我国前驻意大利大使沈平带队。广西壮族自治区领导对我们的工作极为重视，区党委书记、革委会主任韦国清同志亲自听取沈平大使的汇报。为了在人力上保证工作的顺利进行，韦国清同志当场决定补充任命两位自治区外办副主任，参与我们考察的全过程。在两个多月的时间里，我们从广西西部起，走过了六县一市，即靖西、那坡、大新、龙州、宁明、凭祥（市）和东兴，对中越边界广西段的重点地区进行了现场考察。一方面进一步熟悉了界务，同时对如何解决一些争议地段的领土归属提出了初步方案。

谈判现场

北部湾划界和陆地边界谈判分别在北京东交民巷42号宾馆和台基厂头条3号宾馆（现外交部国际问题研究所）举行。中方代表团团长是德高望重的外交部老领导韩念龙副部长。越方谈判代表团团长先后由副外长潘贤和常务副外长丁儒廉担任。越方翻译是越南外交部中国司专员阮庭榜。

现场布置得朴素、庄重。大厅中央摆有一张谈判长桌，上面铺有绿色桌毯，两个代表团正式成员相向而坐。每个座位面前都放有带盖的茶杯，服务员事先把茶水沏好，谈判中间还酌情为每人添加。两位团长坐在中间，翻译坐在团长的右边，记录人员坐在后排。

开始时，双方团长说几句寒暄的话，然后分别宣读事先准备好的发言稿，各自阐述对解决两个问题的原则立场和主张。读一段翻译一段。尽管对双方发言时间长短未做规定，但一般都在30分钟左右。

双方商定互不交换发言稿，而是各自做现场记录。如有些地方没听清楚，可以要求对方重复一遍，或在会后由双方工作人员对记录进行核对。

团长发言后，休会大约20分钟。各自就对方的发言进行背靠背的讨论，研究如何进行评价。这时宾馆为双方代表团准备了茶点、水果和饮料。但大家都忙于准备下一阶段的评论，无心去品尝茶点。

当时中越双方缺乏相互信任，谈判的立场和主张距离颇大，难于靠拢，所以评论时基本上都是互相批驳。到1978年两国关系进一步紧张，谈判中的用语更加尖锐和激烈，几乎每场都是不欢而散。

为使谈判取得进展，中方曾试图通过会下的接触缓和气氛，加强沟通。为此曾安排过两场电影招待会，还请越南代表团成员去观赏香山红叶。但在当时两国关系的大背景下，很难进行有效的沟通。不久中越关系全面恶化，双方谈判彻底中断。

陆地边界谈判重大突破

1991年中越关系正常化以后，面对新的形势，两国都感到需要抓紧边界领土问题的解决。中方任命的政府谈判代表团团长先后是副外长唐家璇和部长助理王毅。越方的代表团团长是副外长武宽。两国领导人确定了解决边界领土问题的原则，即"大局为重、互谅互让、公平合理、友好协商"；并公布了具体解决问题的时限，要求在1999年内解决陆地边界问题，2000年底前签订划分北部湾协定，从而大大推动了谈判的进程。

新时期双方谈判的突出特点是不再进行激烈的争论和批驳，而是本着务实的精神和坦诚的态度，谋求双方主张的共同点和汇合点。越方的团长武宽也很讲求实际。唐家璇担任外长后，中方由外交部部长助理王毅担任团长，武宽作为越共中央委员、外交部常务副部长，对双方团长级别不对等并未表示异议。这一方面体现他对这样的事情并不计较，同时他也知道王毅是中国外交部的后起之秀，因此处处表现出对王毅的尊重，甚至当面请教王毅对东亚金融风暴的分析看法。两位团长相互尊重，关系融洽，也是促使谈判取得进展的重要条件。

1995年12月，我出任驻越大使。此后几年里，陆地边界谈判进入了实质性解决问题阶段。双方团长会议每年举行一次，具体问题均由下设的联合工作组来谈。国内考虑到谈判桌上难免会有争执和讨价还价，决定大使不参加直接谈判，以给大使留有一个做工作的回旋余地。

联合工作组谈判轮流在北京与河内举行，几乎每个月要谈一次。在河内举行时，使馆要负责中方联合工作组的迎送和后勤服务，我也要参加内部关于谈判方案的讨论。每轮谈判结束后，我都设法了解越方对该轮谈判的评价，以及对下一轮谈判的打算。为此，我多次请越南政府边界委员会主任陈公轴共进午餐，互相交换个人看法。事先告诉他只有我一个人到场，示意对方也只去一个人。现场我不带笔记本，不做任何记录，并说清楚两人的谈话都不代表政府，这样可以营造一个宽松的气氛，让双方敞开发表意见。实际上，对方发言时，我思想高度集中，努力在脑子里记住他的谈话内容，回去后马上追记下来，报告国内。实践证明，这样的谈话对国内很有参考价值。

在谈判的关键时刻，国内还曾两次指示我向越共总书记黎可漂转达我最高领导人的意见。我便约见黎总书记的助理、越南国家政治出版社社长陈庭严，提出我有重要事情要见他，而且只我一人前往。对方明白了我的意思，等工作人员把我请进会客室后，便立即退出。我

1999年11月，外交部部长助理王毅在缅甸仰光召开驻东南亚各国使节片会。这是王毅同部分大使合影，左起依次为驻柬埔寨大使晏廷爱、驻文莱大使王建立、王毅、李家忠、驻印尼大使陈士球。

把国内的意见逐字逐句读给陈助理听,他逐字逐句地记,就像外语课堂上练习听写一样。然后他再把记下来的内容读一遍,由我确认无误。有一次黎可漂总书记见到我时说,我转达的意见他都知道了。

经过双方共同努力,到 1999 年 11 月底,陆地边界的问题已基本解决,仅剩下最后几个具体问题。当时朱镕基总理正在新加坡访问,计划 12 月 1 日抵达胡志明市,开始对越南进行访问。国内希望在朱总理到达胡志明市前,双方能把陆地边界的所有问题全部谈妥,由朱总理在胡志明市向媒体发表几句谈话,宣布中越边界谈判的全部工作已经完毕,不日即可签署正式条约。

为此,部长助理王毅于 11 月 30 日紧急赶往胡志明市,同越南副外长武宽就最后几个问题进行会谈。从晚 7 时开始,一直谈了 5 个多小时。我和我国驻胡志明市总领事胡乾文在总领馆焦急地等候,担心一旦谈不成,会影响第二天朱总理发表谈话。到午夜 12 时 20 分,车队回到了总领馆,我们二人跑上前去询问结果如何,王毅同志说:"都

1999 年 12 月 30 日上午,中国外交部部长助理、中国政府谈判代表团团长王毅和越南外交部常务副部长、越南政府谈判代表团团长武宽在越南政府宾馆举行中越陆地边界条约草签仪式。这是两位团长在草签后互换条约文本。在场的人热烈鼓掌,祝贺两国解决了一个重要的历史遗留问题。

解决了。"大家都十分兴奋。

1999年12月30日上午,两国谈判代表团团长王毅和武宽在河内政府宾馆举行中越陆地边界条约草签仪式,并在条约附图的每一页上签名。由于条约和附图都是一式两份,附图又很厚,有100多页,每位团长在双方的文本和附图的每一页上都要签字,所以仪式进行了一个多小时,但大家都很高兴。

下午,中越陆地边界条约正式签字仪式在河内国际会议中心隆重举行。我国外长唐家璇和越南副总理兼外长阮孟琴分别在代表本国在条约上签字。越方出席仪式的有政府总理潘文凯、越共中办主任陈庭欢、主席府办公厅主任阮景营、政府办公厅主任段孟姣等多位高级官员。我方出席的有外交部部长助理王毅、总参作战部长吕登明、外交部大使张愉、广西外办主任黄永强、云南外办主任彭仁东等。我和越南驻华大使裴鸿福也出席了签字仪式。

1999年12月30日下午,中越陆地边界条约签字仪式在河内国际会议中心举行。中国外长唐家璇和越南副总理兼外长阮孟琴分别代表两国在条约上签字,越方出席的有政府总理潘文凯(左7)、越共中办主任陈庭欢(左8)、越南主席府办公厅主任阮景营(左9)、越共中央对外部长阮文山(左10)。中方出席的有外交部部长助理、中国政府谈判代表团团长王毅(左4)和总参作战部长吕登明,以及广西和云南外办主任等。

当晚越方举行盛大招待会，热烈庆贺两国陆地边界条约的签订。越南与我国接壤的6省省委书记和人委主席（省长）都出席了。大家频频举杯，庆祝两国关系中的这件大事终于取得了双方满意的结果。第二天，越共总书记黎可漂会见了唐家璇外长，热烈祝贺和高度评价两国陆地边界条约的签订。

北部湾划界最终解决

1974年划分北部湾谈判没有取得进展，主要是当时双方缺乏互信，同时也因为越方提出的划界主张中方无法接受。北部湾是一个半封闭海湾，面积约12万平方公里，东边是中国的海南岛，西边是越南北方的陆地。双方谈判的任务是确定一条界线，划分属于各自的专属经济区。但谈判伊始，越方提出要以东经108度3分13秒划界，由此便可占有北部湾2/3的海域面积。这种无理的主张自然遭到中方的拒绝，致使谈判不欢而散。

1991年中越关系正常化后，双方重开谈判。此时越南的态度比较现实，表示不再坚持原来的主张。中方希望越方提供一份文字材料，说明这种主张的改变，越方表示即使不提供文字说明，他们说话也是算数的。对此中方表示可以理解。

至于如何划分，中方提出了大体对半分的主张。中方表示，所谓大体对半分，不是绝对的各占一半面积，一方可以略多一点，另一方

与夫人在中越边境1号界碑前留影。

可以略少一点，但不能相差过多。对于中方的这一主张，越方虽没有公开批驳和反对，但在很长的时间内不做表态，致使谈判原地踏步，无法进展。

1998年12月，时任国家副主席胡锦涛访问越南。越共总书记黎可漂在会见胡锦涛时表示，北部湾划界一方占47%—48%，一方占51%—52%，都不是什么大问题，只要从两国关系大局出发，友好协商，问题并不难解决。这是越方第一次就中方的划界主张做出的积极表态。在场的唐家璇外长和王毅部长助理都异口同声称赞黎可漂有"战略家眼光"。就是在黎可漂的推动下，又经过两年的努力，终于在2000年12月越南国家主席陈德良访华期间，双方在北京签订了两国划分北部湾协定和渔业合作协定。当时我已离任回国，但仍以前任大使的身份出席了在北京人民大会堂举行的欢迎宴会。至此中越双方历史遗留的三个问题解决了两个，剩下最后一个就是南海岛屿归属的争议。

当年参加谈判的故人

当年的中方代表团韩念龙团长退居二线后曾出任外交学会会长。越方的团长潘贤后来担任了越南司法部长。越方的另一位团长丁儒廉退休后担任越中友协副主席。如今三位老同志都已作古。

阮庭榜是越南外交部的中文高级翻译。20世纪的两个问题谈判中，我和他分别担任各自代表团团长的翻译。双方团长的发言稿，均由我和他按照事先翻译好的稿子宣读；两国团长相互批驳时，也由我和他即席翻译。当时我发现，不管现场气氛多么紧张，阮庭榜始终保持平和心态，既能准确翻译出越方团长的发言内容，又注意尽量不使用过于刺激的言辞。每次谈判结束告别时，彼此虽不说话，但他都用力地同我握手。

两国关系友好时期，每次越南领导人访华，我和阮庭榜也都有翻译任务。他的酒量很大，在宴会桌上尽管没有两人单独交谈的机会，但都设法用眼神示意，单独干一杯茅台。多年来，他和我一直保持密切联系。1996年春节是我出任大使后的第一个春节，阮庭榜特意请我

和大使馆几位同志到他家吃饭。

1997年香港回归后,阮庭榜被任命为越南驻香港总领事。临行前,我在大使馆专门为他和夫人饯行。我曾问他,当年谈判的气氛很紧张,为什么每次还那么用力地握手?他说,他相信紧张气氛是暂时的,两国肯定会重归于好。阮庭榜退休后,仍有好几次为越南领导人访华担任翻译。每次尽管时间和日程安排很紧,他都抽空打电话来问候。

2005年1月,我和夫人前往越南参加庆祝中越建交55周年研讨会,在河内逗留了一个星期,阮庭榜特意到饭店来看望我们,还请我们到家里做客。之后又托朋友给我带来包装精致的越南咖啡。

我想,从某种程度上,我和阮庭榜的关系也是中越两国关系的一个缩影。几十年来,作为中越关系演变的见证人,我们都为培育中越友谊做出了自己应有的努力,特别是在解决两国边界领土问题过程中付出了自己的心血和汗水。我们共同的愿望是如何让中越关系继续平稳健康发展。

与河内外交使团的交往

自1986年实行革新政策,随着对外开放程度不断扩大,越南的对外关系也日益发展。我在越南工作期间,越南已同168个国家建立了外交关系。也许是由于当时物质条件的关系,首都河内只有60多个外国大使馆和国际组织代表处,其中包括美、俄、英、法、日等大国在河内的大使馆。驻越大使们大都能讲英语或法语,懂越语的没几个。随着越南国际地位的提高,一些大使明知在越南工作时间不长,也在努力学习越语。

20世纪60年代,我国外交官在外交场合多带有翻译。这种情况虽是工作需要,有时也会导致尴尬场面。比如有的外国人讲了一个笑话,立即引起哄堂大笑,但只有中国外交官不笑,因为翻译还没有翻

这是我和夫人同使团的部分朋友在中国大使馆聚会,后排右 1 是我国前驻斯里兰卡大使陈德福。当时他正随一个考察团来到河内,我便请他一道参加聚会。

我和夫人在大使馆同部分外国使节夫妇聚会。

过来。等大家笑完了,现场安静下来,我们的外交官才通过翻译知道了笑话的内容,这时只听得他一个人突然莫名其妙地又笑了起来,十分尴尬。除了越南语,我还可以讲些法语,这对我参加外交使团的活动很有帮助。

据我观察，各国大使的任期一般为两至四年。其他国家的大使中很少是长期从事对越工作的，有的还不是职业外交官。同他们相比，我在越南工作的时间最长，对驻在国发生的事情会有一个前后比较和连贯思考。所以遇到越南有什么重大事件，如党代会等，他们都愿意听听我的看法。使团长是巴勒斯坦大使，他从1978年就来到了河内。由于巴勒斯坦的特殊情况，尽管越南的财政并不宽裕，但多年来越南都无偿提供巴勒斯坦大使馆馆舍，并承担大使馆的全部开支。

由于冷战结束后，意识形态问题不像过去那样突出；使团间的活动多属联谊性质，大家都注意求同存异，很少有尖锐的交锋或争论；如有问题需要深谈，多采取双边接触的形式，所以同使团朋友的聚会，气氛都相当宽松。

我在老挝工作期间，澳大利亚驻老大使迈克曼和缅甸驻老大使蒙蒙莱就已同我有不少来往。我到越南后，他们俩也都调任驻越大使，彼此是老朋友，自然更为亲近。

罗马尼亚大使瓦里留也曾在河内综合大学留学，讲一口流利的越语。在河内外交使团中，我和他交往最多。

罗马尼亚大使瓦里留和我都曾在河内综合大学留学过。在我印象中，瓦里留是欧洲外交官中越语讲得最好的一个。他比我年轻很多，但因为是校友，感情上又增加了一层亲近感。

罗马尼亚使馆离我们使馆很近，走路只需三、五分钟。星期日，他经常约我到河内市郊看看，在外面野餐，平时也经常就彼此关心的问题交换意见。有一年圣诞节，他们夫妇不去参加欧洲外交官的活动，而是邀请我们夫妇到五星级的统一饭店吃西餐，并为我们进行录像。他离任回国后，还委托我们多关心他在越南留学的儿子。

此外，我与土耳其、西班牙、荷兰、意大利、韩国、新加坡等国大使的交往也较多。我还不时邀请一些比较熟悉的大使们到使馆品尝中餐。他们开玩笑说，河内档次最高的中餐馆不在别处，就在中国大使馆。

在同各国使节的交往中，值得一提的是俄罗斯大使维克多和他的三位前任。从60年代起，中苏关系长时间紧张。为体现我们的反修立场，中国外交人员都不同苏联外交官握手。那时的苏联大使是谢尔巴科夫。一次，他把手伸向中国外交官，却遭到拒绝，只听他说："真有意思。"后来谢尔巴科夫调任驻华大使。

谢的继任者是沙普林，他是苏共中央候补委员，在越南任职约10年。那是越苏关系的黄金时代，苏联使馆戒备森严，门前车水马龙，前去会见苏联大使要通过好几道门槛，沙普林本人自然也十分风光，在公众场合经常走在越南领导人的前面。沙普林回国后曾任苏联副外长。但苏联解体后，沙普林一时没有了着落，最后找到一个差事——俄罗斯驻上海总领事。

沙普林的继任者阿比杜林与我同年，懂越语，是越南问题专家。他赶上了越苏蜜月关系的尾巴。苏联解体后，越南和俄罗斯的关系迅速冷却，阿比杜林再也得不到人们的青睐，越南也不像过去那样频繁感谢苏联的援助。对此，阿比杜林显得十分失落和无奈，曾向我发过牢骚，不久悄悄离开越南，到澳大利亚赴任。

维克多大使年龄比我大些。他知道越俄关系已无法同过去相比，只能承认现实，因此处处显得低调。他很少主动安排什么活动，在外交场合总是坐在不显眼的地方，寡言少语。一次我问他，俄国青年是否怀念《钢铁是怎样炼成的》那个时代，他没有多做解释，只说这和当局的宣传教育很有关系。这时的苏联大使馆再也没有昔日的车水马龙，里面的设施也年久失修，给人以破落的感觉。

还值得一提的是美国大使彼得·彼得森（Douglas Peter Peterson）。1995年7月，越南同美国正式建立外交关系。1997年5月，美国首任驻越大使彼得森抵达河内赴任。这是一个十分引人注目的人物，外电对他的"戏剧性"经历作了颇多报道。

彼得森大使时年61岁。他出生在佛罗里达州一个工人家庭，在十个孩子中排行第九。越战期间，彼得森在美空军中服务。1967年9月的一天，当他第67次驾驶飞机准备轰炸越南北方一条铁路的时候，被越南防空部队发射的一颗导弹击中。他立即跳伞，但降落伞被挂在一棵芒果树上，他摔在地上，腿部、肩部和手臂骨折。当时他曾想用手枪结束自己的生命，但出于好奇心，想知道此后的命运如何，终未自杀。越南民兵发现他时，他已躺在树荫下，昏厥过去。民兵首先脱掉他的皮靴，因为美国大兵多是少爷兵，光着脚便无法走路，自然也就无法逃跑了。就这样，彼得森成了战俘，被关进河内的监狱达6年半之久。直到1973年关于越南停战的《巴黎协定》签订后才获释放。离开越南前，他发誓永远也不再返回这个"倒霉的地方"。回到美国后，彼得森仍在空军中服务。1981年转而经商。1991年至1996年是佛罗里达州民主党议员，这期间他的妻子和17岁的儿子相继去世。

1996年5月，克林顿总统提名彼得森为美国首任驻越大使，但直到1997年4月，此项任命才获国会参议院通过。彼得森抵达河内机场时说，这是他第二次来到越南，但第一次来时没有护照。他说："我相信，我们将不再彼此视为敌人，而是好朋友。"不久，他与澳大利亚驻越南大使馆的越裔女商务参赞结婚，并在河内举行了颇为隆重的婚礼。

第六章 在驻越大使的岗位上

彼得森的经历和他到任后越美关系的发展动向，引起河内外交使团的浓厚兴趣。就我个人来说，越战期间我曾在中国驻越使馆工作过5年，对美国飞机狂轰滥炸越南北方的情景记忆犹新。某种程度上也是出于好奇，我很想同彼得森有些个人交往。

但彼得森的表现完全出乎我的预料。他到任后一直不来拜会我，在各种外交场合见到我也从来不打招呼，故意装作看不见。1997年11月，越南政府举办越南—东盟粮食安全问题研讨会。越方安排在潘文凯总理讲话后，由中美两国大使相继发言。我发言后走回座位时，彼得森正向讲台走去，两人擦肩而过，未打任何招呼，在场的人都看在眼里。1997年、1998年我举行国庆招待会，都给彼得森发了请帖，但他均未出席。当时我想，近些年来，中美关系有所改善，两国元首也实现了互访。照理说，两国的驻外大使也应该相应地有所交往。但既然彼得森如此傲慢和无理，我作为中国的大使，也要表现出中国的尊严。

1998年美国国庆招待会时，我虽收到请帖，但本着礼尚往来的原则，我也没有出席。同时，我还把对彼得森的印象和不满，告诉了罗马尼亚驻越大使瓦里留和越南国防部外事局局长武频少将，有意让他们把我的想法告诉外交使团的朋友和彼得森本人。

1999年5月8日凌晨，以美国为首的北约悍然使用导弹袭击我国驻南斯拉夫大使馆，造成我馆舍严重毁坏，3名记者不幸遇难，使馆20多人受伤。我国政府当即发表声明，向以美国为首的北约提出最强烈的抗议。接着，首都北京和许多城市的学生以及各阶层群众纷纷在美国驻华外交机构附近举行游行示威，要求以美国为首的北约对此承担全部责任。

5月10日上午，美国使馆打来电话说，彼得森大使准备当天下午到中国大使馆来见我，并面交一封他个人的信件。我估计他来送信可能同我驻南大使馆被炸有关。不管这是不是美国政府对所有驻外大使的统一要求，我很想听听他说些什么，便同意会见。以往我会见别国大使都是在官邸，这次我有意安排在使馆客厅见他。我想，在当时中美关系的大背景下,又是对彼得森这样一个人,没有必要表现出什么热情。

下午3时,彼得森来了,面交了他的信。信中说,"上周中国驻贝尔格莱德大使馆被北约军队误炸,对于由此所造成的生命和财产悲剧性的损失,我表示最大的遗憾。我想向你,特别是向这次可怕事件的受害者家属,表达我个人和所有美国人最深切的哀悼。在过去几年里,我们两国持续的建设性对话和不断改善的双边关系令我深受鼓舞。我们两个伟大的国家在共同致力于建设更加繁荣与和平的世界方面,合作潜力很大。我衷心希望,今后我们能就共同关心的问题继续进行建设性的对话。请允许我再次向贵国和贵国人民因这次事件所遭受的损失表达我最深切的同情。"

我说,以美国为首的北约悍然使用导弹袭击中国驻南斯拉夫大使馆,是对中国主权的粗暴侵犯,是对国际关系准则的肆意践踏。中国政府已发表严正声明,对北约的这一暴行提出最强烈的抗议。中方正在密切注视事态的发展,看看美国和北约如何就此做出交代。我还说,所谓中国大使馆是被"误炸"的说法,令人完全不能理解。3枚导弹同时击中同一目标,怎么可能是"误炸"?彼得森说,他尚未能详细了解事情的始末,不想做什么解释。但他认为中国政府和人民有充分的理由对此表示愤慨。会见进行了10多分钟。这是彼得森到任近两年来我和他的第一次对话。这次会面给他留下了什么印象,不得而知。

2000年2月上旬的一天,越南总理潘文凯为各国驻越使节和国际组织代表举行春节招待会。招待会快结束时,彼得森夫妇主动走到我跟前说,美国和中国的关系在不断发展,我们两人在河内没有理由不加强交往。希望今后我们能经常就各种问题交换意见。我表示愿意同他加强交往,但说话时态度仍比较严肃,未表现出热情。因为我还要看看他的实际行动。

3月上旬的一天,彼得森夫妇在他的官邸宴请我夫妇和另外五、六家大使夫妇。他坐在长桌的中间,安排我坐在他的对面。整个宴会期间,主要是他和我对话。我告诉他,30多年前我在河内综合大学留学时，宿舍就在彼得森官邸的隔壁，门牌是 12 号，他官邸的门牌是 14 号。彼得森说，这样看来我们就是邻居啦。他表示希望除了两国大使之外，两个大使馆的其他外交官也要多多来往。

我说，我的同事告诉我，每次去美国大使馆，进门手续都非常复杂，还要由你们的保安人员带路，穿过好几道安全门。这样，我去美国大使馆就不方便了。彼得森说，这一点还要请大使谅解，美国人在越南所处的环境与中国人完全不同，出于安全考虑，必须采取一些必要的防范措施。至于大使阁下，什么时候你想到我们大使馆来，请告诉我，我一定提前到大门外迎候。

席间我还说，最近美国国防部长科恩刚刚访问越南，希望能安排时间，请你给介绍一些有关情况。他说，完全可以。并说，之前已经有好几位大使提出同样要求，他想找一个时间，请大家到美国大使馆来，一起介绍。但对中国大使，他说一定要专门安排时间单独介绍，而且要到中国大使馆去介绍。

美国大使彼得森和越裔澳大利亚籍夫人出席我为部分使节举行的晚宴。

3月17日中午，彼得森果然来了。这次我把会见地点安排在官邸。介绍完科恩访问越南情况，已是吃饭时间。出于外交礼貌，我问他可不可以一起到外边的饭店吃个便饭。他说，非常感谢，只是中午已经有了安排。他说，他很喜欢中国饭菜，希望能有机会到中国大使馆吃正宗的中国饭菜。

4月21日晚，我和夫人在大使馆新装修过的宴会厅，宴请韩国、澳大利亚、奥地利、以色列和美国共五对大使夫妇。彼得森夫妇提前到达，还带来一瓶美国酒。鉴于客人不少，且对中国都很友好，所以我没有专门同彼得森谈什么问题。宴会气氛很热烈，还拍了不少照片。

我离任回国一年后，彼得森也离任回国。对他前后态度变化的原因，我在很长时间都未搞清。后来我向外交部一位对中美关系很有研究的老同志讨教。他说，彼得森知道自己曾在越战期间扮演了一个不光彩的角色，而当时中国在全力支持越南，因此他对同中国大使打交道，可能多少有些心虚。北约袭击中国驻南使馆后，克林顿总统和美国政府竭力说明那是"误炸"，并千方百计向中国示好，而彼得森作为由克林顿提名的驻越大使，对当时中美关系总的背景肯定会了解得十分清楚，这可能就是他对中国大使的态度发生变化的主要原因。

在河内主持庆祝中华人民共和国五十周年国庆活动

1999年10月1日是中华人民共和国成立50周年大庆，意义非同一般。想到50年来国家的发展变化和中越关系走过的不平凡道路，特别是两国关系正常化以来各领域交往与合作的不断加强，我感触良多。

1949年新中国成立时，我还是13岁的五年级小学生。50年来，在党的培养教育下，我上了大学，入了党，还被派到国外留学，最终成为一名外交官。现在又有机会代表国家，在一个拥有8000多万人口的重要邻国主持这半个世纪才轮到一次的国庆盛典,既感到荣幸,又十分激动。为此,早在 9 月上旬,我就召集使馆有关各部门负责人专门讨论、研究国庆 50 周年的各项准备工作,明确各单位的具体分工。

越南方面对我国国庆 50 周年极为重视。特别是两国关系经历了一段曲折以后,越南领导人、新闻媒体和各界朋友对中越关系正常化近 10 年来两国关系的顺利发展十分珍惜。在这种背景下,他们高度评价我国 50 年来特别是改革开放以来取得的辉煌成就,热情赞扬中越友谊。为体现对我国国庆五十周年的格外重视,越方专门成立了由越共政治局委员、河内市委书记阮富仲为首的指导小组,任务是确保各项庆祝活动隆重、热烈,政治上不出任何差错。越南各有关部门也全力以赴,同中国大使馆密切配合。

由于双方的共同努力,这一年的国庆活动丰富多彩、有声有色,在我外交生涯中留下了难忘的记忆。

越方一系列精心安排

越南党报、党刊、电视台、广播电台等新闻媒体纷纷向中国大使馆约稿。除我到越南中央电视台发表电视讲话外,国庆期间,我本人及以我名义向各新闻单位提供介绍新中国建设成就和中越关系的稿件共发表 21 篇,近 10 万字。

越中友协组织越南各地干部群众,积极参加我文化部为国庆 50 周年举办的《相约在中国》知识竞赛。参加者十分踊跃,从不满 10 岁的少年儿童,到 80 多岁的老人,共达 8 万多人。有的一家五、六口人集体讨论,填写答卷,并逐一签名。甚至有人直接给我打电话,询问某一个问题的正确答案。还有的老人把多年来搜集的有关中国的文章、画片仔细整理,装订成册,寄给中国大使馆,以表达对中国的友好感情。最后,获一等奖的一名女大学生,应我对外友协的邀请,获得了到北京旅游观光的机会。

越共中央、国会、政府、祖国阵线(相当于我全国政协)和友好组织联合会（相当于我对外友协）联名在河内大戏院举行庆祝集会。越共中央政治局常委范世阅、政府副总理阮功丹、国会副主席张美华等高级官员和中国大使馆全体人员出席。范世阅致开幕词、闭幕词，我在集会上发表了讲话。

越南文化部举行专场文艺晚会，表演中越两国的优秀歌舞节目，招待中国大使馆全体人员、中资公司代表和中国留学生。越南文化部长阮科恬、副部长阮忠坚陪同观看。

河内市对外友好组织联合会和越中友协河内分会举行招待会，招待中国大使馆全体人员、中资公司代表和中国留学生。

越南一些高等学校和学术团体如国际关系学院、河内师范大学、社科人文中心（即社会科学院）直属东南亚研究院、中国研究中心等，先后举行有关中国的研讨会。越南国家政治出版社还出版了《中国半个世纪历程》一书。

9月30日，越共中央思想文化部（相当于我中宣部）部长友寿、共青团中央常务副书记黄平君、越南通讯社常务副社长黎国忠、胡志明国家政治学院（相当于我中央党校）河内分院院长黎允佐、北江省人民委员会常务副主席（相当于我常务副省长）申文谋等先后携花篮到中国大使馆祝贺我国国庆50周年。

尤其令我感动的是，9月26日，越中友协在河内体育馆举行早年在中国学习的越南留学生集会，引起社会各方面强烈反响。从五十年代到七十年代，中国为越南培养留学生、研究生和实习生共达两万五千人。他们学成回国后在抗美斗争中和社会主义建设的不同岗位上发挥了重要作用，一些人还成为越南党和政府部门的高级官员。几十年来，他们见证了中国发生的翻天覆地的变化，也经历了中越关系的风风雨雨。如今虽不少人已年过六旬，但看到中国的飞速进步和两国关系的美好发展，无不感慨万千。为了参加这次集会，有的人专程从中部的顺化市赶来，有的乘飞机从南方的胡志明市赶来，还有的骑自行车从北部山区赶来。大会筹备处原计划邀请1500人出席，结果实际到会2500人。为体现对这次聚会的重视，越方派越共中央政治局委员阮富仲作为正式代表到会。同时，曾在中国人民大学留学的越共中央政治局委员潘演、曾在华南农学院留学的越南政府副总理阮功丹、曾在广西越南子弟育才学校学习的外交部常务副部长武宽，以及曾在中国各军事院校学习的黄明草上将等10名将军，均以个人名义出席。

集会由越中友协秘书长武高潘主持。曾在武汉水利学院留学的越中友协主席阮景营讲话。他高度赞扬了50年来中国取得的巨大成就和中越关系的美好发展，感谢中国多年来对越南的巨大援助，表示在场的所有越南老留学生将一如既往，继续为发展中越传统友谊做出自己的努力。之后，我发表了40分钟的讲话。阮景营同志事先对我说，这次聚会带有联欢性质。根据他的建议，我除谈了两国关系的美好发展外，还讲了几个我所经历的有趣故事。其中一个故事大致内容是：当年在越南留学时，大使馆为我们规定了严格的纪律，其中一条就是不能同越南姑娘谈恋爱。那时在河内共有5名中国留学生。一次，越南电影制片厂的一位姑娘约其中的一名中国留学生星期六晚7点在河内大戏院门前见面。这位中国留学生知道大使馆规定的纪律，但又觉得拒绝赴约很不礼貌，于是向大使馆做了汇报。大使馆认真研究后，做了三句话的指示：第一句话是："越南姑娘约会，不去不礼貌。"第二句话是："一个人去赴约不太合适。"第三句话是："最好是五个人一起去。"结果，我们五个人骑着自行车，准时集体到达河内大戏院。说得大家哄堂大笑。

集会的后半部分是文艺表演。当年的留学生多数都当上了爷爷、奶奶，但个个情绪高涨。他们表演的节目都是年轻时在中国学到的歌曲和舞蹈。其中有小合唱《打靶归来》、中国舞蹈《拔萝卜》《新疆舞》和《采茶扑蝶》。几位60多岁的女同志化装成维吾尔族姑娘，脖子一扭一扭地，博得全场热烈鼓掌。最后是40多人表演的合唱《歌唱祖国》。表演者人人戴上红领巾，高唱"五星红旗迎风飘扬，胜利的歌声多么响亮……"我看到，表演者中有许多熟悉的面孔，其中还有越共中央委员、国会办公厅主任武卯。

整个集会气氛热烈、欢快，结束时人们久久不肯离去。大会筹备处为每人准备了一份用塑料袋包装的午餐，内有面包、香肠、苹果和易拉罐啤酒。但由于来人过多，直到散会也未能把塑料袋全部装好。整整一上午，来自各地的越南朋友纷纷来到我面前，讲述当年他们在中国期间难忘的往事。从上午9时到中午1时，我除了在大会讲话外，一直站在体育馆走廊和越南朋友交谈，一分钟也没坐下，而且一直沉浸在充满友情的气氛中，丝毫未感到疲倦。

越南最高领导人的友好情谊

9月19日下午6时，越共中央总书记黎可漂和夫人在越共中央会客厅宴请我和夫人。越方出席作陪的有政治局委员、国防部长范文茶和夫人，政治局委员、军队总政主任范清银和夫人，中央委员、中央对外部部长阮文山和总书记助理阮忠。大使馆方面应邀出席的有政务参赞高德可和武官韩裕家大校。

宴会前，黎可漂总书记单独同我进行了一个小时热情友好的谈话。在谈到中越关系时，他说，在当前复杂多变的国际形势下，越中两国更应加强团结合作。这不仅是为了两国的利益，也是为了世界社会主义的利益。黎可漂总书记盛赞我国取得的成就，他说，新中国经过50年奋斗，已经很强大。但必须更加强大，才能更有效地对付敌对势力的各种图谋。中国的改革开放走在了越南的前面。越南每年都派许多代表团前去考察，学习中国的经验。他希望两国领导人经常进行不拘外交礼仪的会晤，就两党、两国关系和其他共同关心的重大问题交换意见。

9月24日，越共中央政治局常委、国家主席陈德良和夫人又在主席府宴请了我和夫人。出席作陪的有越共中央委员、主席府办公厅主任、越中友协主席阮景营和外交部部长助理兼第一亚洲司司长黎功奉。黎功奉告诉我说，越共总书记和国家主席从未单独宴请过任何外国大使，这是越方为庆祝中国国庆50周年而做出的特殊安排。

中国大使馆的国庆招待会

9月30日晚,我在河内五星级的大宇饭店隆重举行庆祝中华人民共和国成立50周年招待会。饭店总经理和中餐部负责人、来自北京的张静小姐对这次招待会十分重视,按照大使馆的要求把几个分割的餐厅全部打通,将现场布置得既华丽、又庄重大方。还特意制作了一个大型冰雕《天安门》,摆在大厅中央。从饭店大门到招待会大厅,30多米的走廊全部铺上了新的红地毯,两旁摆满了花篮。为体现国庆50周年的节日气氛,招待会开始时不再像往年那样用录音带播放中越两国国歌,而是请身着白色制服的越南军乐队现场演奏两国国歌。河内市外办主任阮光书是使馆的老朋友,由于他的热情帮助,很快落实了现场演奏国歌这件事情。

越南党政领导人、各界朋友、各国使节、国际组织代表和中国大使馆全体人员、中资公司代表及留学生近千人。

国庆招待会主席台上,右起依次为越南国家主席陈德良、政府常务副总理阮晋勇、祖国阵线(政协)主席范世阅、国会副主席张美华、越共对外部长阮文山、常务副外长武宽。

国庆50周年招待会结束后,大使馆全体同志在现场拍摄全家福。

按照礼宾常规,对各国平年的国庆招待会,越方都是派政府的一位正部长和一位外交部主管副部长作为正式代表出席。如是逢五、逢十,则由一位副总理打头。但对中国国庆,即使是平年,也都由一位副总理或一位政治局委员打头,此外还会有至少10多位部长和副部长出席。

但这次中国50周年国庆,越方规格可谓大大提高。除国家主席陈德良将亲自出席外,同时登上主席台的还有常务副总理阮晋勇、祖国阵线主席范世阅、国会副主席张美华、党中央对外部部长阮文山、外交部常务副部长武宽。

招待会开始前,当我陪同陈德良主席等登上主席台时,全场响起热烈掌声。接着,军乐队奏中越两国国歌。之后,由我和越南常务副总理阮晋勇先后致祝酒词。阮晋勇热情赞扬中国半个世纪以来的巨大成就和中越关系的美好发展,表示越南党和政府十分重视发展同中国党、政府和中国人民的睦邻友好与全面合作关系,祝愿中越关系在新世纪发展到更新的高度。

双方祝酒后,宾主频频举杯,台下一片欢声笑语。

据使馆统计,越方出席招待会的还有副部级以上官员47人。其中正部级官员就有13人,他们是:党中央思想文化部部长友寿、党中央科教部部长邓友、政府科教部部长朱俊讶、建设部部长阮孟检、文化通讯部部长阮科恬、民族和山区委员会主任黄德仪、国会民族委员会主席居和韵、国会外委会主任杜文才、共青团中央第一书记武重金、劳联总（即总工会）主席瞿氏厚、越通社社长胡进毅、友好组织联合会（即对外友协）主席阮志芜和工商会主席段维诚（前副总理）。招待会进行时，中途来了一位贵宾——越共中央政治局委员、党中央经济部部长潘演。使馆礼宾官立即请潘演同志登上主席台，但他执意不肯。他说，今天他来出席中国的国庆招待会，完全是个人行为，只代表他自己、一个普通的越南老百姓。

　　整个招待会气氛极为热烈、友好。那天，使馆的同志们身穿节日盛装，个个喜气洋洋。大家都为社会主义祖国的发展和强盛感到骄傲和自豪，庆幸自己能有机会在国外参与共和国 50 周年大庆。招待会结束后，大家久久不愿离去，纷纷在现场拍照留念。最后，全体同志拍了一张"全家福"，以记录下这一历史性时刻。

第七章

外交实践感悟

当翻译的经历和感悟

我在外交部工作近40年，年轻时除去参加调研外，还在中越两国划分北部湾谈判和陆地边界谈判中为中国代表团团长担任翻译。对如何在外交部当好翻译，部里翻译室的许多专家和老同志都讲过不少，我只是根据个人的经历谈一些点滴体会。

一、对所翻译的问题和中央的政策必须要有基本的了解

作为一名翻译干部，不管外语水平多高，因受专业知识的限制，都不可能胜任所有问题的翻译。仅就外交部来说，涉及的业务范围也十分广泛，政策性又很强，一个翻译如果不事先对所翻译的问题做一番了解，便很难完成任务。记得每当有领导人的重要会见，翻译室的同志都要到有关地区司看文件，询问情况，弄懂所谈的问题，做好战前准备。

一个翻译不可能把他不懂的问题翻译得很好。1964年越南水利部长访华，此行的目的主要是考察我国治理长江与黄河的经验，而我对这方面的知识则一窍不通，困难可想而知。最初几天的交流中，凡涉及专业方面的内容，都要先由中方水利专家向我作些解释，我才能把意思翻过去，十分吃力。

70年代中越边界谈判期间，中方代表团成员包括总参作战部和云南、广西外办的有关同志都集中在东交民巷42号宾馆。在长达半年多的时间内，我作为翻译要和全团一样阅读有关资料，参加谈判方案的讨论，待我方的每次发言稿写好后，要逐字逐句推敲，翻出初稿后，还要请有经验的老同志过目，才较放心。由于谈判关系到国家的领土主权，有时为了准确翻译一个词，就要向专家多方请教。例如满清政府和法国政府签订的中法界约，是由中文和法文两种文字写成的，两种文字具有同等效力。中文文本把界约称为"续议界务专条"，如何

把"续议界务专条"这个词翻成越文,经过多次讨论均找不出准确、满意的翻法,为了不致翻错了意思、造成对我不利的影响,最后只得采取逐个字"直译"的办法,再用法语的 convention 作为注释。

二、要不断提高外语水平

对于一名年轻翻译来说,从不熟悉到能够胜任工作,有一个不断学习、锻炼的过程。由于国内外形势不断发展变化,语言也会随之不断丰富,不时会出现新的语汇和新的表达方法,作为翻译也必须及时跟踪这些语言的发展、变化。因此提高外语水平不可能一劳永逸,而必须不断更新,与时俱进。从更深的层面说,翻译是一门艺术,翻译水平的提高是一个不断学习、积累和总结、提高的过程。而提高的快慢,则主要取决于个人的主观努力。即使是水平很高的翻译,也仍然要不断学习。在这方面,有两件小事对我很有启发,或者说给了我很大刺激。

大约在 20 世纪 90 年代中,当时外交部还在东四附近的大楼办公。一次我去西楼 7 层西欧司办事,顺便走进了卫生间。只听见有人坐在隔断里的马桶上朗读法文报纸。不一会儿,从里面走出一个人,原来是西欧司副司长杨桂荣。还有一次是在 1988 年秋,我和部里部分同志跟随出席 43 届联大的钱其琛部长前往纽约,为我代表团做些具体工作。一个周末,我常驻代表团组织我们从北京临时出差的人去华盛顿参观林肯纪念堂。当时在现场排队等候的人很多,我们一行便一边排队,一边天南海北地聊起天来。这时站在我前面的翻译室副处长傅莹没有参与聊天,而悄悄地向也在排队的美国人借了一张当天的报纸,专心致志地看了起来,在大约 40 多分钟的时间里,她一动未动,一直在看报。我知道杨桂荣和傅莹两位同志早就是外交部的高翻,但他们并不满足,仍在见缝插针、争分夺秒地学习、提高自己的外语水平。这两件事虽小,却给我留下了很深的印象。

三、要注意扩大知识面

外交部的翻译工作虽主要是涉及外交方面的问题，但在宴会、参观等许多场合，宾主仍有可能谈及范围广泛的各种话题。固然不能要求一名翻译什么都懂，但如翻译的知识面宽些，肯定会有助于工作，否则便会十分被动。在这方面，我有一次难忘的经历。

70年代中的一天，韩念龙副部长宴请越南驻华大使阮仲永，我担任翻译。越南大使在交谈中提到越南有许多人都喜欢中国的唐诗。韩副部长说，中国古代把最伟大的诗人称为"诗仙"、"诗圣"或"诗伯"。接着便讲述了一个故事说，中国宋代有一个书生，他在一个月夜乘船游江，忽然看见有一条船从对面划来，船上挂有一个牌子，上面写有"诗伯"二字。书生感到船上的人过于狂妄，便即席吟诗两句"谁人江上称诗伯，锦绣文章借一观"。话音未落，只听对面船上有人答称"夜静不堪题绝句，恐惊星斗落江寒。"书生听了大惊，想靠上去当面求教，谁知那人下船后便消逝在夜色中，没了踪影。原来是诗伯李白的幽灵显圣。当时我对韩副部长引用的几句诗闻所未闻，精神立即紧张了起来，故事虽听懂了大概，但由于卡在关键的诗句上，一时惊慌地愣在那里，不知所措。韩副部长立即把几句诗写在纸上，让我慢慢翻译，给我解了围。后来我在冯梦龙的《警世通言》中读到了这个故事。如今几十年过去了，但我仍能清楚地回忆起当时的狼狈相。这件事对我是一个很大的刺激，告诉我要做一名合格的翻译，必须注意吸取各方面的知识，不断充实自己，否则很难胜任工作。

四、要养成随身携带笔记本和做记录的习惯

在外交场合，有的领导同志能注意不把话讲得很长，这样翻译起来比较从容。但翻译本人不能要求领导和外宾每一段只能讲多长，因此必须快速记下讲话人所谈的内容，翻译起来才更准确、更有把握，不会遗漏。像柬埔寨的西哈努克亲王，经常是滔滔不绝地一口气讲上10分钟，翻译要记下好几页纸，再回过头来逐句翻译。如不作记录，即使记忆力再好的翻译，也难于完整、准确地翻译出来。再则，在驻

外使馆，年轻的翻译经常会跟着大使、参赞到驻在国某个机关谈些问题。在这种场合，翻译不能依靠大使、参赞作记录，自己必须担当起既做翻译又做记录的责任。有了准确的记录，回馆后才能准确、如实地向国内报告。对于对方的讲话，如有没听清楚的地方，一定不要爱面子，而要当场请对方再说一遍，直到把事情弄懂为止。现在很多大使、参赞外语都很好，年轻翻译虽跟随外出，但现场并不做翻译。在这种情况下，翻译仍要精神高度集中，一方面帮助把双方所谈的内容记下来，另一方面如发现领导有听得不够准确的地方，可随时小声提醒、补充，而不能认为自己没有翻译任务，就心不在焉。

五、翻译要摆正自己的位置

如有的翻译在把对方的话翻译给主人之前，由于已经听懂了对方的讲话，就先做出频频点头的动作，或自觉不自觉地发出"噢、噢"的声音。甚至如对方讲了几句好笑的话，自己就先大笑了起来，好像对方是在同翻译对话，弄得主人莫名其妙、很不自在。我还见过外单位一位自认为很有经验的翻译，竟在翻译过程中当着宾主双方的面，独自掏出香烟，用打火机把烟点着，吧嗒吧嗒地抽了起来，看上去十分不雅。在有很多人参加的活动中，翻译不能把主人甩在一旁，直接同客人攀谈起来，那样会显得对主人极不尊重，更暴露出翻译自己缺乏教养。另外，在有记者拍照的场合，翻译要见机行事，既不要一味躲躲闪闪，更不要去抢镜头，做不符合自己身份的事。

六、翻译要发挥工具和桥梁的作用

我见过有的年轻翻译，在他认为不重要的场合或没有重要领导在场的情况下，思想不集中。对方讲话后，他（她）懒洋洋、慢吞吞地开口，对方讲了十句，他只翻出三四句，一副有气无力、无精打采的样子。从某种意义上讲，这也是一种思想修养和职业道德的问题。其实这样做对翻译对本人没有任何益处，只能妨碍自己的进步和提高。在这方面，我亲身经历了一件事。

90年代初,我任驻越使馆政务参赞。当时国内派出一支十多个人的修缮队到使馆临时工作。一天有一位年轻的木工师傅找到我,问我能否陪他到医院泌尿科看病,并为他当翻译。我马上同意了。到医院后我才知道他的病情涉及个人的隐私,他不想让使馆其他人知道这些情况,才找到了我。我认真为他做了翻译,并说他让我去翻译是对我的信任,表示一定替他保密。这位师傅对我十分感谢。我想,参赞给木工当翻译并没有降低参赞的身价;同样,给领导人当翻译,也并不意味着翻译就等同领导人。只有摆正自己的位置,在任何情况下、给任何人当翻译都满腔热情,体现出对工作的高度责任感,才是正确的态度。

学搞调研

周总理曾说,外交队伍是文装的解放军。他指出,一名合格的外交人员必须具备的品质是"站稳立场、熟悉业务、掌握政策、严守纪律"。这四句话也是对半个多世纪来我国外交队伍光荣传统的高度概括。

记得刚参加工作时,领导曾告诉我说,一个比较全面的外交干部应该具备三个方面的业务素质,即调研和写作的能力、外语和翻译的能力,以及组织和办案的能力。后来又听其他领导说,一名相当级别的外交官,还应当具备外宣的能力、语言表达的能力(即口才),以及现场应对的能力。

我在外交部地区司和驻外使馆工作近40年,绝大部分时间从事的工作都同调研有关。几十年里,通过边实践,边学习,逐渐有所领悟。而印象较深的则是几次向有经验的同志当面请教。

张德维大使:调研报告不能使用宣传语言

1965年初,我从教育司翻译队调任到驻越南使馆,分配在研究室工作。对于研究室是干什么的，我并不太清楚。当时研究室共有6人。主任和副主任分别由陆维钊参赞和洪溶生一秘担任，其余4人分为两个组。冯克湘三秘和年轻人安志信在北越组，张德维三秘和我在南越组。那时使馆的领导多不懂越南语，分配给我的一项经常性工作就是每天上午把当天的越南主要报纸做一份中文内容摘要，请打字员打出来，油印若干份，给各位领导和每个单位送去一份。这对于我了解越南形势和锻炼笔头翻译有很大帮助。

研究室领导交给我的第一个调研任务，是让我写一份要由信使带回的书面材料，题目是"越南南方抗美战争正从游击战向运动战发展"。这是我到馆后要交出的第一份答卷。毫无疑问，我思想上极为重视，也很想搞好。但我连一天兵都没有当过，对军事知识毫无了解，也不知道写这类调研材料的具体要求是什么。吭哧了一个多星期，在信使抵馆之前交出了一份初稿。领导看后也没说行或不行，只说让张德维三秘帮我修改。

一天晚饭后，张德维同志把我叫到一个安静的地方，打开我写的初稿，一边逐字逐句修改，一边给我讲解为什么要这样修改，直到晚上10点多才告结束。当时我思想上高度紧张，许多话都没有听懂，但仍频频点头。修改后一看，初稿上我写的字已没剩下几个。即便如此，张德维同志仍说这是我的劳动成果。那时研究室有一个笔记本，上面记下每个人的调研成品，便于年终总结考评。张德维同志便在这个笔记本上替我登记了第一篇调研成品。关于那个晚上修改的内容，有一点直到现在我还记得。原来我在初稿上有一句话，大意是说美帝国主义越是向越南南方增兵，就越给越南南方人民提供了消灭他们的机会。张德维同志问我怎么会写上这样一句话，我理直气壮地回答说，这是从《人民日报》上摘下来的，意思是表明我这样说是有根有据的。张德维同志说，报纸上这样讲是为了做公开宣传和鼓舞士气的，而我们的调研材料是给上级领导看的，要实话实说，一是一，二是二，不能使用报纸上的宣传语言。这是我第一次听到关于调研的一个具体要求。从那时起，我在研究室各位同志帮助下，不断实践，逐渐有所提高。

到 1966 年夏回国休假时，我一共完成了 7 份文电的起草，这就是我到馆后第一年的成果。

张德维同志后来担任了驻越南和驻泰国大使。

李世淳大使：搞调研，脑子里要有形势

从那以后的 10 多年，无论在使馆，还是在国内，我一面继续参加调研工作，一面为中越两国的多次谈判担任翻译。

1981 年春，我再次到驻越使馆工作，任研究室负责人。临行前，亚洲司有丰富调研经验的李世淳同志应约和我作了一次长谈。当时我的一个困惑是，在国内会有司领导、处领导布置调研题目，到使馆后则主要靠自己出题目和主动安排调研工作，我应该如何适应这一改变？李世淳同志说，到驻在国搞调研，最重要的一条就是"脑子里要有形势"。越南的对内对外大事要时刻装在你的脑子里，不时地在你脑子里"过电影"。谈到具体方法时，他说，你每天翻阅越南报纸，要把重要的事件记在小本子上，然后经常翻看，一方面帮助你记忆，另一方面在翻看的过程中也会不断思考，从中找到可以写调研材料的题目，不信你试试看。

我当时认真听他介绍，但脑子里仍多少有点疑惑。但到使馆后，发现这样去做果然很有效。随着对形势和情况的逐渐熟悉，慢慢会感觉到哪些问题是国内所关心的和我们应该向国内反映的。待摸到一点门路后，我又不断用"脑子里有没有形势"这个问题向自己发问。什么时候发现自己对哪一个问题说不出个一、二、三，就表明是放松了对形势的跟踪，必须马上补课。

几十年来，"脑子里要有形势"这句话一直督促着我，直到退休。记得 80 年代末我担任亚洲司二处（印支处）处长期间，一天中央外事小组要讨论柬埔寨问题，但主管亚洲事务的刘述卿副部长不在北京，临时决定由主管美洲事务的朱启祯副部长前去参加。于是，朱副部长把我叫到办公室，让我详细地汇报当时柬埔寨问题的有关情况。当时

我对有关情况比较熟悉，心里也比较有底。我讲完后朱副部长说："讲得非常清楚，谢谢。"听了这两句话，我感到很欣慰，心想这就是多年来一直铭记"脑子里要有形势"的结果。

李世淳同志后来担任了驻越南和驻泰国大使。

关登明大使：写调研报告就是写思想

我担任亚洲司二处处长期间，有一天约三处（东南亚处）处长关登明同志下班后向我介绍一下关于调研的经验。关登明同志曾在外交学院调研班学习过，是大家公认的笔杆子。他和我谈了一个晚上，中心意思就是一句话，即"写文章就是写思想"。他说，写调研材料固然要先掌握情况，但掌握情况并不意味着一定能把材料写好。在掌握情况的基础上，既要把事情的来龙去脉搞清楚，还要在脑子里想好如何表达。把脑子里的思路梳理清楚了，写出的文章自然会条理清晰。在脑子里还是一片糨糊的情况下，绝不可能把文章写得很漂亮、很有条理。因此，在掌握了情况之后，要开动脑筋，多思考。如果尚未考虑成熟，宁可暂不动笔。对关登明同志的一席话，我有切身体会，过去也曾有多次我把调研材料初稿送给领导时，领导并未立即动手修改，只是说写得不清楚。通过关登明同志的谈话，我意识到之所以材料没写清楚，是因为脑子里还没想清楚。从此，我牢记了一句话，就是"写文章就是写思想"。

关登明同志后来担任了驻菲律宾和驻马来西亚大使。

丁原洪大使：国别调研离不开地区形势

1988年秋，我和部里一些有关同志参加钱其琛部长率领的代表团出席第42届联大，在纽约中国常驻联合国代表团工作了两个月。当时常驻代表团的副团长是丁原洪大使。我久闻丁大使大名，但从未接触过。我看他平时穿一身蓝咔叽布中山装和一双布鞋，有点像北大的季羡林教授，很平易近人，便主动向他提出，能否抽点时间和我单独谈谈。丁大使爽快地答应，让我星期六上午去他的办公室。我向他报告了自己在调研方面的弱点，请他给予指点。

丁大使针对我所说的情况谈了许多，其中给我印象最深的是，要开阔视野，不能孤立、局限地研究一个国家，而要把这个国家放在一个更大的范围内去观察它的内外政策动向。他说，越南出兵柬埔寨，牵动了整个国际社会。随着柬埔寨问题的政治解决，越南的内外政策、特别是同东盟国家的关系，肯定会发生很大变化。对这些动向要特别注意观察、跟踪。长期搞越南方面的工作，往往容易使眼光受到局限。要开阔视野，把越南的事情放在更大的范围去观察、分析，这样会看得更清楚、更全面。丁大使的话对我很有启发。一年后我重返河内，担任驻越使馆政务参赞。在四年任期内，经历了越南从柬埔寨撤军、柬埔寨问题政治解决和中越关系正常化的全过程，切身感受到丁大使的谈话对我的帮助。

丁大使后来又担任了驻欧共体大使和亚欧会议高官。

聂功成大使：调研要独立思考，切忌人云亦云

1989年12月，我被派往驻越使馆担任政务参赞。临行前到领事司长聂功成的办公室向他告别。

聂司长虽不是我的直接领导，但待人热情诚恳，没有官架子，对我也很关心，我有什么思想活动都愿意和他谈。他嘱咐我说，到使馆后向国内报告情况和提出看法时，要独立思考，实事求是，有什么看法和建议就大胆提出来，即使提错了也没有关系，总结经验教训就是了。切忌人云亦云，"随大流"，"顺杆爬"。只有这样才能有所作为，进步得快。我记住了他的话，在后来的工作中曾几次向国内提出大胆建议，被国内采纳。后来又看到李肇星部长说过的一句话，大意是能否大胆提出看法和建议，关键在于能否排除私心杂念，能否"忘掉自己"。

聂功成同志离休前，担任了驻委内瑞拉大使和驻澳大利亚大使。

此外，我还注意经常阅看新闻司主编的《新情况》和其他单位的调研成品。第一遍先把文章看懂，第二遍再考虑人家为什么这样写。自己也可作个设想，如果是我来写，会怎样写，这样再看人家写的文章，就知道高明之处在哪儿了。时间长了，偶尔也会发现别人的调研成品中有些地方，如果按自己的想法表达，可能会更好一些。我从亲身经历中感到，这是个有效的学习方法。如果仅快速浏览一遍，不会留下太深印象，也很难有什么提高。

点滴体会

关于驻外使馆的调研工作，除上述同志所谈内容外，我还有如下粗浅体会：

一要有高度的责任感。作为驻外外交机构，首要任务之一就是要时刻密切关注驻在国形势的发展变化，把重大事件和情况及时报告国内，为国内站好岗、放好哨。如果驻在国发生重大事件，而我使馆没能及时发现、及时报告，就会对国内决策造成被动，就是严重失职。越是在困难条件下，越要想方设法开辟信息来源。

记得20世纪80年代初，中越关系下降到最低点。我们使馆同越方基本上没有任何接触，越南本身也处在极为封闭的状态，报纸上很难找到有分量的消息。为防止一旦有什么情况，由于我们工作不细而有所疏漏，研究室在很长时间内坚持每晚看电视值班（当时越南电视台白天没有电视节目），从少儿节目开始，到最后天气预报，有何重要内容就记在小本子上，并由值班人签字。此外，每天清晨5点40分，越南广播电台有一个"工业和分配流通"节目，里面偶尔会透露一点经济方面的情况和问题。我便把使馆唯一的录音机借来，晚上睡觉前上好闹钟，次日清晨被闹钟叫醒后，准时把节目内容收录下来，上班后再仔细摘记。记得王幼平大使曾对我们说过，在驻外使馆工作要时刻保持战战兢兢、如履薄冰的心态，而不能有半点放松懈怠。

二要抓住重大问题，突出重点，不要事无巨细不分主次。外交部和中央领导同志工作都很繁忙，我驻外使馆也有160多个，必须用不长的篇幅、精练的语言，把驻在国的重大内外动向报告国内。而这需要动一番脑筋，花一番功夫。像越南这样的国家，一次党代会的政治报告就有几万字。国内各级领导虽对越南的党代会十分关心，但不可能通读政治报告全文。使馆必须用两三千字把其中的主要问题和论点提炼出来，使国内领导同志一目了然，这就是我们的任务。

平时确定调研题目，也要抓重点，不能太微观。记得我担任大使期间，使馆研究室曾确定过这样一个调研题目"越南国企中的工会工作"。我看后对主管同志说，这个题目如写给我国总工会，可能很有参考价值。但部领导关心的是越南重大的政策动向，哪有精力去关心越南国企中的工会？另外，即使题目确定较准，如何使用材料，也需要认真斟酌。记得20多年前，驻越使馆报回一篇越南经济形势的材料。执笔同志花了很大工夫，写得很全面、具体。里面讲到工业和农业，农业里面又讲到粮食和经济作物，粮食里面又讲到大米和杂粮，杂粮里面又讲到豆类和其他谷物，豆类里面又讲到红豆和绿豆。事后国内主管同志对我说，上级领导虽很关心越南的经济形势，但怎可能会关心到越南的红豆和绿豆？

三要扎扎实实、实事求是。在驻外使馆工作，总想要更好地为国内站岗放哨，尽量往家里多报告情况。但前提是报告的内容要真实、可靠。在国外，各种渠道的消息、传闻很多，如何从中进行分析、筛选，去伪存真，这需要花一番工夫。作为一馆之长，更要严格把关。

1996年11月，越南国家主席黎德英突患重病，一些外电都作了报道。部里也很关心，亚洲司长王毅专门给我打电话，询问黎德英主席的病情。我和使馆的同志都在密切关注有关动向。11月25日，武官处的一位同志从外交使团听说黎德英已于24日病逝，还说越方将于26日发布讣告。他回馆后便起草了电报，送武官阅后请我审批。我感到事关重大，担心万一情况不准会虚惊国内一场。

当时已是晚11时20分，我让研究室一位同志给越南主席府办公厅司长范光英家里打电话，询问情况。范只说了一句话：直到25日下午，黎德英主席仍处于昏迷状态。也就是说，黎主席并没有去世。根据这一确切信息，我把电报暂时压下，没有发出。

通过这件事，我再次体会到毛主席所说的那句话，即一切结论都产生于调查研究的末尾，而不在它的前头。几十年来，我始终记住这句话，并不时用这句话来提醒自己，尽量减少差错。

四要在必要时亲自动手。前面提到，搞调研"脑子里要有形势"。作为一馆之长，更要首先做到脑子里要有形势，不能只注意调动其他同志的积极性，而放松对自己的要求。如果脑子里一片空白，对其他同志写的文电初稿也难审批。有的调研题目，即使已指定其他同志动手，自己也要同时动手，双管齐下更有把握。

1986年越共八大的政治报告长达三、四万字。使馆要在一天多的时间内，用两、三千字把主要内容和问题报回。我一面把任务交给研究室的同志，一面自己加班加点动起手来，否则一旦交来的初稿不行，再重新写，时间就耽误过去了。结果我的劳动还是派上了用场。

礼宾接待工作无小事

在外交部近40年，我没有在礼宾司专门从事过礼宾接待工作，对这方面的业务知之甚少。但通过多年的观察和实践，我深深感到，礼宾接待以及与之相关的一系列组织工作在整个外交工作中占有十分重要的地位。乍看起来，这些事务非常具体、单调，甚至有些琐碎。实际上，这些具体、单调，甚至琐碎的事务正是完成所有重大外交活动所必不可少的。它需要很强的政策性、细致的工作作风，更需要高度的责任心。稍有疏漏，便会出现差错，造成很坏的对外影响。我经历和看到过这样几件事。

忘记把外宾的早餐送上专列

　　1964年9月底,越南总理范文同率党政代表团访华并出席中华人民共和国成立15周年庆祝活动。离开北京后,由外交部罗贵波副部长陪同,前往上海、杭州、南宁参观访问。当时负责此次接待工作的是外交部国际司的一位副司长和亚洲司的一位处级干部。我作为刚参加工作不久的年轻翻译,也随团活动。

　　去外地绝大部分交通工具是乘坐专机。但上海方面出于好客,拟安排代表团从上海到杭州乘火车专列。按计划外宾在10月4日上午8时离开上海。考虑到乘火车只需一个多小时,中方建议代表团在火车上用早餐,这样可以一边品尝上海风味小吃,一边领略铁路两旁的江南风光,将别具一番情趣。外宾对这一安排表示十分满意。为此,外宾下榻的锦江饭店厨师做了精心准备。

　　4日上午,范文同总理一行准时离开上海,车站上举行了隆重、热烈的欢送仪式。专列车厢布置得美观、整洁,外交部礼宾司的官员请范文同总理和罗贵波副外长在车厢正中位置就座。火车启动后,宾主愉快交谈,并准备品尝丰盛的早餐。但10多分钟过去,仍不见服务员端来早餐。礼宾官员便去催问列车服务员,但对方答称从未听说要在列车上用早餐一事。这时,负责具体落实早餐的那位处级干部猛然想起,原来头一天晚上他忘记告诉锦江饭店,要提早把准备好的早餐送到专列上了。

　　此时,中方礼宾官员的尴尬可想而知。罗贵波副外长是老红军、中央候补委员,当时尽量表现出克制,指示礼宾官员抓紧了解一下专列上有什么可吃的东西。列车长答称,只有少许生大米、咸菜和几个生鸡蛋。于是临时决定现熬大米粥,并把鸡蛋煮熟。

　　过了约20分钟,服务员在范文同总理和罗副部长面前摆上了两碗大米粥、一盘煮鸡蛋和一小碟咸菜。其他越南客人和中方陪同只得"买参观票"了。客人们谈笑风生,表现得若无其事。但在当时的情景和气氛下,中方所有陪同人员的感受真是难以言状。那位当事的处级干部更是悔愧交加，回京后专门写了书面检讨。听说当时正在上海的李富春副总理还为此事发了脾气。

一个招待会两种请帖

1965年春，我到驻越南大使馆工作。1966年春节前后，朱其文大使决定请越南交通运输部部长潘仲慧和该部数十名官员，到大使馆出席一次电影和冷餐招待会。主管礼宾工作的干部在发请帖时，无意中夹进了一张只看电影的请帖。谁知事有凑巧，这张只看电影的请帖偏偏落在了潘仲慧部长的手里，而大使馆对此全然不知。

招待会当天下午，越南交通运输部打电话给大使馆说，大使馆的请帖已全部收到，绝大多数的请帖都写着看电影和吃饭两项内容，唯有潘部长的请帖只有看电影一项内容。潘部长想了解一下，他是否被邀请吃饭。这时大使馆才意识到工作的疏漏，一再表示歉意，并马上补送了请帖。当时中越两国关系、大使馆同越南交通运输部的关系都很好，对方并不认为大使馆是有意为之。但此事暴露出大使馆礼宾工作的粗心。

周总理因为安排外宾住房发脾气

1966年夏，关于"文化大革命"的《十六条》公布的前一天，越南总理范文同内部访华。我当时正从驻越南大使馆回国休假，临时被借去参加接待工作。

专机预计于午前到达首都机场。原计划是周总理到机场迎接，由于总理临时有事，改为由李先念副总理迎接并陪同至钓鱼台国宾馆。抵达钓鱼台后，客人们被引进一栋小楼。范文同总理曾多次访华，对钓鱼台的各栋楼房已有一个大体了解。他看见这次入住的楼房较小，便小声询问身边的越南大使陈子平："这是几号楼？"陈大使回答说："三号楼"。范文同未说什么。

下午约2时，在与外宾会谈前，周总理来到三号楼会客厅，对安排客人住三号楼十分不高兴。总理问负责接待的礼宾司副司长，为什么这样安排。副司长报告说,多栋楼里都住了客人,就连三号楼还是当天上午请陈永贵同志搬走后才腾出来的。总理问,为什么不住六号楼?副司长报告说,六号楼住进了巴基斯坦议长,因为考虑到巴基斯坦是友好邻国。总理说,越南不仅是友好邻国,而且是来自抗美前线,为什么不想一想?接着,总理又问,为什么不住八号楼?副司长面有难色地说,八号楼正住着"江青同志"。总理说,有困难为什么不报告?为什么不把矛盾上交?副司长只好低头听着总理批评。最后,总理表示由他亲自去和江青商量。经过总理做工作,江青搬出了八号楼,范文同于当天晚饭前住了进去。副司长当面向范文同表示了歉意,并告诉范文同说,他为安排住房事受到了周总理的批评。范文同对中方的周到安排表示满意,并请副司长转达他对周总理的感谢。

照相机没挂上胶卷

1969年9月2日,越南民主共和国主席胡志明逝世。中方对这一事件极为重视。除中共中央发唁电、周总理专程到河内吊唁外,还派出由李先念副总理为团长、李德生同志为副团长的党政代表团出席8日在河内举行的葬礼。我国驻越南大使馆得知这一消息后,立即动员大使馆和新华社河内分社全体人员,做好各方面准备工作,并把具体任务逐一落实到人。

新华分社一位年轻的摄影记者负责为代表团的活动照相。可能是由于过分紧张,也可能是经验尚不足,第一天拍照的效果不甚理想。这位同志心里很难过,便把每个细节都作了详细检查,决心一定要把第二天的葬礼拍好。

第二天,他起了个大早,提前两个多小时赶到葬礼现场巴亭广场。整个仪式进行期间,他不停地拍照,力求拍好每一张,并且还多留了选择余地。葬礼结束后,他兴冲冲地回到分社。但打开相机一看,他傻眼了——原来胶卷根本没挂上。也就是说,忙了半天,相机里一张照片也没有拍成。为了及时向国内发消息,只得从代表团那里借了两张照片,作为补救措施。

礼宾官忘记领导交办的事

1996年10月,全国政协副主席王兆国访问越南。在河内的主要日程结束后,我陪同他到下龙湾游览,准备第二天再回河内出席大使馆举行的欢送宴会。在前往下龙湾的路上,我们进行了轻松的交谈。谈到第二天大使馆的宴会时,我问王兆国喜欢吃什么菜。他说一切听从大使馆安排,只是由于长途旅行,希望大使馆能准备一点大米稀饭。我当即表示毫无问题,立即照办。当晚,我便从下龙湾给大使馆的礼宾官打电话,让伙房准备好大米稀饭。为保险起见,我还让这位礼宾官把我说的话重复了一遍。

第二天大使馆宴会开始时,我对王兆国说,大米稀饭已经准备好了,他一再表示感谢。但近一个小时过去了,仍不见端来大米稀饭。我有些着急,便让夫人悄悄到伙房了解情况。两位厨师都说,没有人布置让他们准备大米稀饭。结果,只好现淘米、现熬稀饭。等把大米稀饭端上时,宴会都快结束了。我只好向王兆国表示歉意,但他还是一再感谢大使馆。事后一了解,原来大使馆礼宾官把准备大米稀饭的事全忘光了。

我想,外交工作就像一部机器,礼宾接待工作则是这部机器的一个重要组成部分。只有机器的各个部件都正常运转、没有故障,才能生产出优质的产品。

第八章

远去的记忆

参观胡志明故居

凡到访越南的外国代表团,几乎都有一项必不可少的日程安排,就是参观越南主席府内的胡志明故居。

现在的主席府,在法国对越南进行殖民统治时期,是法国驻印度支那总督府。1945年越南八月革命成功后,印度支那总督府遂改名为越南的主席府。1954年抗法战争胜利后,越南领导人从战区回到首都河内,胡志明身为越南民主共和国主席于同年12月进驻主席府。但为了保持与人民群众同甘共苦的作风,他没有住进主席府的主楼,而是把当年印度支那总督府内法国电工居住的三间平房打扫干净,分别作为自己的办公室、卧室和用餐间。由于这件事发生在1954年,后来人们习惯地把这三间平房统称为54号房。

1954年抗法战争结束后,胡志明从越北战区回到河内。但他没有住进主席府的大楼,而是住在当年法国印度支那总督府内法国电工住过的三间平房。由于这件事发生在1954年,故被称为54号房。

平房的条件很差。夏天屋外的水泥地面被烈日照晒得发烫，炙热的空气反射到室内，使室内异常闷热，胡主席只得用芭蕉扇煽风。外交部领导看到这种情况，便从国外采购了一台空调机，想送给胡主席。一天上午趁胡主席外出，工作人员把空调机安装在了室内。胡主席回来后问工作人员："房间里怎么有一股臭味儿？"所说的臭味儿，并非真正的臭味儿，而是因为空调机内有一个自动喷放香水的装置，打开空调后，雾状的香水便会自然喷放出来。听到胡主席这样问，管理人员只好把装空调的事如实做了汇报。胡主席未多说什么，工作人员以为问题已经解决。但到下午，胡主席把管理人员找去说："请你们把这台空调机给河内面粉街医院的伤病员送去。那天我去看望他们时，感到那里很热。至于这里，我什么都不需要，而且中央其他领导同志也都没有空调机，我为什么要有？"管理人员只好遵照胡主席的意见，把空调机拆下，送给了伤病员。

1958年4月，越南党中央政治局决定在主席府院内为胡主席建造一栋新的住房。经过3个多月的施工，胡主席于5月17日——即他生日的前两天，搬了进去。这就是著名的胡志明高脚屋。

这是一座木质结构的两层小楼，长10.5米，宽6.2米。根据胡主席的意见，小楼的外形与抗法战争期间胡主席在越北根据地住过的高脚屋十分相像。楼下没有墙壁，只有几根木柱支撑，中间放有一张长桌和12把椅子，是党中央政治局开会的地方。四周砌有约50厘米高的水泥矮墙，上面铺有木板。胡主席说，这是为了少年儿童来看望他的时候，有较多座位。

高脚屋楼上有两间小屋，分别作为胡主席的办公室和卧室，每间的面积只有11平方米。办公室内有一张小桌和一把藤椅，没有沙发。任何国内官员和国外贵宾，只要走进了胡主席的办公室，都毫不例外地同胡主席一起席地而坐。屋内有一个书架，上面摆有各种报纸、杂志和一台旧打字机。胡主席多年养成了自己动手写东西的习惯，简短的文字用手写，较长的文章便要打字。卧室内有一张宽1.2米的木床，四周装有四根固定的木棍，用来挂蚊帐。床面铺有凉席，放有白布枕头和被单。右边床沿装有三个电开关，晚上胡主席入睡前躺在床上看报，困了可随手关掉电灯、电扇和收音机。床边放有一个小闹钟和一个小暖水瓶，都是中国产品。床头小凳上放有一个芭蕉扇，是中国首任驻越大使罗贵波送给胡主席的。中国领导人周恩来、刘少奇、陈毅、邓颖超、郭沫若和著名诗人肖三都曾走进过胡主席的高脚屋。

1963年刘少奇主席访越期间，和陈毅副总理等随行人员参观高脚屋。

高脚屋楼上胡志明的卧室，面积只有11平方米，床边的小闹钟和小暖水瓶都是中国产品，那把蒲扇是中国首任驻越大使罗贵波赠送的。

第八章 远去的记忆

高脚屋没有卫生间和餐厅，连自来水也没有。胡主席每天要三次回到54号房就餐。从高脚屋到54号房的距离约200米。胡主席说，步行去用餐也是一种锻炼。遇有雨天，工作人员提出要把饭菜送到高脚屋来，胡主席不同意。他说，这样虽自己不会淋雨，但工作人员会淋雨。你们是愿意让一个人辛苦，还是愿意让更多人辛苦？

胡主席的衣柜至今一直放在54号房内。里面有两套黄色咔叽布中山装、一套捷克政府赠送的黑色毛呢制服、几件农民常穿的褐色无领布衫和一双用橡胶轮胎制作的凉鞋，也叫"抗战鞋"。冬天，胡主席会换上一套中国为他特制的丝绵衣裤。次年开春，再由中国驻越南大使馆将把这套棉衣送回北京干洗。一次，一位高级干部看见胡志明上衣肩部有一个补丁，便顺口说了出来。胡志明听到后说："党的主席、国家主席穿带补丁的衣服，这是人民的福气。不要把这个福气丢掉。"

胡主席的一日三餐十分简单。早餐经常是一碗粥、几块白薯，或一小片面包和一杯牛奶，有时也吃一碟糯米饭。两次正餐基本上是三菜一汤。三菜是两咸一淡。两咸中一道是瘦肉、鸡肉或烤鱼；另一道是茄子蘸鱼露、柠檬汁，有时加一点辣椒。一淡是一盘水煮蔬菜。一汤则根据时令变化，有时是白菜汤，有时是酸豆角汤。

胡主席从不吃生菜。他最喜欢吃加一点姜丝的干烧鱼。主食只吃两小碗米饭。胡主席要求炊事员掌握好饭菜的数量，争取做到每一次全部吃光。如有饭粒掉在饭桌上，他肯定会捡起来吃掉。饭后一般是一个香蕉，或一个橘子，有时也吃一个苹果。

胡主席晚年用大约5年的时间书写遗嘱，并反复修改。他在其中的一稿里说："我去世后不要举行盛大追悼活动，以免浪费人民的时间和金钱。我要求将我的遗体烧掉，就是'火葬'。我希望这种'火葬'的做法能够推广开来。因为这在卫生方面对活着的人有好处，而且不浪费土地。等我们有了更多的电，'电葬'就更好。（我的）骨灰分成三份，放入三个瓦罐，一个留在北方，一个留在中部，一个留在南方。请每个地区的同胞寻找一个山丘，把这个瓦罐埋下。墓地上不要有石碑、铜像，而要修建一间简单、宽敞、坚固、凉爽的房子，好让前去凭吊的人们有地方休息。墓地上和四周要有计划地种树，谁去凭吊，就种几棵树作为纪念。时间一长、树木多了就会变成树林，对风景和农业都有好处。看墓的事可以交给父老乡亲。"

胡主席逝世后，高脚屋作为革命文物对外开放，供国内群众和国际友人参观。为了保护这栋历史建筑，越南主管部门在高脚屋外围修建了铁制楼梯，参观者从铁梯上就能清楚地看到高脚屋的内部陈设。只有外国领导人和高级代表团参观，才获准穿上布制套鞋，走进高脚屋。我担任大使期间，曾多次陪同我国党政领导人和其他重要代表团参观胡志明故居，几乎每次都由故居管理局长陈曰环出面接待并亲自解说。参观的次数多了，我和陈曰环也自然成为好朋友。陈曾经担任胡主席的警卫，谈起胡主席的生前轶事，生动感人。但由于每次参观的时间所限，不可能讲的很多。为此，我曾对陈说，能否为我单独安排一段时间，请他做更详尽的讲解，他爽快地答应了。但由于我工作太忙，直到 2000 年 7 月离任回国，也未能实现这一愿望。

2005 年 1 月，我和夫人应邀去河内参加庆祝中越建交 55 周年研讨会。在河内停留期间，我再次表达了上述愿望。越方立即表示欢迎，为我和夫人单独安排了整整一个下午的时间。故居管理局新任局长裴金鸿出面接待，已退休的老局长陈曰环亲自担任解说，并准许我和夫人穿上套鞋，走进高脚屋。本来在室内不准拍照，这次也破例同意我们拍照。由于时间比较宽裕，陈曰环向我们讲述了不少胡主席生前的故事。裴局长还赠送给我们一件珍贵的礼物——胡主席的彩色瓷像，并欢迎我有机会再次前来参观。

我同胡志明故居管理局长阮曰环在高脚屋前合影。

已故越南总理范文同曾说:"胡主席没有任何属于自己的东西。国家和人民的事情就是他的事情。国家的最高利益、人民日常的切身利益就是他终日思考的问题。胡主席的家就是越南这个大家庭。"20世纪60年代郭沫若访问越南后,曾用六个字来评价胡志明的一生:"简朴、清廉、孤独"。

在越南过春节

从20世纪60年代起,我先后在越南学习和工作18年多。其中除有两三年因为休假在国内过春节外,其余的春节都是在越南度过的。

越南的风俗习惯在许多方面都和中国相同或相似。越南也有清明节、端午节、中秋节、重阳节。1945年八月革命胜利后,又增加了五一国际劳动节、建军节、国庆节等几个节日。但在人们心目中,一年中最盛大、最隆重的节日还是春节。

越南是一个农民占大多数的国家。按照传统说法,春节的本意是让百姓在一年的辛勤劳作之后,能有一段闲暇和宽松的时间同亲朋好友欢聚,享受一下丰收的喜悦,期盼来年风调雨顺、五谷丰登。在当时物质条件尚不够丰富、无法享受高档消费的情况下,有两句顺口溜准确地描绘了越南过春节的主要内容:"肥肉腌菜红对联,幡杆炮竹绿米粽"。当然,随着越南革新事业的发展和百姓生活水平的提高,过春节的含义也不断丰富,增加了许多新的内容和花样。

一般说来,在城市过春节,只放假三天。但早在农历腊月中旬,人们便开始忙碌起来。先是大扫除,越南的说法叫作"总卫生"。接着便是准备家家必备的两样东西——金橘树和桃花。这种金橘是盆栽的,每棵都结有橙黄色的累累果实,上乘一点的有一人多高,修剪得像一座小金山,象征着吉祥如意,财源滚滚。

春节前,中国大使馆会收到越南各单位送来的许多盆栽金橘。我任大使的几年里,越南花工师傅会挑选最好的一棵,放在大使官邸。一般说来,春节过后不久,金橘树便会因慢慢凋谢而被扔掉,而我夫人则精心地将它种在官邸的小花园里。2000年7月我们离任回国前,官邸院里已种了四棵金橘树,长势喜人,枝叶繁茂,硕果累累。

相传人们争买桃花,是因为它可以避邪。河内郊区有一部分农民专种桃树。他们凭借丰富的经验,可以确保桃枝在除夕前开花。

大使办公室。

和中国习俗一样,腊月二十三是祭祀灶王的日子。人们要在灶王像前烧香,摆上糕点、糖果等供品。还要买上一条活鲤鱼,待将灶王像焚烧之后,把鲤鱼再放回河里。按照民间的说法,鲤鱼就是龙的化身,把鲤鱼放回河里,意味着灶王可以乘龙回到天宫。

在计划经济时代,准备年货不是件轻而易举的事。那时所有消费品都和中国一样,凭票定量供应。春节前夕,到处可以看到人们排着长队,凭票购买规定的那一点猪肉、味精、糖果、蜜饯。如果问及春节饭菜的内容,可以百分之百地保证,家家全都一样。现在情况则完全不同了,商品大大丰富了。只要手中有钱,不要说传统的年货,即使是许多高档的东西,也能买到。不但餐桌上的饭菜更加丰盛,就连祭祖的供品,也增加了巧克力、丹麦曲奇饼干、洋酒XO等。

春节前的几天，我有时到河内规模最大的"同春市场"附近看看。那里的几条街道有无数的临时摊位，出售对联、鞭炮、酒类、蜜饯、糖果等。另有几条街专门出售桃花和金橘，称为"花市"。行走在熙熙攘攘的人群中，你会从百姓的面容和神态中可以感觉到他们迎接春节的欢乐和喜悦。

每逢春节，我都要同几位熟悉的越南教授聚会一次。阮文红教授（左2）曾在北京大学留学。1958年我开始学习越南语时，阮文红曾被越南留学生党支部指定作我学习越南语发音的辅导员。几十年里我和他始终保持联系，我和夫人还参加了阮文红教授儿子的婚礼。

过春节最值得一提的是除夕。这时，在外地工作的人们都千方百计赶回家团聚。全家会围坐在桌旁，吃上一餐丰盛的团圆饭，祝愿来年财源茂盛、万事如意。按照越南的习惯说法，叫作祝愿"安康兴旺"。

在这一餐团圆饭中，有一样必不可少的食品就是粽子。越南的粽子呈方形，每个足有二、三斤重，用一种特殊的粽叶包捆。粽子的主要成分是糯米，里面用猪肉、大油、绿豆沙做馅，放在锅里要煮上七、八个钟头，吃起来清香可口，别具风味。可以说，粽子是越南春节的

代表食品，人们往往把粽子作为礼品互相赠送。

每年春节，中国大使馆都会收到越南一些部门送来的粽子。2000年春节，越共中央财管部部长朱文易同志送给我10个特别的粽子。他说，这些粽子是用上好的原料专门为越南中央领导同志制作的。我把这些粽子分给大使馆的同志品尝，让大家和越南同志一起过年。

在中国北方，春节时的气温早已降到零下，因此人们除夕夜大都待在家里，很少外出。而在越南，春节时气温仍在零上10度左右。因此首都河内除夕之夜，人们会穿上节日盛装，带上鞭炮，聚集到市中心最繁华的还剑湖畔，等待午夜时刻的到来。还剑湖面积并不很大，环湖一周只需走30分钟，但此时此刻却聚集着数十万人。等到午夜钟声一响，所有鞭炮一齐燃放，顿时鞭炮声震耳欲聋，以至于两个人面对面讲话，都难听见。按照越南人的传统说法，放炮是为了驱邪，把过去一年所有不顺心、不愉快的事情统统崩掉，从而迎接一个吉祥、充满希望的新年。大使馆的年轻人也会带上鞭炮来到还剑湖畔，加入熙熙攘攘的人群。

午夜过后，越南国家主席将通过电台和电视台向全国人民发表春节祝词。我记得，1968年春节正值越南抗美斗争的关键时刻，胡志明主席在春节祝词中用他的四句诗作为结束语："今年春光胜往年，胜利捷报四处传。南北竞赛打美帝，稳操胜券勇向前。"胡主席发表祝词后，越南领导人便分头到一些干部、群众家里拜年。越南把这种拜年称为"冲喜"。至于到哪家"冲喜"，多不做事先安排，而是走到哪里临时决定。胡志明主席生前每年除夕都要去给百姓"冲喜"，哪个家庭如有机会迎接胡志明主席前来"冲喜"，便是最大的荣幸。至今，越南领导人仍保持着这一传统，年年都去给老百姓拜年。

除夕之夜，越南还有一个传统习俗，叫作"采绿"，就是要把折下的树枝带回家。"采绿"同"采禄"谐音，象征在新的一年官运亨通、吉祥如意。由于每年除夕都会有许多树枝遭到破坏，胡志明主席生前曾呼吁移风易俗，将"采绿"改为植树。至今"采绿"的现象已大为减少。

从 1996 年春节起，越南政府决定春节期间禁止燃放鞭炮。但广大干部、群众在心理上则或多或少有些遗憾或失落。为了弥补这一缺憾，有关方面设想了许多方案。如 1996 年除夕午夜时分，越共总书记杜梅来到河内文庙的奎文阁，手持木槌击响一个大鼓，并连击数下，电视台还作了现场直播。这样做可能是要用打鼓的响声代替鞭炮声。后来我听有人反映说，春节期间由最高领导人去敲鼓，似乎显得不太庄重。因此，第二年春节便没有领导人再去敲鼓了。几年过后，人们对春节禁止燃放鞭炮也逐渐习惯了。

除夕之夜，河内的还剑湖畔仍是吸引众多游人的景点。沿湖的树枝上挂满了五颜六色的彩灯。人们穿着节日盛装，手里拿着各种形状的气球，在湖畔悠闲地漫步，领略着首都的新春夜景，呼吸着首都新春的空气。湖畔的河内市人民委员会门前搭起了临时舞台，中央交响乐团在那里作义务演出，更增添了节日气氛。2000 年春节，越南政府同意在河内、胡志明市、海防等大城市燃放焰火，使欢庆除夕的活动内容更加丰富多彩。

我们大使馆的同志虽身在异国他乡，也和国内一样欢度春节。除夕，全馆同志要举行会餐。使馆的两位厨师要做出几道拿手好菜，使馆办公室要在每桌上放一瓶茅台酒，再加上越南朋友和外交使团赠送的洋酒，可说是相当丰富。作为大使，我先举杯，祝全馆同志和家人"新春愉快、工作顺利、身体健康、万事如意"。然后，大家便一桌又一桌地轮番相互祝酒。我会专门走到厨房，感谢厨师同志一年的辛苦工作。此时，整个餐厅欢声笑语，其乐融融，充满了家人团聚的气氛。

尽管使馆家家都有电视机，但为了是图热闹，饭后大家会不约而同地聚集在电影厅，一起收看国内中央电视台的春节联欢晚会。使馆为大家准备了饮料和糖果，同时再摆上几张麻将桌。人们边看电视，边搓麻将，边打扑克。

午夜，人们会三五成群地来到还剑湖畔，与河内的百姓共同迎春。正月初一，大使馆要举行联欢会。为了让大家高兴，各部门都要出节目，还安排了猜谜语、套环、摸鼻子、踩气球等有奖游戏。春节期间，我和夫人会应邀到一些越南朋友家做客。老朋友欢聚一堂，十分亲热。正月十五以前，我还要在大使馆举行几场宴会，招待越南一些高级官员和各界知名人士。

说到国内的春节晚会，还有一个小小的插曲。1984年国内第一次搞春节晚会。当时使馆没有接收国内电视节目的设备"大锅"，无法收看。大约一个月后，武官处从国内拿到春节晚会的录像带。于是，使馆便利用一个星期天上午在武官处放给大家看。那天，全体馆员几乎无一缺席，把武官处的办公室、走廊挤得水泄不通。由于第一次看到如此精彩的晚会节目，大家都全神贯注，一动不动，甚至连去厕所"方便"一下都不肯，生怕错过了好节目。所有人一口气看了四个多小时，直到下午3点多才去吃饭。

离任回国后，每逢春节，越南驻华大使都会到我家拜年，有时还会带来越南粽子、蜜饯等年货。每到这时，都会勾起我在河内过春节的美好回忆。

广交朋友（一）

观念的转变

身居外交第一线的驻外人员，要贯彻落实我国的外交政策，要促进我国同驻在国的友好合作，免不了要同驻在国上层官员、各阶层人士以及外交使团加强交往，广交朋友。但半个世纪来人们对这个问题的认识经过了一个漫长的过程。

20世纪60年代我刚进入外交部时，上级经常告诫我们的一句话就是"外交工作授权有限。"一位老红军大使向年轻人讲述他的外交经验时，特别强调了两句话，一句是干外交要"战战兢兢，如履薄冰"，另一句是"外交无小事，个人无私交"。那时部、司领导同外国人谈话，通常都要照事先准备好的说辞宣读。曾听说一位副部长同外国大使谈了某个问题后,对方希望就其中某一点做些进一步解释。只见这位副部长心平气和地把方才的说辞又重复了一遍,没有多说一句话。上级向我们讲这个例子,是作为严守纪律和坚持党性原则的范例。那时对外国记者提出的问题,最通常听到的一种回答就是"无可奉告"。不管在国内和国外,会见外国人时必须是两个人在场,并且要有详细的谈话记录,甚至谈论天气的内容,也都被记录下来。

受这种思想的影响,像我这样刚参加工作的年轻人,只会更加小心谨慎。1966年初我在驻越使馆工作期间,一次在河内街上遇见一个会讲中文的波兰人,年龄和我相仿。他自我介绍是波兰使馆的副武官,曾在中国留学,中国名字叫龚明发,很希望和我成为朋友。当时我非常警惕,简单应对几句,便和他分手了。但这位波兰人十分认真,几天后居然到中国大使馆约我一起上街。使馆传达室告诉我后,我无比紧张,立即请值班同志对他说,我不在家。那时中苏关系已十分紧张,波兰也被认为是追随苏联的"小修",因此我特别警惕,不愿给自己找任何麻烦。

随着冷战的结束和我国改革开放的不断深化,人们的思想逐渐解放,观念也不断改变。现在每年"两会"后,总理、外长和多位部长都同国内外记者见面,坦诚、详尽地回答他们的各种提问。对于驻外人员外出,不再要求必须"二人同行";同外国人谈工作时,也不再要求必须有他人在场,而是视工作需要而定。驻外人员可以到外国人家里做客,北京的各国外交官也可以到外交部干部的家里串门。双方在商谈工作时,当然要表达各自的国家和政府的立场和主张,但与此同时,个人之间也可以成为朋友,甚至是好朋友。这种宽松的气氛无疑更有利于发挥外交人员的积极性和开拓创新精神,更有利于开辟外交工作的新局面。

同越南领导人的交往

在担任驻越使馆政务参赞和驻越大使期间,我同越南高级领导干部和许多部门领导人都有不少接触和交往。受胡志明作风的影响,一般说来，他们都比较热情和平易近人，没有官架子，这一点尤其给我留下深刻印象。

陈德良

陈德良在担任副总理期间，曾不止一次出席过中国大使馆的国庆招待会。担任国家主席后，仍十分注意发展对华关系。1997年12月，他在会见到访的我国政协主席李瑞环时说，越南的对外政策特别注重发展同三类国家的关系：一是同越南有传统友好关系的国家；二是在国际事务中能发挥重要作用的国家；三是越南的周边邻国。在同越南建交的160多个国家中，一些国家具备上述三条当中的两条，一些国家具备其中的一条，只有中国具备所有三条，因此越南十分注重发展同中国的全面友好与合作。

1999年9月中国国庆50周年前夕，陈德良夫妇破例在主席府宴请我和夫人，并进行了热情友好的谈话。谈到日常生活时，陈德良说，他家就住在大宇饭店附近，每晚他都要和夫人一起到街上散步。我问，散步时有没有警卫人员保卫？他说只有一名警卫战士跟在后面，但离得较远。他还说，他经常到街上的小店铺去吃一碗汤粉。我问，小店铺用餐的顾客如认出您是国家主席，他们会有什么反应？陈德良说，有时会点头打个招呼，然后各自去吃自己的汤粉。我问，有没有人起立鼓掌或喊口号。他笑着说，绝对没有。

2000年春的一天，使馆得知陈德良主席将会见中国新闻代表团。按照惯例，国家主席会见到访的中国代表团，大使都要到场陪见。所以尽管我没得到正式通知，还是提前赶到了主席府。到场后，越南外交部新闻司的官员说，国家主席会见的是新闻代表团，而成员都是记者，等于是接受采访，故未通知中国大使馆。这时新闻司女司长潘氏娟把我已到主席府的事向陈德良主席做了汇报。陈主席说，既然中国大使已经到场，就请进来随便聊聊天。当即请我到小会客厅，同我交谈了10分钟。谈话中，他特别提到，担任国家主席后，还未能到中国访问，将努力安排时间，争取在尽短时间内访华。使馆的同志还为我和陈德良主席拍下了照片。

潘文凯

1998年8月，潘文凯总理携夫人访华。我和夫人奉命回国参加接待工作，并陪同他到外地参观。我知道潘文凯总理吸烟很多，但在从北京到杭州的专机上，他一直保持克制，不肯吸烟。我对他说，专机上人很少，空间很大，总理可尽管吸烟，没关系。但他坚持不吸。快到上海时，我发现潘总理没在座位上，也不在卫生间，原来他实在坚持不住，一个人悄悄地走到专机尾部无人的地方吸烟去了。

在杭州期间，潘总理一行到著名的都锦生织锦厂参观。厂里有一个小卖部，出售各种特色丝织品。接待人员告诉大家可以进去购物，10分钟后集合返回。但代表团内有几位女官员在小卖部反复挑选，迟迟不肯出来。这时，只见潘总理坐在院内的椅子上，一边吸烟，一边和身边的人们谈笑风生，对迟迟不肯出来的人毫不介意。又过了大约20分钟，待女官员们提着大包小包走出小卖部，潘总理才和大家一起向工厂负责人告别。对于几个女官员未能按时出来，潘总理没有任何抱怨和批评。

我和夫人陪同潘文凯和夫人向天安门广场人民英雄纪念碑敬献花圈。

在南宁，潘总理的夫人告诉我夫人说，潘总理交代她要买几件毛衣，准备回国后送给总理身边的工作人员。

访华回国不久，有外电报道说，越南总理会见了中国台湾的"经济部长"。一天，潘文凯总理主动约见我，就此进行澄清。他说，这次访华期间，中国领导同志如此热情地接待我，我刚刚访华结束，怎可能就会见台湾的高级官员？他说，本来这件事可以由其他同志向大使做出说明，但他认为有必要亲自出面向大使解释清楚。潘文凯再次重申了越南在台湾问题上的一贯立场，表示越南绝不同台湾地区发生任何官方关系。

还有一次，我和部分外国使节参加河内旅游区破土动工仪式，潘总理和越南有关部门官员也在场。仪式进行当中，忽然下起雨来，我看见潘总理和几个人挤在一把伞下避雨。然而雨越下越大，人们只好躲进各自的汽车。我心想，潘总理会不会中途离去。这时，我看见有一辆小车的玻璃被摇下，从里面冒出烟雾来。原来潘总理正坐在车里吸烟。等阵雨过后，他又走出汽车，继续参加完破土动工仪式。

阮氏萍

阮氏萍是举世闻名的杰出女外交家，曾任越南南方民族解放阵线中央委员、南方解放妇女联合会主席。1969 年 6 月，越南南方临时革命政府成立，阮氏萍出任外交部部长，并代表越南南方临时革命政府出席越美巴黎谈判。抗美战争胜利、全国统一后，曾任越共中央委员、越南社会主义共和国教育部长和国家副主席。

1995 年 12 月我出任驻越南大使后，就是向阮氏萍副主席递交的国书。仪式结束后，阮副主席同我进行了亲切的谈话，她称我为越南的老朋友。她说当前越中两党、两国关系正处在良好发展的时期。杜梅总书记刚刚访华归来，总书记要求越南党政领导干部认真学习中国经验。希望中国像过去一样帮助越南，使两个社会主义国家共同发展。此后，我单独宴请了阮副主席。

多年来，身为国家副主席的阮氏萍，始终热心少年儿童公益事业。

第八章 远去的记忆

递交国书后，阮氏萍副主席与双方官员合影。

越南国家副主席阮氏萍接受我递交国书。在场的有主席府办公厅主任阮越勇、外交部常务副部长武宽、中国司司长黄如理、礼宾司副司长黎芳蓉。事后黎芳蓉对我说，那天她穿的皮鞋、戴的纱巾都是在中国购置的，长袍也是用中国的面料做的。

每次有这样的公益活动，她都出现在现场，亲自接过各部门的一笔笔捐助。对这样的公益活动，西方国家使节多无兴趣，只有三个国家的大使场场必到，就是韩国大使、利比亚大使和我。

1999年秋，在越南保卫妇女儿童委员会举行的募捐总结会上，阮氏萍一定让我讲几句话。我说："我本人和中国大使馆很愿意为越南的公益事业做些贡献。但中国还是发展中国家，大使馆财力也很有限，无法同韩国大使相比。但我可以做出一条承诺，就是今后在赞助公益事业的场合，只要韩国大使到场，我一定到场。"说到这里，阮氏萍快步走到我面前，一下将我抱住。这时，全场响起了热烈掌声。

2002年8月，世界知识出版社决定出版一本关于世界政坛巾帼英雄的书，约我撰写一篇介绍越南巾帼英雄阮氏萍的文章。我认为这是一件很有意义的事，但手头缺乏必要的资料。为此，我拜托路过北京的越南朋友，请他们帮助搜集一些相关材料和书刊。谁知这件事传到了阮氏萍耳朵里，于是她亲自口授，让弟弟阮东海执笔，手写了26页关于她外交生涯的详细材料，托人带给我。

2002年10月，从国家副主席职位上退下来的阮氏萍应邀访华，我以外交学会理事的名义担任全程陪同。除北京外，还去了宁波、杭州、上海和广州。通常情况下，中方接待人员和外宾要分开用餐，但阮氏萍提出要我和越南团一起用餐。访华期间，阮氏萍还同我进行了一次"访谈"，她嘱咐我写关于她的文章时，一定不要突出她个人的作用。

阮功丹

20世纪50年代，阮功丹曾在中国华南农学院留学。和他们一起留学的还有后来的越南国家计委副主任陈凯、国家地政总局局长孙家宣、农业部司长裴文益和咖啡总公司总经理段朝雁。

大约在1992年，我任大使馆政务参赞期间。一天下午，越南咖啡总公司总经理段朝雁请我到他的公司谈谈，目的是推动中方购买越南的咖啡。谈话气氛颇为热情、融洽。快到下班时分，段总经理问我可否留下来，在公司的餐厅与他共进晚餐。我盛情难却，便爽快地答应了。走进餐厅，却见正面坐着农业部长阮功丹。原来这是段总经理事先做好的安排。当时我第一印象是，一个部长愿意和一名参赞一起吃饭，说明他比较随和，没有官架子。后来我了解到，多年来，他们作为同班同学始终保持密切往来，从不讲究职位和级别的高低。就这样，我同阮功丹逐渐熟悉起来。

第八章 远去的记忆

这是越南副总理阮功丹夫妇（前排右1、2）同我夫妇的合影。后排1、2、4、5分别是越南地政总局局长孙家萱、农业部前司长裴文益、越南国家计委前副主任陈凯、越南咖啡总公司总经理段朝雁。当年阮功丹与上述4人曾一起在中国华南农学院留学，几十年来他们一直保持密切交往，我和他们也都成了好朋友。左3是大使馆政务参赞高德可。

1995年年底我出任大使后，阮功丹已是政府副总理，彼此见面的机会就更多了。每年春节前后，我都把阮功丹和他的几位老同学请到大使馆，吃一次中餐。这种活动不发请帖，只给段朝雁总经理打个电话，就算解决问题。

阮功丹副总理采取了许多办法来推动两国的农业合作。1995年，在他大力推动下，越南从中国进口了一些榨糖设备和立窑水泥设备。由于中方公司互相压价，残酷竞争，致使卖给越南的设备质量不好。一时间，许多越南报刊对此提出了尖锐的批评，阮功丹副总理也承受了不小的压力。但尽管如此，他同中国进行农业合作的决心没有动摇。

这期间，阮功丹还兼任越中友协主席，几次为到访的中国领导人担任陪同团长。1998年，他随同越南总理潘文凯访华，由于身患严重心脏病，决定访问结束后留在北京治病。越方表示，一切费用由越方承担。但朱镕基总理在会谈桌上表示,阮功丹副总理在中国治疗的一切费用由中方承担,令在场的越南同志十分感动。

阮功丹病愈后,把自己看成健康人,经常下基层视察,甚至到抗洪第一线坐镇指挥。2000年7月我回国前夕,阮功丹夫妇专门为我夫妇饯行。为体现家庭气氛,还特意让他的儿子和儿媳出席作陪。

张美华

我同张美华的交往可追溯到20世纪90年代。1993年春,张美华曾作为越南妇联主席访华。当时我在大使馆任政务参赞。她回国后,曾请我到妇联机关,用整整一个上午的时间向我详细介绍了访华经过和成果,还逐张给我讲解在中国拍摄的照片。后来我得知,抗美战争期间,她在越南南方曾被捕坐牢,遭受过敌人严刑拷打,至今胳膊上还有伤痕。

担任大使后,我同张美华见面的机会就更多了。她多次应邀出席中国大使馆的国庆招待会。每年"三八"妇女节,我夫人都要在大使馆举行一次聚会,邀请越南女官员和一些国家驻越大使夫人出席,张美华几乎每次都到场,还时不时地和使馆的女同志合唱歌曲"越南—中国"和中国电视连续剧插曲。一次,还当面给我们唱了电视剧《孽债》中的插曲"爸爸一个家,妈妈一个家......"。张美华还赠送给我夫人两件具有越南特色的旗袍,并让妇联的女干部谢樱桃陪同我夫人到服装店挑选布料、量体裁衣。一次我宴请越共中央经济部副部长阮晋郑,席间谈到张美华。我说,我同张美华同志很熟悉,但还不知道她的夫君是谁。这时坐在我身旁的一位越南同志举起手说:"就是我。"在场的人全都笑了。原来张美华的丈夫就是担任越共中央财管部副部长的张晋边同志。

2000年张美华到中国访问,离开北京前,亲自在首都机场给我打电话表示问候。

2008年9月1日,我应邀出席越南新任驻华大使陈文诗举行的国庆招待会,大使夫人特意走过来和我打招呼,我立即认出这位夫人就是十多年前陪同我夫人做旗袍的女同志谢樱桃。

同党政部门的交往

因工作关系,我同越南外交部和越共中央对外部的接触最多。

外交部部长阮孟琴早年曾在北京俄语学院留学。他虽是越共中央政治局委员、政府副总理,但丝毫没有官架子,十分有亲和力。一次,我乘越航班机从胡志明市返回河内。就座后,发现身旁坐着阮孟琴副总理,周围没有警卫和秘书。一路上我和他聊天,一直聊到河内。下飞机后,也没看见任何官员前来迎接,只有司机把他的随身行李放在车上,开车回家了。

阮孟琴副总理早年曾在北京俄语学院留学。他为人和蔼、亲切,每次见面都嘘寒问暖。他夫人也是一位和善的老大姐。

和我接触最多的是常务副外长武宽。他比我小一岁,曾是外交部俄语高级翻译。当年越南领导人访问苏联,都是武宽担任翻译。他出任副外长后,凡中越之间的重要问题,都是武宽约我商谈。

1996年1月,我举行中越建交46周年招待会。当时我到任还不满一个月。武宽副外长代表外交部致祝酒词。他说,今天的聚会是一次"送旧迎旧"的聚会。越方的翻译当即小声提醒他说,不是"送旧迎旧",而是"送旧迎新"。武宽则大声说,我讲的没错,就是"送旧迎旧"。所谓"送旧",是说我们刚刚送走了过去的一年。所谓"迎旧",是讲李家忠同志对我们来说,不是新朋友,他在越南已经工作了14年,当然是老朋友,所以我说是"迎旧"。老朋友再次相聚,格外有意义。

武宽记忆力极强,谈话从不拿稿子,层次、条理非常清楚。找他谈什么问题,他只听不记,然后就能按照我谈的问题顺序逐一表态。不管谈什么问题,总是心平气和,慢慢解释。虽然表达的是越南立场,但从未使用过激烈的言辞。

1995年越南加入东盟后,年近六旬的武宽利用业余时间抓紧学习英语,很快便能够用英语表达自己的意思。一次,各国使节请武宽给大家介绍越南同东盟国家的关系,他自始至终讲的都是英文,在场听众无不发出感叹之声。

武宽的夫人胡彩兰曾任外交部新闻司长,同我夫人是好朋友。1997年我夫人在北京做腰椎间盘突出手术,武宽夫妇还专门托人把一包桂圆肉送到我家里。

我同越南外交部其他领导也有着很好的沟通和交流。有好几次,我同越南副外长黎功奉就中越关系进行了较长时间的个人交谈。见面时,为了让气氛轻松些,我不带笔记本,现场不记任何谈话内容。由于双方都自由发表个人意见便没有什么顾虑。事实证明,这样的气氛和工作方式有利于加强相互了解和信赖,消除某些误解,对双方都很有帮助。

中越两国都是共产党领导的社会主义国家。中国大使馆也是两党交往的桥梁。对于越共中央对外部两任部长红河、阮文山和两位副部长范文章、黄瑞江,我都很熟悉。

对外部的官员与中国大使馆办事,不太讲究级别对等。只要能解决问题,谁接谈都不是问题,工作气氛比较宽松。我约见对外部的领导,每次都能很快安排。有一次,为了准备两党领导人的高级会晤,我一天之内就与阮文山部长见了三次。

范文章常务副部长为人热情友好，办事非常认真。每次越共总书记访华，范文章总是作为先遣组组长，先期到达北京商谈详细日程，把各项活动都安排得井井有条。他有一个小笔记本，每天把各种待办事情全部记在本上，从不会遗漏或耽误。因此，我们同范文章打交道总是非常放心。平时聊天则十分放松，有时还说些笑话。他说，越南抗法战争期间，人们讽刺地把讲话总是老一套的宣传干部称为"二、三、四干部"，意思是说，他们不管走到哪里，不管对象是谁，总是宣讲老一套的"二、三、四"。"二"是指社会主义和帝国主义两大阵营；"三"是指抗法战争分三个阶段，即防御、相持和反攻三个阶段；"四"是指世界上存在四大基本矛盾。一次，他无意中对我说，对外部的同志都喜欢吃中国的榨菜。于是我们从国内买了 200 包榨菜作为春节礼品送给对外部的同志，皆大欢喜。根据我的统计，我担任大使期间，总共到过对外部 150 次。

还要提及的一位朋友就是对外部的专员阮荣光。他对中国文化很感兴趣，也颇有研究，我经常同他探讨一些问题。有一次，越南一位教授写了一本关于鲁迅的书，请我写一篇序言。我对鲁迅没有什么研究，书又要在越南出版，我担心如写得不妥当会产生负面影响，便拿着序言初稿请阮荣光提意见。得到他的认可后，我心里便觉得踏实许多。

2007 年，阮荣光被派到越南驻华使馆担任公使。春节前夕，他和夫人带着秘书到家里看望我，谈话中无意提到我的打印机出了问题。阮荣光马上说"我来看看"。说着，便挽起袖子干了起来，直到半个多小时后修好为止。我笑着对他说："公使当打印机修理工，实属罕见。"

还有一位朋友是对外部礼宾司长。他多次参与双方高级代表团互访的礼宾工作，参加了具有历史意义的两国领导人成都会晤，对大使馆的工作也给予过很多支持和帮助，但退休后患上了肝癌。2002 年他自费到广东治病。一天，他从广州给我打电话，告诉我治病取得了很好疗效，不久就要回国了。我问他既然有效为何不在广州多治疗一段

1999年1月18日，在庆祝中越建交40周年之际，我和三位越南前驻华大使合影。按任职时间前后，分别是阮仲永（左3）、阮明芳（左1）、邓严衡（左4）。

时间，他坦率地说钱花得差不多了。听到这个消息，我心情很不平静，琢磨能否通过什么渠道给他一些帮助。但有关主管部门都表示，外国司局长一级的朋友太多，财务部门没有这方面的预算，故爱莫能助。我不甘心，提笔给外交部戴秉国和王毅两位副部长写了一封信，报告了这位越南朋友同大使馆的关系和他的病情，建议外交部责成广东外办派人代表外交部前往医院表示慰问。我信中没提任何一句资助的话，但两位部领导明白了我的意思，结果批了一笔可观的资助款项。范光英激动不已，打电话来一再表示感谢。

广为交友（二）

越中友协

越中友协的领导班子阵容很强。我接触的两任友协主席阮功丹和阮景营分别是政府副总理和主席府办公厅主任。阮景营早年曾在中国武汉水利学院留学，后来担任过水利部长。1964年春，越南水利部长何继晋率团访华，阮景营作为工程师参加代表团，当时我被借调到水利部为代表团当翻译，所以我和他已是30多年的老朋友。友协的几位副主席都是副部长级的官员，其中范如刚和丁儒廉都曾是越共中央委员，分别担任过越南社科院院长和常务副外长。

中国大使馆和友协的来往较多。每年清明节，友协都协助中国大使馆为中国烈士扫墓。每逢春节和我国国庆，友协都要举行招待会，邀请大使馆全体人员参加。

1999年，阮景营主席专门在主席府举行仪式，把越南制作的一部关于胡志明主席的历史纪录片赠送给中国大使馆。谈起1964年越南水利部长对中国的访问时，我说遗憾的是手头没有留存当年拍下的照片。几天后，阮景营便把他保存的全部有关照片复制一套，送给了我。2000年清明节，阮景营主席还亲自陪同我去为中国烈士扫墓。

友协的两任秘书长阮世得、武高潘和专员阮文美都是我的老朋友。2000年春节，武高潘还特意请我夫妇俩到他家吃饭，并让他妹妹亲自下厨。他到中国访问时，还到我家做客。

与此同时，我们同越南友好组织联合会的关系也很密切。这个组织的性质和职能与我国的对外友协相似。2000年我回国后不久，友联的主席武春洪访华。他听说我喜欢吃热带水果榴莲，便把一个榴莲用多层塑料纸包装，巧妙地躲过机场的检查，带到北京送给我。我一方面非常感谢他的盛情，同时也建议他以后千万不要再这样"冒险"了。

越南社会科学院

越南社科院和中国大使馆的交往颇为密切。院长阮维贵是越共中央委员、大学物理教授、哲学家和马列主义理论家。他给我最深刻的印象是为人随和,爱说笑话,没有一点官架子。1993年冬,我作为使馆政务参赞离任回国。临行前,阮维贵院长特意在河内民主饭店为我一个人饯行,告别时还亲自把我送到汽车前。

1993年10月,我结束驻越使馆政务参赞的四年任期回国,越南社科院院长阮维贵在河内民主饭店为我饯行,在场的都是越南知名学者。

我担任大使后,同阮维贵和越南社科院的接触就更多了。社科院直属世界经济研究所,所长武大略和副所长黎文倡都是越南顶尖的经济学家,经常应约向中国大使馆介绍有关越南经济情况。遇有我们不熟悉的问题,也热情地应约给我们讲解。两位的共同特点是思想解放,不说套话,从和他们的交往中总能得到启示。

院长阮维贵的继任者杜怀南也是中央委员、经济学家。他担任经济研究所所长时,曾多次向中国大使馆介绍越南经济形势,解答我们关心的问题。升任社科院院长后,我们考虑到他工作繁忙,提出请一位所长为我们介绍相关情况即可，但杜怀南执意不肯，仍坚持亲自介绍。2005年1月，我和夫人应邀去河内出席中越建交55周年研讨会。尽管我已退休，杜怀南院长仍亲自宴请我们夫妇，并把我熟悉的越南朋友请来作陪。老朋友重逢，气氛格外热烈。

还要提及的是社科院中国研究中心。该中心的前任主任阮辉贵曾在北京大学留学。继任者杜进森和他一样，都热心越中友好事业。中心每年都举办若干次研讨会，就中国的改革开放和两国关系等问题进行研讨。中心还出版月刊《中国研究》，热情地向越南读者介绍中国发生的巨大变化。中国大使馆也曾向该中心提供力所能及的赞助。

2000年我离任回国前夕，该中心为我和夫人饯行。那天杜进森主任十分激动，发表了热情洋溢的讲话。他说："我们中心曾举行过多次欢送会，但今天的欢送会却有着特殊的意义。因为对于我们中心来说，李家忠同志不仅是伟大的中华人民共和国的大使，而且还是一位越中友谊的使者，《中国研究》杂志的亲密朋友和撰稿人。论年龄，

离任前部分曾在北京大学留学的朋友到大使馆同我话别，并送给我一幅我的油画像。

您还是我们中心许多工作人员慈祥的伯伯、叔叔和亲密的兄长。""当您和夫人重返越南的时候,请别忘了到中国研究中心坐坐。这里有你们忠实的朋友,会像迎接家人一样迎接你们。"杜进森还把我为《中国研究》撰写的8篇文章集中起来,装订成册,并加上硬壳封皮,送给我作为留念。

越南首都河内党政领导

中国大使馆的工作离不开首都河内各单位的关心帮助和支持。中国大使馆同河内的历届领导都保持着密切关系。

按照传统,首都河内的市委书记历来都是党中央政治局委员,我本人同河内的三任市委书记黎春松、范世阅和阮富仲都有着良好的关系,彼此交谈也都十分融洽。黎春松书记到中国治病期间,我还专程到北京医院看望。

对河内举办的各项活动,中国大使馆历来都踊跃参加。2000年春,

范世阅(左3)是越共中央政治局委员、越南祖国阵线主席,也来参观食品文化节中国展台,右1是越南友联(友协)主席武春洪。

河内举办食品文化节,使馆厨师和夫人们热心准备、精心制作。河内市人民委员会主席(市长)黄文研亲自到场品尝我们的"作品"。评选结果是,中国大使馆获得了一等奖。

对于河内的事情,我也积极支持。一次河内市举行"国子监"扩建动工仪式,邀请有关外国使节出席。可能是其他国家的使节对"国子监"没啥兴趣,结果到场的大使只有我一人。这件事给市委书记范世阅留下了深刻印象。

河内外办主任阮光书是我的老朋友,他对中国大使馆的工作十分支持,几乎是有求必应。每年夏天,阮光书都要请我夫妇俩和大使馆政务参赞到河内市郊的避暑胜地三岛山或北方有名的下龙湾旅游避暑。由于工作繁忙,确定的时间经常一再推迟,阮光书也毫不在意。那时国内经常有团组到越南考察,经常需要越南有关部门发邀请函,阮光书在这方面提供了许多方便。有时时间紧迫,阮光书甚至同意由使馆代河内外办起草好邀请函,然后送去盖上外办的图章,几分钟便解决问题。

中国大使馆也向河内外办提供过办公用品等方面的赞助。2000年春节前夕,阮光书向大使馆表示,每年农历正月十五,河内都庆祝灯节,在市中心燃放焰火,但品种很单调,希望中国大使馆设法提供一些中国的焰火。于是中国大使馆赞助了一千美元,从广西采购了一批国内的焰火。这年灯节,河内百姓在还剑湖边观看到了绚丽多彩的中国焰火,非常高兴。

2001年,河内市委副书记冯友富应邀访问北京,阮光书是代表团成员。两位征得北京市领导同意,特意请我出席了北京市举行的晚宴。老朋友见面,倍感亲切。

此外,我也结识了许多越南文艺界的知名人士,如两任文化部长陈环和阮科恬、作家陶武、戏剧家黄章、女舞蹈家朱翠琼、作曲家范宣、指挥家阮仲鹏、中央交响乐团指挥杜勇等。每年春节,我都在大使馆宴请这些朋友。在越南文化部的支持下,越南中央歌舞团的艺术家们还无偿到大使馆做了一次专场演出。2000年春节,戏剧家黄章邀请我和罗马尼亚、韩国大使三对夫妇到家里做客,前文化部长陈环也出席作陪。黄章的夫人准备了丰盛的越南饭菜,大家共同举杯祝愿新春愉快、健康如意。

春节期间,越南著名戏剧家黄章邀请中国、韩国、罗马尼亚大使夫妇到家里做客。

我平时有空就到街上走走。遇有中学生,也和他们聊上几句。逛市场的时候,我也喜欢和摊位老板谈天。见到使馆门外值勤的越南公安人员,我都主动和他们打招呼。为我开车的越南司机阿强和在官邸做保洁的阿胜都是我的好朋友。阿胜还主动教我夫人学越南语。我离任前,还专程到阿强和阿胜家里看望他们的父母和家人,感谢两位同志对使馆工作的支持和帮助。

大约在90年代初,国内派修缮队来使馆搞维修。一位工人在电焊时没戴防护眼镜,导致眼睛红肿,用各种眼药均不见效。后来听说,用哺乳期的母乳可以治愈。这时有人发现使馆官邸对门有一位年轻的母亲正在为她的孩子哺乳。待说明缘由后,这位母亲慷慨地提供了小半碗母乳,终于治好了这位工人师傅的眼睛。使馆同志都十分感谢这位年轻母亲的一片情谊。

交朋友的点滴感受

在中越两党、两国友好关系不断发展的大背景下，中国大使馆结交的越南朋友越来越多。他们给大使馆的工作给予了许多帮助，彼此间的友情和相互信赖也与日俱增。越南面积不大，人口不多，但毕竟它是我们的重要邻国。通过这些年同越南朋友打交道，我的体会是：

——中越两国领导人确定的"长期稳定、面向未来、睦邻友好、全面合作"16字方针，是指导我们做好工作的指导思想。无论在任何情况下，无论做什么事，说什么话，都要看是否符合这一方针。

——越是小国，民族自尊心越强。中国外交官不管在任何场合，都要体现出谦虚谨慎，尊重对方，切忌大国主义的傲慢态度。

——既是两个国家，则难免会有这样那样的矛盾和摩擦。在这种情况下，作为大使和其他外交官，不可避免地要同对方的官员进行交涉，理所当然地要代表本国的立场，表达本国的主张，但表达时态度要诚恳，目的是力求相互靠拢，共同寻求解决的办法，而不是把关系搞僵、搞崩，这也是对大使和其他外交官政策水平和处理问题能力的检验。

——大使是国家派出的外交代表，在几年任期内能否通过广交朋友推动双边关系进一步向前发展，并增强互信，是检验其工作成效的重要标尺之一。

一个特殊的越南艺术团

1970年春，我结束了在驻越南大使馆的5年任期，回国后准备下放到"五七干校"。4月下旬，中越友协要接待一个越南艺术团访华，我便推迟下放，被借去为这个艺术团当翻译。

这个团名叫"越南第四区业余艺术团"。第四区，又称第四联区，是抗法战争时期对越南北方靠近中部的几个省的统称，沿用至今；所谓业余，是说艺术团内没有专业演员，所有成员都是抗美战争中的民兵或青年突击队队员。正因为如此，他们演出的节目都是反映抗美前线的斗争和生活，充满了战斗气息。团内只有两位专业干部，一位是团长范庭六，他是越南文化部音乐舞蹈司司长；另一位是艺术指导、作曲家永安。

永安提前几天到达北京，为艺术团访华做准备，住在越南驻华使馆。这时正赶上中国第一颗人造卫星发射成功，永安对中国的这一成就感到欢欣鼓舞，连夜创作了一首歌曲《祝贺中国发射成功第一颗人造卫星》，博得越南驻华大使吴船的高度称赞。第二天吴船大使到中国外交部表示祝贺时，还带去了这首歌曲。

中国作为大后方，对来自抗美前线的越南艺术团给予十分热情和隆重的接待。全国对外友协副会长丁西林老人和有关方面负责人到车站欢迎，安排艺术团在当时北京属于第一流的新侨饭店下榻，演出的地点是在王府井附近的青年艺术剧院。首场演出十分成功，观众为节目所体现的英勇斗争精神所感动，对全团表演的合唱《祝贺中国发射成功第一颗人造卫星》和男声独唱《大海航行靠舵手》报以热烈的掌声。当晚，外交部副部长韩念龙设宴招待艺术团全体和越南大使吴船。韩副部长发表了热情洋溢的讲话。他说，同志们来到大后方中国，就像回到家里一样，不要客气，有什么需要只管提出来。根据韩副部长的指示，从第二天起，艺术团的伙食标准又提高了一倍。艺术指导永安被中国同志的热情所感动，又创作了第二首歌曲《向大后方致敬》，由女演员福美演唱。

在北京的最后一场演出是在人民大会堂小礼堂。周总理亲临观看，并在演出前会见了艺术团领导和主要演员。周总理对演出予以高度评价，并同大家进行了亲切友好的谈话。周总理问，大家来自抗美前线，你们使用的是什么武器？范庭六团长说，大家是民兵，使用的都是步枪等非常简陋的武器。周总理问，大家是否每人都有一支步枪？范团长说，由于武器弹药不足，两三个人才能有一只步枪。这时周总理说，现在我赠送给艺术团每人一支全新的步枪，将在你们离开中国的时候转给大家。说着,便当场写了一张条子,递给了在场的总参谋长黄永胜。

艺术团离开北京后,在武汉、长沙、桂林和南宁继续演出,同样受到了热烈欢迎。在长沙和桂林,还增加了两场露天演出,每场观众多达上万人。范庭六团长在烈日暴晒下,仍身着西装,汗流浃背地安排、调度每一个节目。此外,中方还为艺术团安排了一些参观。我记得在参观长沙橡胶厂时,厂方赠送给艺术团每人一双雨靴。但在登记每人所需的尺码时,所有女演员登记的都是丈夫或父母穿鞋的尺码,没有一个人登记自己的尺码。我看到那种场面,深深为之感动。在桂林,艺术团住在当年胡志明主席曾经下榻过的榕湖饭店。大家特意在胡主席住过的房间外面合影留念,至今我仍珍藏着这张照片。

这是越南艺术团全体演职员和中方陪同人员在桂林榕湖饭店合影。旁边的房间是胡志明主席曾经下榻的地方。

当时正是中国"文化大革命"方兴未艾的时候,事事都要突出政治。比如艺术团在武汉,有一场活动是观看民兵步枪射击表演。上百个表演项目中,每一项说明的前头都要有一段毛主席语录。为翻译这些说明和语录,我事先花了整整一个上午的时间。在武汉的接待人员中,有一位当时就已很有名气的青年歌唱家吴雁泽。他曾随中国艺术团在

1965年访问过越南，和越南艺术团团长范庭六都在中国中央音乐学院学习过。他为人热情、诚恳，为接待艺术团跑前跑后，十分辛苦。我问他，这样出差每天有多少补贴。他说"三角钱"。在长沙，当地文艺团体为越南艺术团表演了芭蕾舞剧《白毛女》。由于演员都是普通的舞蹈演员，不是专业芭蕾舞演员，故不少演员都有脚伤。但每次上台前宁可打"封闭针"，也要完成"政治任务"。

艺术团去外地前，艺术指导永安突然发烧，住进了北京友谊医院。在北京期间，正赶上五一国际劳动节，他便被邀请在当晚登上了天安门城楼，观看烟火和广场文艺表演。永安后来给我写信说，当时他站的位置距城楼正中有14个人。毛主席登上天安门后，走到他面前同他握手，并说："你是越南文工团的吗？我听说你们表演得很好。"永安连连感谢毛主席。这时，他感到有另一只手臂搭在自己肩上，一个人热情地问："你是来自越南吗？"永安回头一看，原来是周恩来总理，便立即大声喊："周伯伯！周伯伯！"周总理紧紧握住永安的手，并把站在身旁的邓颖超同志介绍给他。邓大姐说："胡主席去世了，我非常想念他。"这样，永安比艺术团其他成员多了一段难忘的经历。他病愈后便去长沙追赶我们，大家又在长沙会合了。

艺术团最后一站在广西南宁的演出达到了高潮。广西壮族自治区革委会主任韦国清观看了最后一场演出，并将周总理赠送的步枪如数转交给了艺术团。6月1日，艺术团离开广西凭祥回国。

我本人同艺术团一起工作一个多月，彼此建立了很深的感情。这时就要分手了，大家在车站月台握手、拥抱，不少人激动得流下了热泪。火车已经开动，越南演员们仍把头伸出窗外，高声呼喊着，表示一定还会再见。

遗憾的是，此后中越关系有了一段不愉快的经历。1989年12月，我到驻越南大使馆工作，担任政务参赞。这时两国关系虽未正常化，但在某些方面已有了一些非正式的接触。到使馆后，我一直设法同当年艺术团的朋友们见面。不久，我在河内胜利饭店请艺术团团长范庭六和艺术指导永安吃饭。久别重逢，大家回忆起20年前访华的情景，分外激动，并祝愿两国关系早日实现正常化。我们还在饭店游泳池旁合影留念。

80年代初与夫人摄于大使馆游泳池旁。

1995年12月，我作为新任驻越大使再次来到河内。这时中越关系已经正常化，两国在诸多领域的交往与合作也日益发展。昔日的老朋友都在想方设法聚会。我同范庭六同志见面的机会自然也多了起来。此时他已退休，但仍担任越南音乐家协会副主席。谈起当年访华的情景，他说，那时他只有一套西装，一个多月没法洗换。露天演出时，由于太阳暴晒，身上的汗水从裤腿里流到地上，也不好意思告诉中国同志。我说，当时如果知道，中方肯定会送给他一套西装。每年春节，我都将越南文艺界的知名人士请来，一起吃一顿团圆饭。除了范庭六，还有舞蹈家朱翠琼、黄碟，交响乐指挥家阮仲鹏、杜勇，戏剧家黄章，作曲家范宣和作家陶武等。但永安同志已不在了。后来听说女歌手福美也在美国飞机轰炸时中弹牺牲了。

当时艺术团里还有一位女歌手叫双滔。她唱的歌颂胡志明主席的歌《看见树又想起了您》，表达了越南人民对领袖胡主席的无比热爱

阔别 30 年后，我和夫人在河内五星级的梅里亚饭店宴请女歌手双滔。此时她已是五个孩子的妈妈。图中左 1 是越南央视前台长范克览，左 2 是双滔，左 4 是当年艺术团团长范庭六，左 5 是我夫人。

和深切怀念，深深打动了中国观众的心。但 20 多年过去了，我一直未见过双滔，四处打听，也没有结果，只知道她的家乡在清化省。1999 年秋天在一次招待会上，越南原中央电视台台长范克览对我说，他找到了双滔的地址。原来她的家不在清化省，而是在宜安省，并当即告诉我她家的电话号码。我很快给双滔打了电话，她听说打电话的是我，高兴得叫了起来。双滔说她已被评为"优秀歌手"，并且是 5 个孩子的妈妈，希望有机会和我以及当年艺术团的朋友们在河内欢聚。那年 12 月的一天，双滔去海防市出差途经河内，我和夫人在五星级的梅里亚饭店请双滔吃饭，应邀出席的还有当年艺术团团长范庭六和老朋友范克览。大家畅谈别后 20 多年的酸甜苦辣，感慨万千。但都一致祝贺中越关系又有了新的发展，相信今后中越关系将永远是美好的晴天，我们也一定还有机会经常见面。大使馆文化处的年轻人小彭为我们拍下的一张张照片成为珍贵的纪念。

河内国际医院情结

在越南工作期间，我结识了许多朋友，其中就有河内国际医院的医生和护士们。

在计划经济时期，中越两国政府商定，按照互惠原则，中国驻越使馆和越南驻华使馆的工作人员到驻在国指定的医院看病，均免交各种费用。1981年春到1985年11月，我第二次到驻越使馆工作，先后任二秘和一秘、研究室主任。当时越方给中国、苏联和东欧各社会主义国家大使馆指定的就诊医院是河内国际医院。国际医院，顾名思义应该有漂亮的楼房、规范的诊室、先进的医疗设备、充足的药品和周到的服务。但实际情况不是这样。八十年代前期的越南，经济正面临严重困难。国际医院连一幢楼房都没有，只有日本赠送的几排木板房。医院虽设有内科、外科、皮肤科、耳鼻喉科，但除了可以做心电图和X光照相外，再无其他医疗设备。整个医院竟没有开水供应。我看见一位医生的房间里放有一只没有瓶塞的暖水瓶，上面竟盖着一个废灯泡，代替瓶塞。医院的药品也十分缺乏，大使馆的人员去看病，带回的药通常都是安乃近和一种名叫Xedusen的镇定药。当时中越关系正处于困难时期，两国没有任何代表团互访，中国大使馆同越南党政各部门也几乎没有任何交往。在这种情况下，到国际医院看病，便成了大使馆人员同越南人接触的唯一机会。也正因为如此，国际医院医生、护士的一言一行，便给我留下了十分深刻的印象。

一般说来，我们去看病时，除了说明病情和对越南医生表示感谢之外，都不主动谈其他方面的话题。但我却十分注意观察他们的举止行动。我看到有些苏联人的大国沙文主义表现极为严重，他们到医院后，不管有多少人在排队等候，都硬要越南医生立即给他们看病。在这种情况下，越南医生一面很有礼貌地接待他们，一面坚持照章办事，不肯迁就苏联人的无理要求。有一次，我正排队等待做理疗，时间已接近中午，突然走进来一个身材高大的苏联人，他说有急事，要求先给他做理疗。尽管当时越苏关系处于最佳时期，但越南女医生仍表示，看病要按照先后次序，无论谁做理疗，都要依次排队。那个苏联人说，鉴于时间紧迫，只做5分钟理疗即可。越南女医生则说，医生应对病人负责，做理疗就需要20分钟，医院里没有5分钟的理疗。最后，那个苏联人只得悻悻离去。这位越南女医生面对傲慢的苏联人所表现出来的不卑不亢精神，令我肃然起敬。后来我曾陪同我国驻越南大使邱力行多次前往做理疗，这位女医生都十分热情地接待。我从旁了解到她的名字叫阮氏柳。她结婚时，邱大使还特意送了礼物。

1983年初的一天，我突然感到胸闷，便去国际医院就诊。越南医生给我拍了X光照片，约定第二天再去看结果。但我刚刚回到使馆，国际医院便打来电话说，X光照片已经洗出，要我当天下午就去住院。我不知究竟出了什么问题，急忙收拾必需的东西，下午便住进了医院。越南医生怀疑我是"心肌梗死急性发作"，要我绝对卧床，连大小便也不许下地。医院的物质条件虽然很差，但医生、护士们的态度十分热情、周到，专门指定阮春纯、杜玉簪两位医生负责为我看病。他们每天都多次为我查看病情变化，详细书写病历，并让护士多次量体温和血压。在住院的一个星期内，先后给我做了10次心电图，拍了3次X光照片。可以说，在当时的条件下，医院是做了最大努力。出院时，我一再向他们表示感谢，并赠送了一些牡丹牌香烟。两位医生说，这是他们应尽的职责。尽管越中关系存在困难，但那是由两国政府去解决的问题，我们之间的关系则仍然是医生和病人的关系。作为医生，对待中国病人同对待其他国家的病人要完全一样，这是最起码的医德。虽然我回国休假时，北京几家大医院都一致诊断说我没有心脏病，否定了越南医生的结论，但在国际医院住院的一周，越南医生和护士认真负责的精神和对中国病人的友好态度给我留下了深刻的印象。从那时起，阮春纯和杜玉簪医生，以及国际医院的许多医生、护士一直是中国大使馆和我本人的好朋友。

1985年初，邱力行大使突发脑血管疾病，头晕异常厉害，只要睁开眼睛，便会感到天旋地转，只好住进国际医院。当时国际医院没有住院部,更不具备接待外国大使住院的条件。为此,院方做了很大努力,专门为邱大使辟出一个带卫生间的病房,里面放置两张病床,以备大使馆派人陪住,还为病房配备了一个小电炉——那是医院唯一的电炉。同时,医院再次指定阮春纯和杜玉簪两位医生负责跟踪邱大使的病情。大使馆冯克湘参赞让我排个值班表,安排使馆懂越语的干部轮流到医院陪住,每班24个小时,从早8时到次日8时为一班。此外,由于医院无法解决吃饭和喝开水问题,大使馆每天还要为邱大使和值班人员送饭、送开水3次。邱大使在医院总共住了80多天。这期间中越关系虽仍无改善,但气氛已不像1979年那样紧张,加之使馆同国际医院逐渐熟悉,两位医生也不像两年前我住院时那样拘谨,还不时到病房同邱大使聊些家常。大使馆参加值班的干部,由于懂得越语,也与医院的医生、护士有更多的接触,结交了更多朋友。国际医院虽未能治好邱大使的病,但稳定了他的病情。当年夏初,国内从北京医院和外交部医务室各派一位医生到河内,把邱大使护送回国。

1989年12月至1993年11月,我第三次到驻越使馆工作,任政务参赞。这期间,我仍不时到国际医院看病。此时国际医院已搬进一幢新建的三层楼房,各方面条件都有所改善。随着1991年11月中越关系实现正常化,我们同国际医院医生、护士的关系也较前密切。每逢春节,我都要在大使馆举行一次冷餐招待会,感谢一年来越南各服务单位对中国大使馆工作的支持和帮助,饭后还要请大家看一场中国电影。国际医院的老朋友们自然是使馆邀请的贵宾。大家表示,中越关系重归于好,来之不易,要加倍珍惜,同时祝愿中国大使馆和国际医院的友谊日益加强。这期间,中国大使馆赠送给国际医院一台B超机,以表心意。我回国前夕,还特意在河内海燕饭店举行宴会,感谢国际医院的各位医生和护士对使馆同志的关心和帮助。医院负责人罗进勇医生告诉我说,当天上午,医院工会专门开会,商量要给我准备一份什么礼物,最后推举两位医生去采购一套镀银的酒壶和酒杯,送我作为纪念。

我结束驻越使馆政务参赞四年任期时,在河内海燕饭店宴请国际医院部分医护人员。

1995年12月我出任驻越大使后,与国际医院的老朋友们见面的机会就更多了。经两国政府商定,从1995年起,双方外交人员在对方医院看病不再互惠,而要照章收费。但越南国际医院对他们熟悉的中国大使馆同志,仍坚持不肯收费。一天晚上,我夫人的手被开水烫伤,我陪她去国际医院看急诊。从荷兰留学回国的值班医生段善香马上拿出一支法国进口的烫伤喷剂,给我夫人涂上,还让我们把整支药剂带回家。我问需缴费多少,她说先治病,缴费的事以后再说。等我们第二次去看病时,问段医生如何交费,她说烫伤治好了比什么都好,还缴什么钱?我们只好送给段医生一个小礼品,表示谢意。

这期间,国内有好几个高级代表团访问越南,先遣组都要求使馆为代表团成员准备氧气罐,以备急需。为此,我派使馆的干部去找国际医院的负责人罗进勇医生,请他帮助解决。每次他都慷慨同意我们把氧气罐搬到使馆,不需要办任何手续,也不收任何费用。

一次,我背上长的一个粉瘤化脓,本想到国际医院作一下理疗,或取点消炎药。但外科阿瑞医生坚持要给我做手术。我因毫无思想准备,便说想回使馆同夫人商量一下,下午再来。但阿瑞医生说粉瘤已经化脓,没有时间再商量。出于职业责任心,他坚持要立即给我做手术,我只好听从他的安排。这时有好几位其他科的医生也跑来,表示关心。

离任前在大使馆宴请河内国际医院的老朋友。

做手术时,为减少我的痛感,内科的阿川医生一直站在手术台旁,紧紧握着我的右手,直到手术结束。

不久,国际医院解散,一部分医生和护士转入规模更大的白梅医院。以后,我看病虽是去白梅医院,实际上还是去找原国际医院的老朋友罗进勇和杜玉簪医生。每年春节,我都要单独宴请这些老朋友一次,共叙友情。2000年7月我任满回国前夕,还专门在大使馆举行一次宴会,招待白梅医院副院长陶文祯教授和原国际医院的老朋友们。那天,我心情非常激动,席间站起来说,中国大使馆和我本人同国际医院的友情,可以追溯到1981年。国际医院的医生、护士们的敬业精神和对中国大使馆的友好情谊,给我留下了深刻印象。当年十几位医生和护士的名字,至今我都能记住,并且永远不会忘记。希望今后仍有机会同各位见面。那天我在使馆同各位越南医生、护士拍下不少合影照片,送给他们作为纪念。如今,每当翻开那些照片,看到那些熟悉的面容,自然又会想起那些难忘的往事。

几次别样的出差

在外交部地区司和驻外使馆工作，不乏出差机会。一般出差都与接待外宾有关，但也不尽然。我个人就曾有过几次别样的出差。

担任汽车押运员

大约在 1968 年初，外交部决定为我国驻苏联、罗马尼亚、朝鲜、越南等国大使配备国产红旗牌大轿车。那年冬天，我正好从驻越使馆回国休假，部里总务司供应处便让我和同在国内休假的驻越使馆工勤班的小孙一起，把车护送到使馆。所谓护送，实际就是押运。供应处的同志交代说，他们负责把轿车送到北京广安门货车站，用起重机把车固定在敞篷货车车厢上，我们两人就坐在轿车里，到广西南宁后把车卸下。届时使馆会派司机来接我们，司机再从南宁把车开到河内。供应处为我们准备了一些面包、炼乳和香肠，供沿途食用。同时强调说，由于货车是与客车编成一列，各车站停车时间长短不一，让我们利用停车的空隙，尽量争取到饭馆去吃些热饭，部里给实报实销。此外，还借给我们一个暖水瓶和每人一件棉大衣。

动身那天，我们到东总布胡同的一个库房去取车。小孙刚刚结婚，新娘也到车站送行。为了表示一点心意，我让新婚夫妇一起坐在轿车后排首长的座位上，我坐在前排副驾驶座上，就是通常首长警卫或秘书坐的位置。那时，这种红旗牌轿车只有高级首长才有资格乘坐，行驶在路上十分显眼和威风，各路口一律开绿灯。当我们经过西单十字路口时，警察一个劲地往车窗里看，想知道里面坐的是哪位首长。尽管没看清楚，但还是挺直了腰板给我们行了个大礼。

列车开动后，我和小孙每人各坐一排。累的时候还可以躺下，只是长度不够，不能把腿完全伸开。由于货车车厢距离客车车厢很远，每次停车时，既听不见广播，也看不见地名标志，根本不知道是哪个车站和停多长时间，自然也不敢下车，更不可能到饭馆去吃饭，否则列车开动后把我们甩下，后果不堪设想。结果，我们就靠供应处发给的面包、炼乳和香肠，走完了三天两夜的行程。每当停车时，我们最急于完成的两件事就是，找地方打开水和"方便"一下。当时正处于"文化大革命"高潮，尽管蜷缩在车里十分疲倦，我们两人还努力突出政治，坚持每天"早请示、晚汇报"，直到把"大红旗"押送到南宁。

内宾享受外宾接待

　　1974年秋，越南南方民族解放阵线领导人阮友寿在出访亚非国家后，经北京回国。为体现我国对越南抗美斗争的坚决支持，经请示中央，部领导决定对阮友寿一行给予高规格接待。按照接待计划，亚洲司一位副司长带领我和礼宾司一名干部前往新疆乌鲁木齐迎接。总的说来，任务完成得很顺利。新疆革委会主任赛福鼎同志出面宴请了客人，气氛热情友好。在乌鲁木齐，我们还利用中午的时间到百货公司看了看，想买点新疆特产。谁知那里的供应比北京更困难，买东西凭票证不说，即使有票证也不一定有货。只见货柜上用红绿彩纸贴着告示，上面写着"白糖红糖都没有"、"香皂肥皂都没有"，意在告诉人们不要白花费时间排队。

　　那时交通还很不发达。虽然部里派了三叉戟专机去接客人，但我们三人去新疆时则须乘坐班机，中途还要在兰州和哈密降落两次，而且要在兰州过夜。甘肃省外办对来自外交部的人极为热情。亚洲司副司长问他们都接待过哪些国家的外宾，外办负责人坦率地说还没有接待过任何外宾。于是他们便把我们三人当作"外宾"来接待。除了安排参观、宴请外，还请我们到体育场观看了一场杂技表演。一般说来，请客人在体育场主席台就座，规格已经很高了。但外办的同志感到那样规格还不够高，于是便在圆形的体育场里特意为我们摆放了一张长桌，上面铺有白桌布，放有茶杯。演员们就在我们身旁表演，让四周看台上的观众一边看表演，一边看我们，弄得我们三人站也不是，坐也不是，既尴尬又难受，就这样一分一秒地熬到了演出结束。尽管这样，我们还是非常感谢甘肃省外办的同志，是他们给了我们一次难忘的出差感受。

越南南方解放区之行

1974年6月，我作为外交部亚洲司翻译，随同我国驻越南南方共和临时革命政府大使王若杰前往越南南方解放区，出席该政府成立5周年庆祝活动。

越南南方共和临时革命政府成立于1969年6月。其成立完全是为了外交斗争的需要，旨在争取国际社会对越南抗美斗争更广泛的支持。实际上它并没有固定的驻地和办公处所，其主要官员也都是越南共产党的干部，一切活动均接受越南北方的领导。王若杰大使是从部队调来的老同志，1955年即被授予少将军衔，此前曾担任过驻也门大使。此时，虽身为特命全权大使，却实际无法赴任，又不能兼任其他职务，平时只好待在家里，只是偶尔到亚洲司看看文件，或参加一些与越南有关的外事活动。

1974年跟随王若杰大使（左2）参加在越南南方解放区举行的越南南方共和临时革命政府成立五周年庆祝大会。

1973 年，王大使曾去越南南方解放区出席过临时革命政府成立 4 周年的庆祝活动，这次是第二次。当时越南的抗美斗争仍十分激烈，南方解放区和敌占区犬牙交错。北方经过美国飞机近 10 年的狂轰滥炸，道路交通已被严重破坏，沿途遍布弹坑，美国飞机还会经常发动空袭。乘车前往南方解放区无疑是十分艰苦和危险的行程。但这些困难对身经百战的王大使来说算不了什么。我本人 60 年代在驻越使馆工作时，也曾为躲避美国飞机轰炸钻过无数次防空洞，而且年轻力壮，去一趟南方自然也不成问题。比较难办的是如何处理和对待同一道前往的苏联大使的关系。

当时承认越南南方共和临时革命政府的国家不过五六十个，因为条件艰苦，被邀请前往出席庆祝活动的大使没有几个。为体现中国和苏联两个社会主义大国对越南抗美斗争的强有力支持，越方同时邀请了中国和苏联大使。但当时中苏关系十分紧张，中方既不承认苏联是社会主义国家，更拒绝参加任何带有"社会主义阵营"色彩的联合活动。而在战争环境下，越方又没有能力分别安排中、苏大使单独前往。为避免尴尬场面的发生，冲淡"社会主义阵营"联合行动的色彩，越方又增请了缅甸和阿尔及利亚大使。

但中国同苏联毕竟还保持着外交关系，而且越方已增加邀请两个非社会主义国家大使同往，中方也就不好再提出反对意见了。但在整个行程中，我们始终注意体现鲜明的反修立场。王大使未同苏联大使说过一句话，未打过一个招呼。当时大使们乘坐的都是吉普车，但中方拒绝乘坐苏式"嘎斯 69"吉普车，越方只好临时找来一辆中国援助的北京吉普，供王大使乘坐。那时的北京吉普质量尚未过关，不仅外形不美观，喷漆不亮，而且弹性差，开起来颠簸厉害，特别是车门关不严，每开一段路，车门便会松动，自行打开。越方随行人员只好临时找来一根橡胶带，把车门绑上，外观很难看。就这样四辆吉普车编成一个车队行驶。尽管我们努力表现出不亢不卑，但由于我们的车在各方面都比较逊色，我感到内心有一种说不出的尴尬。

时隔 40 多年，我国的改革开放取得了举世瞩目的成就，受到了包括俄罗斯人在内的外国朋友的高度赞扬，中国也成了汽车生产大国，当年乘坐北京吉普的尴尬局面再也不会出现。

担任采购员

80年代初，由于中越关系高度紧张，两国间的水陆和空中交通全部中断。中国驻越使馆的工作人员只能绕道泰国曼谷。同时由于越南经济极度困难，市场物资奇缺，给外交使团提供的生活必需品根本无法满足需要，驻越使馆的后勤保障也遇到了很大问题。

在这种情况下，国内同意使馆到泰国曼谷采购肉类、鸡腿和鲜虾等宴会用物品和部分粮食，大约一个多月一次。这样的任务主要是由使馆办公室的同志承担。当时我在使馆任研究室主任。一次，使馆领导派我去曼谷同驻泰使馆研究室做些交流，顺便为使馆采购。驻泰使馆管理员老边同志非常热情地帮助我们。返回河内的当天，清晨5点多，他便起床，和我一起步行到附近的早市购买鸡腿、鲜虾等物品，然后按以往的做法，用出租三轮车把购买的东西运回使馆，放进厨房冰柜。这些物品几小时后便会冻成硬块，待下午我动身时再将它们装进信使用的帆布大外交邮袋，迅速赶往机场办理托运手续。曼谷至河内大约要飞一个多小时，下飞机后再快速把东西运回驻越使馆，装进我们的冰柜。

不巧的是，那天驻泰使馆的冰柜已经装满东西，没有多少空余的地方，我们采购的鸡腿等只得放在冰柜最上层。下午等到我动身时，发现采购的东西还没有冻硬，只好硬着头皮装进邮袋。曼谷常年高温，一般都在摄氏34—37度。待我们到达机场办理托运手续时，只见大邮袋里直往外流淌血水，弄得机场大厅满地皆是，场面十分狼狈。回到河内后，把邮袋打开，发现所有的东西都已变臭，只好挖坑掩埋了起来。我的采购任务就这样宣告失败。

迷人的"海上桂林"下龙湾

越南地处热带,旅游资源十分丰富,尤以自然景观更为吸引游客。随着中越关系的不断发展,我国国内前往旅游观光的人数也越来越多。

说到越南的旅游胜地,首屈一指的要属风光秀丽、素有"海上桂林"之称的下龙湾。下龙湾是坐落在北部湾西部靠近东经107度和北纬107度的一个半封闭的港湾,距首都河内150公里,面积约1553平方公里,分布有大小1969个露出水面的岛屿和山丘。其中风平浪静,海水清澈如镜的水面有562平方公里,有岛屿、山丘788个,最高的约200米,最矮的只有5-6米。它们的形状千姿百态,各有特色,显示出下龙湾既有雄伟的气势,又富于想象力和梦幻般的意境。说到下龙湾的名字,还有一段传说。相传很久很久以前,这里一直被神龙保佑,天下太平。一次,神龙带着一群儿女下凡来到人间。神龙母亲和儿女们被这里迷人的风光所吸引,遂决定留了下来。从此这里便称为下龙湾,意思是神龙下凡的地方。

如果游客在早晨8时从岸边的拜寨码头登上游艇,大约到中午11时,便能沿着传统线路,领略了下龙湾的主要景观。游艇在湾内缓缓行进,从不同的角度可以看到形态各异的岛屿和山丘。有的名为筷子山、香炉山、天鹅山,有的称为龟山、大象山、马鞍山,还有两座小山傲然对持,行同两只雄鸡,故名曰斗鸡山。游人可以凭借丰富的想象,发现它们独特的妙趣。有时游艇正在行驶,但见一座大山挡住了去路,及至行到山脚下,只觉豁然开朗,一片宽阔的海面又展现在眼前。这时你会切身感受到那种"山重水复"和"柳暗花明"的意境。如果是风和日丽,游人们可以登上游艇的甲板,你会突然感到心旷神怡,骤然间视野变得那样广阔。如果遇上蒙蒙细雨,游艇外一片雾色,也另有一番情趣。置身于这种充满神秘和梦幻色彩的意境中,不少游客即席赋诗,抒发内心的情怀。1964年7月,郭沫若同志访问越南期间,游览了下龙湾。郭老上船时,手持一把素色折扇,他在湾内边游边在折扇上写诗,等到下船时,折扇的两面已经密密麻麻地写满了诗句。由于下龙湾独特的地质地貌和奇妙的自然景色,1992年12月17日,联合国教科文组织世界遗产委员会在泰国普吉举行的第18次会议上,将下龙湾列为世界遗产。

作为下龙湾旅游景观的一部分,还有岸上的一系列钟乳石溶洞,如天宫洞、惊奇洞等等。洞内的地质构造同我国广西桂林的芦笛岩、七星岩十分相像。近几年,越南旅游部门从桂林请来了技术专家,对洞内的参观线路和灯光照明等进行精心设计和策划,现已对外开放,吸引了大批国内外游客。其中的惊奇洞,是在100多年前由一名法国探险家发现的。这名探险家深感洞内景色的惊奇,便在洞壁刻上了法文"惊奇"(Surpris)一词,惊奇洞因此得名,至今人们仍可清晰地看到刻在洞壁上的字迹。

在炎热的夏日,游完下龙湾,可以来到岸边的海滨浴场。这里,熙熙攘攘的人群尽情地在海水中嬉戏,还可以坐在五颜六色的阳伞下,品尝刚刚摘下的荔枝、芒果,当场打开一个个椰子,畅饮最鲜美和纯天然的椰汁。下龙湾的海滨浴场是越南北方最大和吸引游客最多的浴场。

几十年来,我到过下龙湾不下20多次。但每来一次,都感到十分新鲜和舒畅,丝毫没有厌倦和"老一套"的感觉。特别是越南实行革新开放政策以来,随着经济的发展,下龙湾的旅游环境和设施也在不断更新和完善。如今岸上的大小旅游饭店和旅馆越来越多。四星级的下龙饭店设备齐全,服务周到,是国内外重要代表团下榻的首选。而且几年前就已有了豪华游艇。同时,这里的旅游购物也颇为方便和丰富。下龙市的一条街有数十家商店出售各种具有越南特色的旅游纪念品,如木雕、玳瑁、磨漆画、贝壳镶嵌画、珊瑚石、煤晶石和牛角制品等等,任凭游客挑选,店铺直到深夜仍灯火通明。

还值得一提的是下龙湾的海鲜食品,由于是刚刚打捞上来,保证鲜活,味道自然也极为鲜美。我担任驻越大使期间,曾陪同尉健行、李铁映、曾庆红、王兆国、罗豪才等领导同志游览下龙湾,东道主都用上好的海产品来款待我们。2000年2月李铁映同志游览下龙湾时，看见有不少渔民划着小木船在追赶游艇，兜售他们刚刚打捞上来的海产品。船上摆着许多塑料盆，里面都是在水中浮游的活虾、活蟹和鱿鱼、墨斗鱼等，价格也比市场上便宜。渔民们出于谋生的需求，多少都能说些中国话，讨价还价的词汇更是运用自如。我让随同前往的使馆办公室的同志买了一些活虾，当场用游艇上的炉灶烹烧，请代表团同志和越方的陪同官员品尝。他们一致的评价是，无须添加任何调料，味道已鲜美至极。我相信即使在最高档的五星级饭店，甚至钓鱼台国宾馆，也难于吃到如此鲜活的海产品。

近几年来，国内到下龙湾旅游的人数急剧增多。我曾问过他们来自什么地方，有的说来自广西、湖南，有的说来自湖北，甚至有的说来自北方的河南。随着中越两国旅游业的发展，中国游客到下龙湾旅游更加方便。由于中国和越南旅行社已建立了密切的合作关系，中国游客只需在云南、广西的中越边境口岸办理"旅游通行证"，便可获准进入越南，并根据个人愿望在越南逗留多日。例如从广西友谊关出发的谅山—河内—海防—下龙湾—谅山五日游，第一天从谅山乘汽车，于午后2时抵达河内，在三星级饭店下榻。第二天参观河内文庙、胡志明陵墓、镇国寺、军事博物馆，游览西湖。第三天前往海防市，参观著名的"铁市场"、娱乐园，游览三泊湖。第四天前往游览下龙湾海上风光和天宫洞、惊奇洞，在游艇上用午餐。午后在海滩游泳和参观下龙市容。第五天清晨乘车返回友谊关。全部费用约1150元至1250元人民币。

我问过外交部的信使同志对下龙湾有何印象。他们说，由于工作关系，信使们大都到过100多个国家，但从未见过下龙湾这样的海上自然景观。这从侧面又验证了那句话：到越南不到下龙湾，等于没到越南。

河内的文庙——国子监

长期以来,外国特别是亚洲国家领导人或高级代表团访问越南,在首都河内都有一项必不可少的日程安排,那就是参观文庙—国子监。

文庙是公元 1070 年由越南李朝皇帝圣宗下令,在当时的京城升龙(即今河内)修建的,用以供奉周公和孔子。1076 年,李仁宗又在文庙旁边修建国子监,起初只供皇亲国戚的子孙们前来读书,后来逐渐扩大招生范围,也接受百姓的子弟就读。文庙—国子监是越南的第一所高等学府。1482 年,黎朝皇帝圣宗决定在文庙内竖立石碑,记录下从 1442 年以后考中的进士名单。

从中国大使馆步行,只需 10 多分钟便可到达文庙。它坐北朝南,占地 26000 平方米。进门处有一幅用汉字刻成的对联:

赢寰中教目吾道最先万宇舟车同起敬
全境内文祠此地为首千秋芹藻尚留芳

文庙进深约 100 多米。走进大门,经过大中门、奎文阁和大成门,便来到了正殿,即文庙的主体部分。正殿上方高悬着康熙皇帝御笔题写的匾额"万世师表"。殿内正中供奉着孔子的塑像,两侧分别是颜回、曾子、子思和孟子的塑像。这些塑像前都放有香炉,供游人上香参拜,终年香火不断。奎文阁和大成门之间的院子里,共排列着 82 块刻有历届进士姓名的石碑,底座都是昂首的石龟,象征着儒学文化的久远和永恒。

每逢春节,河内市文化局都要在文庙举行隆重的祭孔典礼和书画展、象棋比赛以及斗鸡等传统文化活动,吸引了大量游人。我担任驻越大使期间,曾陪同乔石、李瑞环、尉健行等领导同志参观文庙。事先为乔石和李瑞环同志访问做准备的先遣组表示,按照中国的习惯，领导同志到各地视察，都不在庙宇烧香。大使馆就此同越方接待官员商量，对方表示尊重中方意见，但现场也做好两手准备。结果，两位领导同志在文庙正殿，都非常高兴地为孔子塑像上了香。其实，在文庙上香已没有什么迷信色彩，只是体现了后人对参拜对象的崇敬和纪念。

在离开文庙前，还有一个项目，就是观看小型文艺表演。正殿内有一个身着民族服装的小型演出队，在现场为重要的来客表演具有浓郁民族色彩的歌曲和器乐，内容多是描写青年男女的爱情。表演的时间可长可短，到高潮时，女演员便亲自将手中的道具斗笠戴在客人的头上。1998年9月我陪同尉健行同志观看表演时，两名女演员便将斗笠分别戴在了尉健行同志和中联部部长戴秉国同志的头上，随行记者拍下了这个镜头，至今我仍珍藏着这张照片，作为纪念。

1998年9月，中共中央政治局常委、中央纪委书记尉健行（右4）访越期间曾到文庙参观，并观看了小型文艺表演。热情的女演员把独具民族特色的道具斗笠戴在尉健行和中联部部长戴秉国（左3）头上。

为了接待众多的中国游客，文庙专门配备了两位通晓中文的解说员。他们对孔子和儒教都有较深的研究，可以根据不同的参观对象用中文直接讲解，甚至进行更深入的探讨。

不少同志问我，越南为何如此推崇孔子。其实，中国和越南的文化渊源有许多相近之处，儒教对越南的影响颇为可观。远的不说，越南的胡志明主席就曾高度评价孔子和儒教。早在二十世纪初，胡主席就称颂孔子为"伟大的孔子"、"超人"、"众圣哲之首"。他说："孔教并非宗教，而是关于道德和处世经验的科学"，"孔子学说的精华在于个人的道德修养"。而孔子这种修养对"谋求人类幸福和社会福利"是十分重要的。胡志明主席尤其强调孔子"以民为本"的思想，至今越南共产党的多种文件仍在反复强调要"以民为本"。胡志明还认为孟子发展了孔子"以民为本"的思想，提出"民为贵，社稷次之，君为轻"。

越南著名学者阮克援认为："用马克思主义来分析社会，确定革命路线则无与伦比，但马克思主义对道德的论述却没有儒教这样突出和具体。"另一位著名学者陈文西说："马列主义谈论政治、经济问题十分尖锐、透彻，但谈论人和人的道德建设问题却不够充分。"用现在的话说，在越南人看来，马列主义是关于闹革命的科学，而革命后进行精神文明建设、完善人的道德修养，则仍要吸收儒学的传统和精华。这也许就是为什么直到今天越南仍如此重视儒学和尊崇孔子的重要原因。

第九章

离 任

大约在 2000 年 5 月中旬，外交部通知我在适当的时候安排辞行拜会，于 7 月上旬离任回国。我计算一下，还有一个半月的时间。这期间，一方面抓紧时间写好我的《离任报告》，同时请大使馆办公室安排向越南党政领导人和各部门辞行拜会。越南朋友得知我将离任的消息，都争取在回国前同我见上一面。那一段时间，日程一个接一个，相当紧张。

辞行拜会

在一个多月内，我先后拜会了越共总书记黎可漂、国家主席陈德良、政府总理潘文凯、国会主席农德孟和越共政治局委员陈庭欢、张晋创。有些同志把我辞行拜会同对方的饯行结合了起来，这样的活动前后共安排了 19 场，主人是：越共中央政治局委员阮德平、政治局委员兼公安部部长黎明香、副总理阮功丹夫妇、外交部部长阮怡年夫妇、越共中央对外部长阮文山、越南社科人文中心主任阮维贵、司法部长阮庭禄、工业部长邓武诸夫妇、计划投资部部长陈春价、文化部长阮科恬、监察总署总监谢友青、越南通讯社社长胡进毅、《人民报》

与越南国会主席农德孟在中国大使馆合影。

第九章 离　任

越南妇联主席何氏洁为我和夫人饯行。

总编兼越南记协主席洪荣、越南妇联主席何氏洁、友联主席武春洪、河内市委副书记陈文俊、河内市友联主席范利、国家政治学院河内分院院长阮菊、中国研究中心主任杜进森。此外，提出为我饯行而没时间安排的还有贸易部长武宽、越共中央财管部部长朱文易、越共中央科教部副部长范明鹤。

在这样的场合，话题几乎不约而同。首先是为几年来中越关系的顺利发展感到高兴；接着是对我的工作给予肯定，希望保持经常联系。不少同志很动感情。前面已经提到，黎可漂总书记说，希望我常来常往，我在大使的岗位上，他可以见我，我不在大使的岗位上，他照样可以见我。政治局委员张晋创说，此时此刻他不知应如何表达他的内心感受："想挽留你，挽留不住，为你送行，又不愿让你走出这个房间。"计划投资部部长陈春价表示，他过去对同中国进行经济合作确实不够热心，今后将"努力改正"，分手时还同我紧紧拥抱。公安部部长黎明香早就提出要为我饯行，由于日程已排满，大使馆表示有些困难，但黎部长仍坚持要请，结果安排在我动身前一天的中午。由于过去同黎部长有过不少接触，起立祝酒时他说："我俩是同龄人，今天请允许我称呼你为李哥"。《人民报》总编洪荣宴请时，我说，离任前我打算写一篇告别河内的文章,不知《人民报》会不会采用。洪荣马上表示,一定全文照登,而且要登在头版。果然,我的文章《再见,首都河内》在离任回国的前一天登在了《人民报》的第一版。这期间,我还在五星级的大宇饭店举行了一次数百人规模的告别招待会,到会的副部长以上官员达25人。大使馆事先同越南外交部礼宾司商定,招待会只有一项议程,即由我做一个简短告别讲话,但在场的部长们在我讲话后,临时推举越南工商会会长、前部长会议副主席段维诚代表越南客人上台致答词,之后同我热烈拥抱。

离任前举行向外交使团告别招待会。

我向越共中央经济部长张晋创辞行时,他动情地说:此时此刻不知该怎样表达自己的心情,想要挽留你,挽留不住,要说为你送行,又不愿让你走出这个房间。

第九章　离　任

越南党报《人民报》总编洪荣为我饯行时，我说我想写一篇告别河内的文章，不知《人民报》会不会采用。洪荣当即表示一定会照登，而且会登在头版。果然，在我离开河内的前一天，《人民报》把我的文章登在了第一版。

授勋

　　6月9日上午，外交部部长阮怡年举行仪式，代表陈德良主席授予我友谊勋章。仪式在位于市中心的政府宾馆举行，我国多位领导人访问越南时，都曾在这里下榻。越方出席的有主席府办公厅副主任阮文碧、越共中央对外部常务副部长范文章、越中友协副主席丁儒廉、政府办公厅代表黎孟俊和外交部第一亚洲司司长黄入理、新闻司长潘翠青、条法司长阮伯山、礼宾司长丁春留。我夫人和大使馆的主要外交官也应邀出席。阮怡年部长发表了热情洋溢的讲话。他在用很大篇幅评价我的工作后说："我们热烈祝贺李家忠同志在越南工作期间出色地完成了任务，被授予友谊勋章。这是越南向曾为促进各国人民同越南人民的友谊与合作做出重大贡献的外国各单位和个人授予的国家级的崇高称号。""李家忠同志即将结束在越南的工作任期，但我们相信，不管在任何岗位上，李家忠同志都将继续为培育我们两国的友

243

好合作关系做出积极贡献。"我也相应发表了讲话,对陈德良主席授予我友谊勋章表示感谢,还说这不仅是我个人的光荣,也是我们大使馆所有同志的光荣,退休后仍要为增进中越友谊做出我的努力。接着,阮怡年部长亲自把友谊勋章佩戴在我胸前,并向我颁发证书。现场还有专人拍照。

越南外长阮怡年代表国家主席陈德良授予我友谊勋章和证书。

授勋仪式上中越双方官员合影。

第九章 离 任

越南文化部长阮科恬在河内大戏院会客厅举行仪式，授予我"文化战士"荣誉徽章。

离任前我和夫人在河内大戏院前留影。

之后，胡志明共产主义青年团第一书记武重金举行仪式，授予我"为了年轻一代"徽章。教育部长阮明显举行仪式，授予我"为了教育事业"徽章。文化部长阮科恬举行仪式，授予我"文化战士"徽章。60年代初，我曾在河内综合大学，即后来的国家大学学习过一年，但

越南胡志明共青团中央书记武重金授予我"为了年轻一代"徽章。

越南教育部长陈明显举行仪式，授予我"为了教育事业"徽章。

第九章 离任

河内国家大学为我举行毕业典礼。左3为校长阮文道,左2为越南友好组织联合会(友协)主席武洪福。

毕业典礼结束后与河内国家大学部分师生合影。

学校领导在我动身前，未经过任何考试，特意为我一个人举行了毕业典礼。会场布置得庄严隆重，还演奏了中越两国国歌。我在讲话中感谢母校对我的培养。阮文道校长也发表了热情洋溢的讲话，还风趣地说，李家忠大使虽未经过毕业考试，但他方才的讲话充分表明，他的越语早已达到了毕业水平。

拍照留念

虽说我在越南工作了很长时间，也陪同国内代表团去过不少旅游胜地和风景区，但都因工作在身，顾不上仔细观赏，更没有想到要拍照留念。眼看回国的日期逐渐临近，我和夫人请大使馆文化处的年轻人彭世团为我们补上了这一缺憾。他既开车又照相，连续两天，每天清早 6 点出发，上班前返回，在河内有纪念意义的地方拍了不少照片。诸如河内大戏院、主席府、外交部、还剑湖、龙边大桥、政府宾馆、胜利饭店、巴亭广场、玉山祠等。这些地方，过去都曾去过多次，但

龙边大桥是抗美战争期间河内市横跨红河的唯一桥梁，美国飞机曾多次将其炸毁，中国援越部队和越南工程兵又多次将其修复，以确保南北交通的通畅。我曾无数次从大桥上通过，离任前特意前来拍照留念。

此时此刻却有着和以往不同的感受。被人们称为"河内王府井"的钱场街，从60年代初做留学生的时候就骑自行车来往于这条街道，对它可以说再熟悉不过了，现在却情不自禁地想停下来多看上一眼。毕竟在河内学习工作了十八年。

我默默地说：再见了，蓝天，白云，凤凰树！再见了，河内！

离任报告

离开河内前，我争取时间写完了《离任报告》。其中写道："几十年来，我在外交部党组织的培养教育下，不断有所进步提高。我珍惜自己的共产党员称号，努力做得像个党员的样子。周总理说过，外交队伍是文装的解放军。我对自己别无他求，几十年来努力的目标就是要在这个文装解放军中当一名合格的战士。如今我虽已64岁，即将退休，但我将时刻勉励自己，永远珍惜共产党员的光荣称号，不管走到哪里，都要做得像个共产党员的样子。"

这是我近40年外交生涯中的最后一份调研报告。唐家璇外长看后做了如下批示："这份报告写得扎实，反映了实际情况，工作建议切中要害，很有参考价值，且篇幅不长，空话很少，值得推荐。"外交部遂将唐部长的批示通报了所有驻外使领馆，并附上一段按语："李家忠大使在即将离任退休之际，仍本着对我国外交事业高度负责的精神实事求是地评估越南形势及中越关系实际情况，对发展中越双边关系提出了中肯的建议，这种精神值得全体驻外使节学习发扬。"据我所知，外交部对于驻外使领馆发回的调研报告和提出的工作建议，从不提出反馈意见，即使提错了建议，也不批评。这次唐部长对我的《离任报告》做出批示，纯属偶然的机会，但对我来说却非同小可，这是白纸黑字写下的评语，可以认为是组织上从一个侧面对我工作的认可与肯定，当然更是莫大的鼓舞，将鞭策我退休后仍要继续严格要求自己，永远做得像个共产党员的样子。

第十章

退休生活

自 2000 年 7 月，我结束了 4 年半的中国驻越南大使任期，离开河内回国，至今已有 17 个年头。总的说来，这些年退休生活过得很充实，有意义，还做了一些力所能及的事情。回想起来，有些事还值得一提。

退休初期的活动

由于刚刚退休，同越南的不少部门和官员都还比较熟悉，因此外交部还不时交给一些任务。2000 年 11 月，我参加了由中共中央政治局委员、社科院院长李铁映率领的中国理论工作者代表团到河内，出席了两国理论研讨会。同年，越南副外长黎功奉访华期间，我曾陪同他到辽宁省大连市参观游览。2001 年 4 月，我代表外交部参加了昆明国际旅游节。6 月参加了在山东省烟台市举行的亚太经合组织（APEC）投资博览会。11 月又应越南社会科学人文中心所属中国研究中心的邀请，前往越南谅山省出席了纪念中越关系正常化 10 周年研讨会。2002 年 3 月，我还应约专程到昆明，为云南省外办举办的中越边界勘界立碑培训班介绍越南形势和中越关系。之后还为海南省外办做了关于中越关系的报告。

那几年，我仍和不少越南朋友保持着联系。越南友好组织联合会主席武春洪和胡志明市外办副主任武盛分别率团访华时，我们都曾一起聚会过。越南外长阮怡年、计划投资部副部长武洪福和财政部女副部长黎氏冰心访华时，都特意给我打电话，表示问候。一些访华的越南同志，如越南之声广播电台副台长潘文儒、国际部主任黄明月、中国研究中心的杜进森、阮辉贵、阮明嫦、越中友协秘书长武高潘等，都曾到我家做客。老朋友见面，显得格外亲热。见到他们，我自然又回忆起在越南的那些难忘的日日夜夜，和那些给了我许多帮助的越南朋友们。

在北京，越南驻华使馆每年都请我和夫人出席越南国庆招待会和中越建交日招待会。越南驻华大使裴洪福和夫人曾五次到我家做客。裴大使早年曾在北大东语系学习阿拉伯语，和我是多年的老朋友。裴大使离任回国时，我和夫人商量要送给他一份有纪念意义的礼物。最后决定请北京的一家印刷厂特制了一本2003年的挂历，其中每一张都印有我和裴大使的合影照片。2003年，越南新任驻华大使陈文律抵京，他原是越共中央思想文化部（中宣部）副部长。我以前和他不熟悉，但第一次见面就像相知多年的老朋友一样。他说已看到我在报刊、杂志上发表的文章，希望我写得更多，并把每篇都寄给他。2003年7月，陈大使和夫人专门在大使馆宴请我和夫人。一次陈大使到家里来看我，不巧我不在家。他以为我会很快回来，便站在我家门口等候，一直等了一个小时。我接到电话，说会马上赶回家。陈大使则说不要着急，让我路上注意安全。见面后彼此又畅谈了一个多小时。我记得陈大使在北京任职期间，到我家来过5次。

2003年7月，我有机会到河内出差。除完成工作任务外，还有幸见到一些老朋友。根据我的意愿，齐建国大使出面宴请了胡志明博物馆馆长阮氏情、原馆长瞿文烁、原副馆长阮辉欢和越南社科人文中心下属的中国研究中心主任杜近森、原主任阮辉贵。这是我和他们分别三年后的难得聚会。在河内期间，上海外经公司驻河内代表张富林还在河内大酒店安排饭局，让我有机会见到了越南前副总理阮功丹和越南前驻华大使裴鸿福。老朋友重逢，问长问短，无话不谈，显得格外亲热。我还要特别感谢阮辉欢同志。他不顾天气炎热，亲自陪我到各书店选购了不少新书，这是我此次去河内的又一收获。

2003年10月，越南政府常务副总理阮晋勇访华，我有机会出席了在人民大会堂举行的欢迎宴会，见到了越南交通运输部部长陶庭平、财政部副部长黎氏冰心、友好组织联合会主席武春洪、外交部礼宾司司长吴太洋、越南前驻香港总领事阮庭榜等老朋友。大家见面时热烈握手、拥抱，情景感人。

此外，退休之初我还参加了外交部老年大学的健身操班，2001年7月纪念中国共产党成立80周年时，我们还在外交部的联欢会上表演了健身操。十多年来，我和老伴还曾到公园学打太极拳，到张家界和港澳旅游，去芝加哥和堪培拉探亲。我和老伴还参加了外交部老外交官合唱团，每周都有半天时间在歌声中度过。如今我已80岁，看到

退休后我和老伴在公园晨练。

国家一天比一天强盛,内心无比振奋。我会永远珍惜共产党员的称号,继续做些力所能及的工作,知足常乐,和老伴一起安度晚年。

看望恩师季羡林教授

1958年秋,我进入北大东语系,开始学习越南语。那时47岁的季羡林教授是我们的系主任。同学们对授课的教授、副教授、讲师都统称老师,但不知何故,所有人对季羡林教授都一律称呼"季先生"。这个称呼一直延续了多年。季先生没有给我们上过课,留给我们的印象就是他和蔼的笑容、谦和的举止和季先生自喻"国内外不变、季节变化不变"的"卡其布中山装"。

若干年后,社会上曾流传过季先生为入学新生看管行李的故事。说是北大开学当天,一位刚入学的新生背着行李要去饭厅吃饭。路上看见一名身穿蓝色卡其布中山装的老头,以为是学校里的勤杂工,便毫不客气地提出请这位"勤杂工"替他看管一下行李。"勤杂工"爽快地答应了。等这位同学吃完饭,见"勤杂工"仍一动不动地站在那里替他看管行李。第二天开学典礼时,那位新生看见昨天替他看管行李的"勤杂工"竟坐在主席台上,原来那就是副校长季羡林。

离开北大进入外交部,一晃多年再未见到过季先生,只知道他在"文革"中遭了不少罪。打倒"四人帮"后,季先生走出牛棚,焕发了青春。1986年秋,北大东语系为季先生执教40周年举行庆祝活动,我再次见到季先生。那年他已75岁,看去身体硬朗,精神抖擞,笑容还是那么和蔼,举止还是那么谦和。他对在场师生说,我不敢夸口,但估计再活10年不成问题。话音未落,全场响起一片掌声。

此时人们不再称季羡林教授为"季先生",而称为季老。在那以后的十多年中,季老不分昼夜,潜心写作,决心把"文革"中被荒废的时间夺回来。老人以惊人的毅力先后完成了好几部巨作,被誉为国学大师。在接受媒体采访时,季老说,他的写作高潮是在80岁以后。

季老在93岁时说:"我现在既向后看,回忆过去的90年,也向前看,看到的不是八宝山,而是活过100岁。上海的巴金长我7岁,北京的臧克家长我6岁。他们的健在给了我信心,给了我勇气,也给了我灵感。我想同他们竞赛,我们都会活过100岁。"

一直想去看望季老。2008年国庆前夕,我们学习朝鲜、印尼、印地、越南语的五位年过七旬的老校友,在北大张保胜教授的帮助下,获准前去看望季老。此时,季老已住在解放军301医院,而且不轻易会客。事先杨秘书与我们约法三章:见面时不握手、座位离季老不要太近、谈话不超过20分钟。我们一一答应,并保证为了老人的健康,只表示敬意和问候,不当面请教任何问题。

走进宽敞明亮的病房,只见季老端坐在一张书桌前,面色红润,精神矍铄。老人见到当年的学生,格外高兴。在谈到健康状况时,季老说他身体还行,内脏各部件没有问题,脑子不糊涂。今年97岁,再活3年到100岁,不在话下。过去说"人生七十古来稀",但你们都能活到120岁。说得大家都笑了。季老接着说,只是腿不能站起来,牙齿掉了不少,只剩下中间一颗,是"中流砥柱",还能吃花生米和铁蚕豆。

说到这里，季老突然问在座的学生张庭延："我给你捎去的花生米收到了吗？"张庭延连忙答称："收到了，收到了。"原来十几年前，张庭延担任驻韩国大使时，季老曾去韩国访问。张大使和夫人谭静在官邸宴请季老，把自家的花生米拿出来请老师品尝。季老得知张大使喜欢吃花生米，便说回国后托人再给他带些花生米。不久，张大使便收到了季老送给的一大包花生米。时隔这么多年，季老仍清楚地记得花生米的事，大家都感叹季老惊人的记忆力。

谈话中，季老嘱咐我们说，搞外交要一专多能，对中国历史、外国历史都要有所了解，不然在外交场合就会冷场，显得干巴巴，甚至会闹出笑话。曾有人谈到李时珍的《本草纲目》时说："李时珍同志来了吗？"杨秘书告诉我们，季老虽年事已高，但每天时间仍排得满满的，而且十分关心国家和世界大事。就连《参考消息》，几乎每天都要从头到尾给他老人家读一遍。

不觉间谈话进行了40分钟。我们谁都不愿离开，但为了老人家的健康，只好告辞。我们五个学生祝愿恩师健康长寿，并与恩师合影留念。整个谈话自始至终贯穿着一种乐观向上和不服老的精神。给我印象最深的就是季老深信，他活到一百岁"不在话下"。

季老的一生是我们学习的榜样。他毕生严谨治学、勤奋、谦逊和晚年不服老的精神将激励我们更加珍惜退休后的宝贵时光，不安于现状，努力做到老有所为。我想，这就是我们对恩师最好的纪念。

加入外交笔会

2000年秋，我加入了外交部外交笔会。这是外交部一些写作爱好者于1993年自发成立的组织，宗旨是鼓励和推动会员撰写以外交和国际事务为题材的作品，讴歌中国外交的辉煌成就，弘扬中国外交的优良传统，深入介绍中国的外交政策，为中国的外交事业服务。最初由李同成（前驻捷克使馆参赞）、王嵎生（前驻哥伦比亚大使）、金伯雄（前驻尼日利亚大使）、徐明远（前驻斐济大使）等同志发起。

首任会长是前副外长符浩，第二、三任会长是前副外长王殊，第四任会长是前驻法国大使蔡方柏，现任会长是前驻英国大使马振岗。笔会目前已有会员250多人，出版的图书达200多册，7000多万字。

加入外交笔会后，见到了许多熟悉的同事和朋友。在他们的鼓励和带动下，我参加了部分笔会的工作，担任过第二、三届副会长，还曾一度作为笔会图书审读小组成员，目前为笔会顾问。

受笔会内写作气氛的感染，我也开始给《百年潮》《党史纵横》《党史博览》《湘潮》《东南亚纵横》等刊物撰写文章，并出版了四本书，即《胡志明传奇的一生》（世界知识出版社出版）、《越南国父胡志明》（译作，世界知识出版社出版）、回忆录《从未名湖到还剑湖》（四川人民出版社出版）、《印支外交亲历》（上海辞书出版社出版）。还与越南朋友傅天放合作翻译了一位越战女医生的遗作《邓垂簪日记》（华文出版社出版）。

我还被外交部老干局评为"老有所为先进个人"。2011年9月，中国翻译协会授予我"资深翻译家荣誉证书"。

2005年，我被外交部老干局评为"老有所为先进个人"。

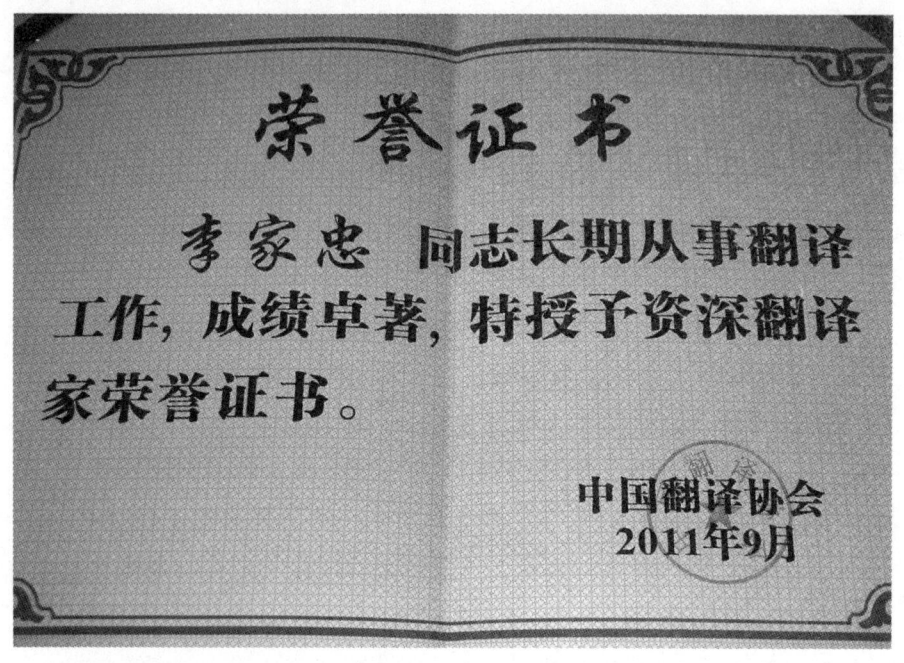

2011年被中国翻译协会授予资深翻译家证书。

一次难忘的座谈会

2011年12月，时为国家副主席的习近平同志对越南和泰国进行正式访问。临行前，习副主席看了外交部上呈的有关材料后提出，希望安排时间和几位前驻越南和泰国的大使座谈一次。外交部遵照习副主席指示，请了三位前驻越南大使和三位前驻泰国大使前去座谈。我作为三位前驻越南大使之一，也参加了这次座谈。

12月3日下午，我们六人在外交部集合，由部党委书记、副部长张志军带队，乘一辆面包车前往中南海。退休前，由于工作关系，我曾有机会陪同外宾去过中南海。这次去的地方是一间会议室，里面有一条长桌，每个座位前都摆有一个文件夹，里面有几张白纸和一支铅笔，每两个人之间有一个暖水瓶。在场的还有外交部亚洲司和新闻司司长。

不一会儿，习副主席身穿一件黑色夹克和黑色布鞋走进会议室，在长桌的一头就座。他面前摆有出席座谈会人员的名单。习副主席说，今天请几位大使来开个座谈会。过几天我要去越南、泰国访问。时间不太长，但这是一次很重要的访问，特别是在当前时期。为了把情况了解得更全面、深入，请大家说说对越南、对泰国的认识和工作建议。

事先外交部已和我们打了招呼。要求先谈越南，再谈泰国；较后离任的大使先谈，每人15分钟；其他大使接着谈，每人10分钟；希望大家在有限的时间内把最想说的话讲出来。习副主席边听大家发言，边认真做笔记，并不时插话提些问题。有的大使讲超了时间，亚洲司司长便会悄悄递上一张小纸条，予以提醒。但习副主席完全没有在意，一直在专注地做记录。

鉴于当时某些越南领导人因南海问题发表了一些对中国很强硬的言论，我发言时着重说了一个意思，即越南领导层并不是铁板一块。我以亲身经历说明，20世纪90年代我在越南接触的几位越共总书记

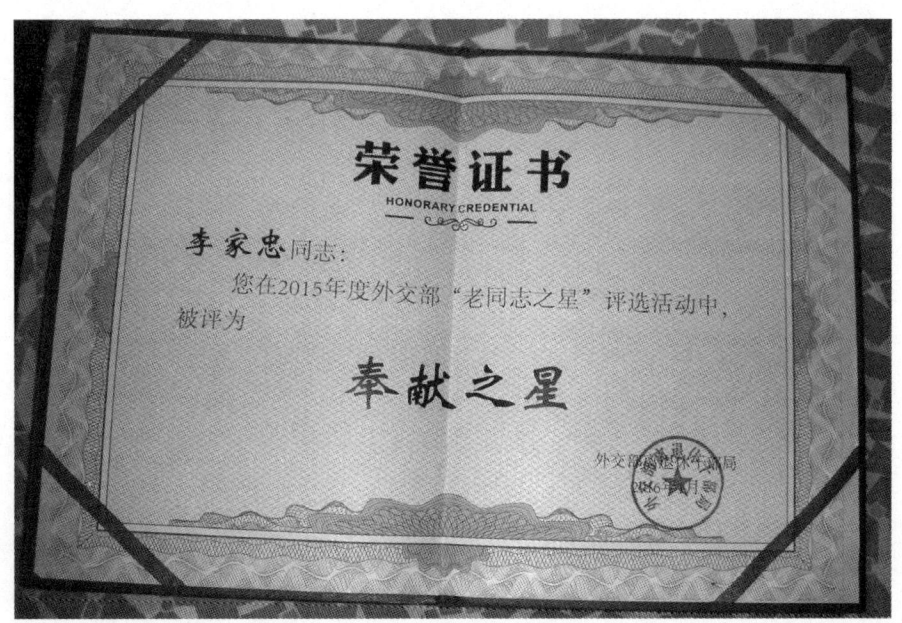

2016年被外交部老干局评为"奉献之星"。

都比较重视对华关系，那期间两国关系就比较顺利。结论是，我们应对越南领导层多做工作。我发言后，习副主席说，如何做越南领导人的工作，值得好好研究。

大家发言结束后，习副主席说，几位同志都讲了，看来给每位同志半天时间都不够。大家说得很有帮助，比我看好几本书都管用。而且大家说的都是亲身感受，是深入研究的成果，对今后研究越南、泰国国情，对搞好周边关系很有参考价值。会后我要和代表团成员好好消化。有些意见可以作为今后思考的课题。希望大家继续发挥作用。外交部也要考虑发挥资深外交官的作用。习副主席还说，中越关系是东南亚形势的关键，障碍在南海问题。接下来要深入研究南海问题。与泰国关系也是周边外交的重要方向。习副主席对大家表示感谢，说以后还可以继续探讨，当面谈或通过书信都可以。

附录一
相关参考文件

胡志明在河内机场对刘少奇访越的欢迎词

(1963年5月10日)

敬爱的中华人民共和国主席、中国共产党中央副主席刘少奇同志,敬爱的陈毅副总理同志,亲爱的同志们,朋友们:

长久以来,我国人民就期盼刘主席前来越南访问。今天,我们能够欢迎主席同志和各位同志,内心感到无比兴奋,真是:

如今方知晓,

心已早相悉。

我谨代表越南人民、越南劳动党和越南民主共和国政府热烈欢迎敬爱的主席同志——伟大的中国人民、中国共产党的一位领袖、国际共运中杰出的战士,热烈欢迎陈毅副总理同志和代表团的同志们。

我们无比喜悦地欢迎刘主席和各位同志,这是因为:

越中情谊深,

同志加兄弟。

敬爱的主席同志:

越南人民对兄弟的中国人民在以敬爱的毛泽东同志为首的中国共产党领导下在各方面取得的巨大胜利感到十分高兴。我们越南人民怀着真挚和深切崇敬的心情来欢迎主席同志,因为您是伟大的中华人民共和国的一位领导人,又是毕生为马列主义奋斗,为工人阶级、劳动人民、各被压迫民族做出了巨大贡献的战士。您同时是越南人民十分敬爱的朋友。

我坚信,主席同志和各位同志此次访问必将进一步密切我们两国人民之间和兄弟的各社会主义国家之间的紧密团结,为保卫东南亚和世界和平做出巨大贡献。

我坚信,同志们访越期间将给在北方建设社会主义和为和平统一祖国而斗争的越南人民带来新的鼓舞。

我真诚祝愿刘主席同志、陈毅副总理同志和代表团的同志们身体健康，访越期间就像在家里一样心情愉快、舒畅。

欢迎越南人民的亲密朋友刘少奇主席！

欢迎代表团的同志们！

伟大的中华人民共和国万岁！

光荣的中国共产共产党万岁！

越中牢固团结万岁！

社会主义各国和国际共运的伟大团结万岁！

世界和平万岁！

胡志明在欢迎刘少奇宴会上的讲话

(1963年5月10日)

敬爱的中华人民共和国主席、中国共产党中央副主席刘少奇同志，

敬爱的陈毅副总理同志，

亲爱的同志们，朋友们：

今天，越南人民、越南劳动党、国会、政府和祖国阵线为能够像接待自己的兄弟和最亲近的同志那样来接待刘主席和各位同志，感到十分高兴。

各位同志前来越南访问，给我们全国人民带来了六亿五千万兄弟的中国人民亲密的团结情谊。我们对刘主席和各位同志表示热烈欢迎。

刘主席和各位同志的来访，使我们两国、两党亲密情谊更加亲密。越南人民为有中国人民和中国共产党这样的伟大兄弟和战友感到无比高兴和自豪。

继伟大的十月革命之后，中国革命对我们越南革命产生了十分巨大的影响。中国无比英勇的斗争和极其辉煌的胜利鼓舞着越南革命者高举马列主义旗帜，团结人民，赶走帝国主义，争取抗战胜利，进而解放国家，争取独立自由。

中国人民在以毛泽东同志为首的中国共产党正确领导下的伟大社会社会主义建设，为我们越南人民和已经获得解放的各民族树立了光辉榜样。中国人民为反对美帝国主义及其走狗所进行的持久和英勇的斗争，鼓舞我国人民继续为和平统一祖国而进行神圣的斗争。在每次革命斗争中，我们越南人民、越南劳动党都始终得到中国的热情支持和帮助。

趁此机会，我谨向中国人民、中国共产党和中国政府表达越南人民、越南劳动党和越南政府的感谢。

敬爱的刘主席同志，同志们，朋友们：

越南人民对兄弟的中国人民在社会主义建设中取得的伟大成就感到无比高兴。我们把你们的辉煌胜利看作是自己的胜利。你们的经验对越南革命是极其宝贵的帮助。遵照中国共产党的总路线，兄弟的中国人民，包括工人、人民公社社员、脑力劳动者、各民族的各阶层人民团结一心，努力克服一切艰难险阻，仅用了10年时间便迅速地把中国建设成为一个享有幸福自由生活的社会主义强国。

兄弟的中国人民坚强的革命意志、英勇奋斗的精神、艰苦朴素和勤俭建国的作风都值得越南人民学习。可以肯定，兄弟的中国人民在中国共产党领导下，必将克服各种障碍，成功地建设社会主义，从而进一步壮大社会主义阵营和全世界革命运动的力量。

越南人民和越南政府热烈欢迎中国政府和中国人民为反对帝国主义的斗争事业、争取和平、民族独立、民主和社会主义的斗争所做出的巨大贡献。现在，中华人民共和国凭借自己的巨大影响，一定会在各重要的国际组织中占据应有的地位。

越南人民完全支持中国人民解放自己的部分领土台湾的斗争和要求恢复中华人民共和国在联合国合法席位的立场。

越南人民和政府赞同中国和平解决中印边界问题的正义立场和充满诚意的举措，希望中印边界问题得到符合两国人民悠久友好关系的解决，有利于亚非团结和保卫世界和平。

我们热烈祝贺刘主席和各位同志对东南亚一些国家的访问取得圆满成功，从而进一步增进了本地区的团结，进一步巩固了世界和平。

尊敬的主席同志，同志们，朋友们：

刘主席前来访问越南，正值我国人民为实现新的任务而努力奋斗。

在北方，我们基本上完成了社会主义改造，结束了人剥削人的制度。当前，我国北方人民正为实现第一个五年计划和建设社会主义而开展热火朝天的竞赛。由于经济和文化上取得了初步胜利，我国人民的物质和文化生活在逐步改善，北方日益成为和平统一祖国事业的坚强基地。

在我国南方，9年来，美帝国主义及其走狗吴庭艳没有一天停止过扫荡、恐怖和建立"战略村"的活动。他们使用化学毒剂来杀害人民，毁坏庄稼，但我国1400万南方同胞决不害怕美帝及其凶恶的走狗，不怕艰苦牺牲。他们团结一心，勇敢地起来进行无比壮烈的战斗。我国南方同胞在民族解放阵线的旗帜下不断前进，坚决反对美帝和吴庭艳，解放南方，争取自己的生存权。

我们越南人民坚信，凭借自力更生、勤俭建国的精神和为统一祖国而斗争的坚强意志，有苏联、中国和各兄弟社会主义国家的大力支持，有世界进步人民的团结和声援，北方的社会主义建设一定成功，和平统一祖国的事业一定能够取得胜利。

尊敬的刘主席同志，同志们，朋友们：

世界形势正日益有利于争取和平、民族独立、民主和社会主义的斗争。强大的社会主义阵营在建设社会主义和共产主义的事业中接连取得了巨大胜利。遍及亚洲、非洲、拉丁美洲的民族解放运动蓬勃展开。资本主义国家工人阶级和劳动人民争取和平、民主与社会进步的斗争日益活跃。

面对世界革命运动的发展壮大，以美国为首的帝国主义阵营日益疯狂地进行军备竞赛，蓄意策划一场使用核武器的新的世界大战。这种形势要求世界人民时刻提高警惕，集中力量，坚决斩断帝国主义好战魔爪，保卫和平。

当前在东南亚，美帝国主义正在制造极为紧张的局势，在武装侵略越南南方的同时，美国又极力破坏老挝联合政府与老挝的和平中立。

越南民主国共和国再次重申严格执行关于老挝问题的日内瓦协议，坚决支持以苏发努冯亲王为首相的老挝三派联合政府奉行的和平、中立、独立、统一与繁荣的政策。

越南人民愿同苏联、中国和其他社会主义兄弟国家肩并肩，与世界进步人民一道为和平、民族独立、民主和社会主义而坚决斗争。

越南人民清楚地意识到，团结就是力量，团结就是胜利。为了争取这一伟大斗争的胜利，最重要的就是世界进步力量、首先是社会主义阵营和国际共运的团结一致。

越南劳动党欢迎各兄弟党，首先是两个最大、最强的苏联共产党和中国共产党为在马列主义和无产阶级国际主义以及1957年莫斯科宣言和1960年莫斯科声明的基础上加强社会主义阵营和国际共运团结的各种努力。越南劳动党愿竭尽力量为巩固和发展这一神圣团结做出贡献。

尊敬的主席同志，同志们，朋友们：

我相信，刘主席和各位同志此次来访必将进一步密切我们两国、两党唇齿相依的团结，同时为增进社会主义阵营的团结一致和保卫东南亚及世界和平做出贡献。

我建议各位，

为各国共产党、工人党及各社会主义兄弟国家的伟大团结，

为越中两国人民的友好团结万古长青，

为中国人民和中国共产党建设社会主义的事业取得胜利，

为敬爱的毛泽东同志的健康，

为刘少奇主席同志的健康，

为陈毅副总理同志的健康，

为所有同志和朋友的健康，干杯！

共同谱写中越友好新篇章

——中共中央总书记、中华人民共和国主席习近平在越南国会的演讲

（2015年11月6日）

尊敬的阮生雄国会主席，

各位代表，

同志们，朋友们：

大家好！有机会来到越南国会，同各位代表同志见面，我感到十分高兴。越南国会是代表越南全国各阶层人民的最高国家权力机构。走上这个讲坛，我感到非常荣幸。

首先，我谨代表中国共产党、中国政府、中国人民，并以我个人的名义，向越南共产党、越南政府、兄弟的越南人民，致以诚挚的问候和良好的祝愿！向长期以来为中越友好合作做出不懈努力和重要贡献的朋友们，致以崇高的敬意！

70年前，就在不远处的巴亭广场，胡志明主席向全世界宣布，越南民主共和国正式成立。这标志着，经过半个多世纪艰苦卓绝的斗争，由胡志明主席亲手缔造、具有优良革命传统的越南共产党带领越南人民，最终实现了国家独立和民族解放的伟大目标。今年，越南人民迎来了建国70周年、南方解放40周年、胡志明主席诞辰125周年等重要纪念日。中越一家亲，中国人民分享着越南人民的幸福和快乐。

近代以来，我们两国都经历了从任人欺凌走向民族独立、从闭关锁国走向改革开放、从贫困落后走向繁荣富强的艰辛历程。20世纪80年代以来，在越南共产党领导下，越南人民坚持社会主义制度，积极探索符合本国国情的发展道路，走出了一条属于越南人民、为了越南人民的社会主义革新之路，在推进国家工业化、现代化和融入世界进程中取得了令人瞩目的发展成就，国家面貌和人民生活发生了深刻变化。

今天，越南正在向社会主义现代化工业国家的目标稳步迈进。我们为越南同志在社会主义革新道路上取得的成就感到由衷高兴。我相信，在越南共产党坚强领导下，越南人民一定能够在革新事业的伟大征程中不断取得新胜利。我们愿同越南同志继续保持相互学习、相互借鉴、相互支持的好传统，携手为两国社会主义事业发展、为两国人民幸福安康努力奋斗。

同志们，朋友们！

如同越南人民一直在追求民富、国强、民主、公平、文明的梦想一样，实现国家富强、民族振兴、人民幸福，是中华民族的百年梦想。两国人民梦想息息相通，体现出我们对和平、美好、幸福的共同向往。

中华民族历来爱好和平，"和"的民族基因从未变异，"和"的文化源远流长。早在2400多年前，中国古人就提出"礼之用，和为贵"。和平的愿望扎根于中国人心中，融化在中华民族的血液里。近代中国遭遇了一个多世纪的动荡和战火，人民经历了深重苦难。中国人民热爱并珍惜来之不易的和平局面。中国发展离不开和平稳定的国际和周边环境，中国成长将壮大维护世界和平的正义力量。

当前，中国共产党正在高举中国特色社会主义伟大旗帜，团结带领中国各方面力量，按照全面建成小康社会、全面深化改革、全面依法治国、全面从严治党的战略布局，奋力实现在中国共产党成立一百年时全面建成小康社会、在新中国成立一百年时建成富强民主文明和谐的社会主义现代化国家的宏伟目标。

我们刚刚召开了中共十八届五中全会，对今后5年中国经济社会发展做出了部署，确定要牢固树立和贯彻落实创新、协调、绿色、开放、共享的发展理念，提出推动经济社会发展的一系列大政方针和重大举措，组织和动员中国各族人民再接再厉、乘势而上，推动中国经济社会发展再上新台阶，让中国人民生活越来越好，为人类和平与发展的崇高事业做出新的更大的贡献。

同志们，朋友们！

中越两国山水相连，两国人民友好交往源远流长。在争取国家独立和民族解放的斗争中，我们并肩战斗、相互支持，结下了深厚友谊。在推进富有各自特色的社会主义建设事业中，我们相互学习、相互帮助，培育了丰硕成果。中越关系超越了一般意义上的双边关系，具有十分重要的战略意义。

中越建交已经走过65个春秋。今年4月阮富仲总书记访华期间，我同他一起总结过去、展望未来。我们一致认为，中越传统友谊是由毛泽东主席、周恩来总理、胡志明主席等双方老一辈领导人亲手缔造的，是两党两国和两国人民的宝贵财富，应该倍加珍惜、精心维护。"信者，交友之本。"中越两国拥有广泛共同利益，友好合作始终是主流。双方应该坚持以中越友好大局和两国发展大局为重，坚持相互尊重、友好协商、求同存异、妥处分歧。中越互利合作给两国人民带来实实在在的利益，有助于促进地区和平、稳定、繁荣，应该予以全面深化和加强。这些重要启示和经验，是中越关系发展的坚实基础，也是双方处理双边关系有关问题的出发点和落脚点。

兄弟同心，其利断金。当前，国际和地区形势风云变幻，中越两党两国面临许多相同或相似的新问题新挑战，我们不仅仅是山水相连的友好邻邦，更是利益相融、目标相同的命运共同体。我们比以往任何时候都需要守望相助、携手前行。中方高度重视发展同越南的关系，愿同越方一道，继续秉持长期稳定、面向未来、睦邻友好、全面合作的方针和好邻居、好朋友、好同志、好伙伴的精神，推动中越全面战略合作伙伴关系持续稳定健康发展，为两国人民带来更大福祉。

第一，中越要做互信互助的好同志。胡志明主席说："越中情谊深，同志加兄弟。"我们两国政治制度相同、理想信念相通、战略利益一致。中越两国坚持共产党领导、坚持社会主义道路、坚持推进改革开放和革新事业，是历史的选择，也是两国人民的选择。在这条道路上一路走过来，我们的事业已经取得巨大成就。沿着这条道路继续走下去，我们一定会有更加辉煌的发展前景。

实践告诉我们，方向决定道路，道路决定命运。在坚持和发展我们两国人民自己选择的发展道路这个重大问题上，我们两党两国和两国人民应该坚定信心、相互支持、携手前进，决不让任何人干扰我们前进的步伐，决不让任何势力动摇我们发展的制度保障。

中方坚定支持越南的革新事业，真诚希望越南同志在社会主义建设事业中取得更大成就，真心希望越南发展得更好更快。我们愿同越南同志互信互助、互学互鉴，共同为社会主义事业和人类社会发展做出积极贡献。中方愿同越方全面分享国家建设各领域的体会和认识，探索丰富和发展社会主义建设的理论和实践。

第二，中越要做合作共赢的好伙伴。环顾当今世界，国际格局正在发生深刻演变，国际体系和国际秩序正在朝着更加公正合理的方向发展。同时，世界并不太平，局部动荡此起彼伏，恐怖主义阴魂不散，全球经济增长乏力，各种传统和非传统挑战相互交织。维护世界和平、促进共同发展任重道远。我们要把握世界大势，跟上时代潮流，共同营造对亚洲、对世界都更为有利的地区秩序和地区环境。中方支持越方在国际和地区舞台上发挥更大作用，愿加强同越方在各种国际和地区机制中的合作，维护两国共同利益，促进地区共同发展。

中越两国经济关联度大、互补性强，利益融合日益紧密。经济全球化、区域经济一体化给两国带来相似的机遇和挑战，中方高度重视两国发展战略对接，愿在"一带一路"、"两廊一圈"框架内，加强两国互联互通等基础设施建设及产能和投资贸易合作，为新形势下中越全面战略合作伙伴关系向更高层次发展注入强劲动力。

第三，中越要做相亲相望的好邻居。"千金只为买乡邻。"正如《越南－中国》那首歌里唱的，中越两国人民"共饮一江水，早相见、晚相望"。中越两国人民毗邻而居，古有互通互鉴之道，近有共御外敌之情，今有振兴繁荣之业。两国人民传统友谊经受了历史岁月和国际风云变幻的考验，是双边关系发展的重要基础和不竭动力。双方应该以建交65周年为契机，牢牢把握两国关系大方向，确保中越传统友谊代代相传。

中国人常讲，亲望亲好、邻望邻好。邻里之间难免磕磕碰碰，但双方要坚持从两国关系大局出发，通过和平友好协商，妥善管控和处理分歧，防止两国关系偏离正确航道，正所谓得其大者可以兼其小。我相信，在中越两党和两国政府正确领导下，两国人民完全有能力、有智慧，排除一切干扰，续写中越睦邻友好合作新篇章。

第四，中越要做常来常往的好朋友。亲戚越走越近，朋友越走越亲。人民友谊是国家关系发展的力量源泉。去年，中越双方人员往来超过300万人次，有1.4万名越南留学生在华学习生活，也有三四千中国留学生在越南学习生活。这些数字令人欣慰。

昨天，我同阮富仲总书记会谈时，双方商定将进一步活跃人员往来，加强文化、教育、旅游等领域交流合作，办好中越人民论坛、中越青年大联欢、青年友好会见等民间交往活动，为中越关系营造更加良好的社会氛围。中方欢迎更多越南朋友赴华留学、旅游、经商，希望两国人民常走动、多来往，广泛接触、加深了解、厚植友情。

同志们，朋友们！

1942年到1943年，胡志明主席在中国从事革命活动期间，写下了"登山登到高峰后，万里舆图顾盼间"的诗句。中国唐代诗人王勃也说过："登泰山而览群岳，则冈峦之本末可知也。"中越关系已经站在新的历史起点上。让我们登高望远、携手努力，为开创中越全面战略合作伙伴关系新局面，为建设持久和平、共同繁荣的亚洲和世界，做出新的更大的贡献！

谢谢大家！

中越联合声明（全文）

（2015年11月6日）

当地时间11月6日，中华人民共和国和越南社会主义共和国在河内发表《中越联合声明》，联合声明全文如下：

一、应越南共产党中央委员会总书记阮富仲、越南社会主义共和国主席张晋创邀请，中国共产党中央委员会总书记、中华人民共和国主席习近平于2015年11月5日至6日对越南进行国事访问。

访问期间，习近平总书记、国家主席分别同阮富仲总书记、张晋创国家主席举行了会谈，并会见了越南政府总理阮晋勇、国会主席阮生雄。两党两国领导人在友好坦诚的气氛中，就进一步深化两党两国关系及共同关心的国际和地区问题深入交换意见，达成了重要共识。

双方一致认为，访问取得了圆满成功，为巩固中越传统友谊、深化全面战略合作、促进本地区乃至世界的和平、稳定与发展做出了重要贡献。

二、双方对两国在符合本国国情的社会主义建设事业中取得的历史性伟大成就感到高兴，同意加强相互交流和借鉴，推动中国改革开放和越南革新事业向前发展，为各自社会主义建设事业注入新活力。

中方衷心祝愿越南共产党2016年初成功召开第十二次全国代表大会，相信在越南共产党领导下，越南人民将胜利实现既定目标，把越南建设成为民富、国强、民主、公平、文明的社会主义国家。

越方衷心祝愿并相信中国人民在中国共产党领导下，一定能协调推进全面建成小康社会、全面深化改革、全面依法治国、全面从严治党，胜利实现建成富强民主文明和谐的社会主义现代化国家目标。

三、双方回顾了中越建交65年来两党两国关系发展历程，一致认为由毛泽东主席和胡志明主席等老一辈领导人亲手缔造和精心培育的中越友谊是两国人民共同的宝贵财富，双方应共同继承、维护和发扬，落实好"长期稳定、面向未来、睦邻友好、全面合作"方针和"好邻居、好朋友、好同志、好伙伴"精神,牢牢把握中越友好的正确方向,加强战略沟通,增进政治互信,在相互尊重、平等互利基础上推进各领域合作,管控好和妥善处理分歧,推动中越全面战略合作伙伴关系健康稳定发展。

四、双方认为,两党两国高层保持经常接触,对增进政治互信、推动双边关系发展具有重要作用,同意通过双边互访、互派特使、热线电话、年度会晤、多边场合会晤等灵活多样的方式保持高层交往,及时就两党两国关系中的重大问题交换意见。

五、双方认为,中越均处在经济社会发展的重要时期,双方视对方的发展为自身发展的机遇,同意发挥好中越双边合作指导委员会的统筹协调作用,重点推动以下领域合作:

(一)执行好两党合作计划,深化两党中央各部门和地方特别是接壤各省(区)党组织间交流合作,继续办好理论研讨会,实施好此访期间签署的两党干部培训合作计划(2016—2020年)。积极推进中国全国人大与越南国会、中国全国政协与越南祖国阵线之间的友好交流合作,促进两国民间友好交流。

(二)落实好两国外交部合作议定书,保持两部领导经常交往,继续举办年度外交磋商,加强两部对口司局交流,实施好两部干部培训工作。越方愿为中国在越南岘港设立总领馆提供便利。

(三)保持两军高层交往,用好两军防务安全磋商、边境高层会晤机制和国防部直通电话,加强两军在边防友好交流、人员培训、军事学术研究、海军北部湾联合巡逻和军舰互访等领域交流合作,深化联合国维和及军队党务政治工作方面经验交流。加强两国海警的海上执法合作,共同维护北部湾海域和平稳定,推动中国海警局与越南海警司令部签署合作备忘录。深化执法安全合作,继续办好两国公安部合作打击犯罪会议和中国国家安全部与越南公安部副部级安全战略对话,加强在反恐、禁毒、打击电信诈骗、出入境管理、边境管控、网络安全等领域合作，开展国内安全保卫、联合追逃、非法就业管理方面的经验交流。

（四）加强两国间发展战略对接，推动"一带一路"倡议和"两廊一圈"构想对接，加强在建材、辅助工业、装备制造、电力、可再生能源等领域产能合作。加紧成立工作组，积极商签跨境经济合作区建设共同总体方案，推进中国在越前江省龙江、海防市安阳两个工业园区的建设并积极吸引投资，督促和指导两国企业实施好中资企业在越承包建设的钢铁、化肥等合作项目。

用好中越经贸合委会机制，积极研究续签《中越经贸合作五年发展规划》，加紧修订《中越边贸协定》，推动双边贸易平衡、稳定、可持续发展，努力实现2017年双边贸易额1000亿美元目标。加强在《农产品贸易领域合作谅解备忘录》框架下的合作，鼓励双方企业扩大农产品贸易合作，欢迎两国有关部门和地方探讨设立贸易促进机构。

用好基础设施合作工作组和金融与货币合作工作组，推动有关领域合作不断取得积极进展。实施好河内轻轨二号线（吉灵—河东）项目，加紧制定老街—河内—海防标准轨铁路线路规划，推进云屯—芒街高速公路等基础设施互联互通合作。

深化海关合作，共同打击跨境走私行为，继续探索促进边境口岸通关便利化的合作措施，加强两国边境口岸基础设施建设和管理，提升两国边境口岸开放合作水平。

（五）扩大科技、教育、文化、旅游、新闻等领域合作。用好两国科技合作联委会机制，积极推进技术转移、科学家交流等合作，探讨建立联合实验室。争取于2017年建成越中友谊宫并投入使用，早日在对方国家设立文化中心，办好河内大学孔子学院。加强两国媒体交流，加大对中越友好的宣传力度。继续办好中越青年友好会见、人民论坛等活动，2016年在越举办第三届中越青年大联欢。

六、继续发挥好中越陆地边界联合委员会作用，落实好此访期间签署的《北仑河口自由航行区航行协定》和《合作保护和开发德天瀑

布旅游资源协定》,总结两国陆地边界三个管理文件实施五年来的情况。加强两国边境省区合作,促进边境地区发展。

七、双方就海上问题坦诚交换意见,强调恪守两党两国领导人达成的重要共识,认真落实《关于指导解决中越海上问题基本原则协议》,用好中越政府边界谈判机制,坚持通过友好协商和谈判,寻求双方均能接受的基本和长久解决办法,积极探讨不影响各自立场和主张的过渡性解决办法,包括积极研究和商谈共同开发问题。

双方宣布于 2015 年 12 月中旬启动北部湾湾口外海域共同考察海上实地作业,认为这是双方开展海上合作的重要开端。双方将稳步推进北部湾湾口外海域划界谈判并积极推进该海域的共同开发,同意加大湾口外海域工作组谈判力度,继续推进海上共同开发磋商工作组工作,加强低敏感领域合作,宣布启动中越长江三角洲与红河三角洲全新世沉积演化对比合作研究项目。

双方同意共同管控好海上分歧,全面有效落实《南海各方行为宣言》(DOC),推动在协商一致的基础上早日达成"南海行为准则"(COC),不采取使争议复杂化、扩大化的行动,及时妥善处理出现的问题,维护中越关系大局以及南海和平稳定。

八、越方重申坚定奉行一个中国政策,支持两岸关系和平发展与中国统一大业,坚决反对任何形式的"台独"分裂活动。越南不同台湾发展任何官方关系。中方对此表示赞赏。

九、双方同意继续加强在联合国、亚太经合组织、中国—东盟等多边框架内的配合,共同维护与促进世界的和平、繁荣与发展。中方支持越方成功主办 2017 年亚太经合组织领导人非正式会议。

十、访问期间,双方签署了《中国共产党与越南共产党干部培训合作计划(2016—2020 年)》、《中华人民共和国政府与越南社会主义共和国政府关于北仑河口自由航行区航行的协定》、《中华人民共和国政府与越南社会主义共和国政府关于合作保护和开发德天瀑布旅游资源的协定》、《中华人民共和国政府与越南社会主义共和国政府关于互设文化中心的协定》、《中华人民共和国政府与越南社会主义共和国政府关于越南老街—河内—海防标准轨铁路线路规划项目可行性研究换文》、《中华人民共和国国家发展和改革委员会与越南社会主义共和国工业贸易部关于促进产能合作的谅解备忘录》、《中华人民共和国商务部与越南社会主义共和国计划投资部关于越中友谊宫项目优化设计谅解备忘录》、《中国共产党广西壮族自治区委员会与越南共产党广宁省委员会关于建立友好地方组织的交流协议》、《中国共产党云南省委员会与越南共产党老街省委员会关于开展地方党委友好交往协议》等合作文件。

十一、习近平总书记、国家主席对阮富仲总书记、张晋创国家主席以及越南共产党、政府和人民所给予的隆重、热情和友好接待表示衷心感谢。

2015年11月6日于河内

越南外长阮怡年在授勋仪式上的讲话

（2000年6月9日）

尊敬的中华人民共和国驻越南特命全权大使李家忠同志和夫人，

同志们，朋友们：

今天，我受越南社会主义共和国主席的委托，非常荣幸地代表越南党和国家，隆重地举行授予中华人民共和国驻越南特命全权大使李家忠同志越南国家级友谊勋章仪式。

李家忠同志同越南有着18年多的密切联系。他在越南学习和工作期间，为巩固和加强两国人民的友谊、相互理解与合作关系做出了诸多贡献。特别是这次在越南工作的任期内，李家忠同志在中华人民共和国驻越南特命全权大使的岗位上，为在新时期按照"长期稳定、面向未来、睦邻友好、全面合作"16字方针，把两党、两国关系向深度和广度发展方面做出了巨大努力和贡献。他积极开展活动，推动双方各部门和地方逐步落实两国最高领导人达成的共识。在人民外交领域，李家忠同志积极配合双方的各个友好组织和团体举行友好活动，为增进两国人民的相互了解和信赖做出了贡献。李家忠同志不愧为中国党、中国国家和人民可信赖的代表、越南人民真诚的朋友。越南党、越南国家和人民高度评价李家忠同志在越南工作期间，特别是在担任中华人民共和国驻越南特命全权大使的岗位上，所做出的努力和贡献。为确认这些巨大的贡献，国家主席陈德良决定授予李家忠同志友谊勋章。

我们热烈祝贺李家忠同志在越南工作期间出色地完成了任务，被授予友谊勋章。这是越南向曾为促进各国人民同越南人民的友谊与合作做出重大贡献的外国各单位和个人授予的国家级的崇高称号。李家忠同志即将结束在越南的工作任期，但我们相信，不管在任何岗位上，李家忠同志都将继续为培育我们两国的友好合作关系做出积极贡献。

同志们，朋友们：

迈进新的世纪，越中关系有着许多进一步发展的顺利条件。这就是两国的亲密友谊与传统合作。特别是在1999年2月的高层会晤上，黎可漂总书记和江泽民总书记确定了两国关系长期发展框架"长期稳定、面向未来、睦邻友好、全面合作"。这黄金般的16个大字已成为21世纪两党、两国关系发展的指导思想和方针。

越南党、政府和人民始终极为重视同兄弟的中国党、政府和人民传统的睦邻友好关系与全面合作，将其视为一贯和长期的政策，它对于两国的发展都具有重大意义。我们相信，为了两国人民的利益，为了地区和世界的和平、稳定和发展，在双方的共同努力下，两国领导人的共识将得到落实，越中两国在政治、经济、文化等各个领域的友好合作将提高到一个新的水平。

祝越中两国的睦邻友好与全面合作关系万古长青、牢不可破！

祝李家忠同志和夫人身体健康！

祝在场的所有同志身体健康！

附录二

出使老挝

1994年春，我出任驻老挝大使，在万象工作了19个月。这是中老关系的重要发展时期，也是我近40年外交生涯的一段重要经历。时间不长，却留下许多美好的记忆。

赴任前的准备

1993年春，外交部亚洲司长王英凡到越南出差时向我打招呼说，待我结束在越南的任期后，将安排我担任亚洲司政工参赞和总支书记，让我有一个思想准备。但到秋天，情况又有了变化，国内通知我将出任驻老挝大使。

我在国内虽担任过外交部亚洲司二处（印支处）处长，对老挝及中老关系的多少有些了解，但毕竟不如对越南和中越关系那样熟悉，如何当好驻老挝大使，心中十分没底。

前去向老挝国家主席递交国书。

12月我从河内回北京后,便抓紧各方面的准备工作。除阅读相关文件和资料外,部领导也给了许多明确、具体的指导。唐家璇副部长同我进行了长时间的谈话,指示我到任后要"以调研开路","以推动两国经贸合作为中心"。他还鼓励我说,使馆对工作有什么看法和建议,可大胆地提出来,即使提错了也没关系。当时老挝人民革命党主席、政府总理坎代·西潘敦即将访华,唐副部长便让我和时任驻老挝大使黄国材一起参加接待工作,一面熟悉情况,一面结识老挝领导人。

此时,亚洲司长王英凡已是部长助理。70年代下放到五七干校时,王英凡是我所在连的副连长,后来在亚洲司又是我的直接领导,对我比较了解。他平时比较严肃,不爱说笑,但临行前我向他告别时,他却风趣地说了一句:"妹妹你大胆地往前走。"我理解,他说这句话是鼓励我要解放思想,工作中注意开拓创新。

就这样,我和夫人于1994年3月抵达老挝首都万象赴任。

递交国书后与老挝国家主席诺哈交谈。

中老关系的新时期

中老两国于1961年4月建交。1975年老挝抗美战争胜利后,由于众所周知的原因,两国关系有过一段不愉快的经历。80年代末老挝逐渐调整对外政策,两国关系出现转机。1989年10月,老挝人民革命党主席、政府总理凯山·丰威汉应邀访华,标志着中老两党、两国关系正常化。双方表示,将本着"结束过去、开辟未来"的精神,努力恢复和发展两国在各个领域的友好合作关系。

首先,两国领导人做到了经常互访。继1990年12月李鹏总理访问老挝后,老挝国家主席诺哈·丰萨万于1994年访华。此外各种代表团互访也十分频繁。仅1994年一年,两国互访的代表团就有76个。

两国圆满地解决了边界领土问题。1991年签订了《中老边界条约》。1994年8月,唐家璇副外长访问老挝,同老挝副外长蓬沙瓦互换了《中老边界制度条约》批准书。在不长的时间里,两国边界领土问题得到最终解决。对此,两国领导人均给予高度评价,一致认为这是解决国与国之间边界领土问题的典范。

参加中援老挝万荣水泥厂落成典礼。左1为老挝副总理坎培,右3为老挝总理府部长炮·本纳喷。

与此同时，两国经贸合作也取得显著进展。先后签署了贸易、投资保护、旅游、汽车运输和经济技术合作协定。双方贸易额从1989年的713万美元增加到1995年的5400万美元。中国公司从1990年开始到老挝投资办厂，涉及建材、种植养殖、药品生产、森林采伐等领域。

两国对世界形势和重大国际问题的看法和立场基本相同或相似，在国际事务中能很好配合与合作。在台湾问题上，老挝政府一贯坚持原则立场，承认中华人民共和国政府是代表中国的唯一合法政府，拒不同台湾当局发生任何官方关系，而且表里一致，说到做到。1995年联大开幕前夕，台湾当局大肆活动，妄图将所谓"台湾重返联合国"问题列入大会议程。作为该届联大总务委员会成员的老挝，明确反对将该问题列入联大议程，为挫败台湾当局的图谋做出了重要贡献。当获悉国内决定让前副外长朱启祯竞选国际议院联盟下届执委时，我奉指示约见老挝议会秘书长扎伦，希望老挝予以支持。扎伦当即表示一定支持。几天后，老挝议会外事委员会主任坎连对我说，中国同志竞选就是老挝同志竞选，支持中国同志竞选是老方应尽的责任。

我到任后不久，发生了一些中国公民在老挝闹事的事件。对此，老挝方面都能从两国关系的大局出发，给予低调处理。1994年5月，我国数十名无证边民非法闯入老挝境内贩卖劣质商品。当他们在首都万象附近被老挝警方发现时，态度十分蛮横，不仅躲入丛林，拒绝老方有关人员的询问和检查，还动手殴打老挝警察。宋沙瓦外长得知此事后，立即与中国大使馆取得联系，并采取极为克制的态度。在宋沙瓦外长的亲自关心下，这些边民被劝说回国，基本上没有受到惩罚。事后获悉，我中央领导同志对使馆报回的情况十分重视，责成云南省和有关方面进行认真查处，并采取有效措施，防止类似事件再度发生。从总体上说，中老两国既没有任何历史遗留的问题，也不存在现实的矛盾和分歧。建立在和平共处五项原则基础上的中老睦邻友好关系发展顺利，已进入一个新的发展时期。

高度评价中国的改革开放

1986年,老挝人民革命党四大提出革新开放的初步设想,但未制定出具体的步骤和措施。1991年老挝党五大以后,革新开放逐步铺开,其主要内容是集中精力开展经济建设,发展生产力,逐步把自然经济和半自然经济转变为商品经济,把计划经济转变为市场经济,并大力吸引外资和国外先进技术、设备,以加快国家的经济发展。与此同时,老挝还提出坚持"六项基本原则",其中四条与我国提出的"四项基本原则"大体相同,另外两条是坚持"民主集中制"和"爱国主义与国际主义相结合"。而贯穿其中的一个重要指导思想,就是要千方百计保持政治和社会稳定。

从那以后,老挝的革新开放取得了可喜的成就。1993年和1994年,国民经济连续两年以7%的速度增长。粮食基本自给,人均可达320公斤,人均国民收入(GDP)达325美元。当时老挝已同90个国家建立了外交关系,同32个国家和地区建立了经济关系。1994年进出口贸易额达7.7亿美元,接受外援2.1亿美元。截至1995年3月,已引进外资协议金额达45.9亿美元。

可以说,老挝"革新开放"的方向和目标与中国的改革开放基本一致。正因为如此,老挝同志对中国的改革开放倍加关注,对中国取得的成就感到欢欣鼓舞。凡是访问过中国的代表团无不交口称赞中国发生的翻天覆地的变化,一致表示要学习和借鉴中国的经验。

1993年12月,老挝党主席、政府总理坎代·西潘敦访华期间,中方安排国务院政策研究室副主任王梦奎单独为他介绍了中国改革开放的情况。坎代主席听后非常满意,当即邀请王梦奎到老挝向更多的老挝高级干部演讲。

1994年春,王梦奎应老挝党中央的邀请抵达万象,受到老方热烈欢迎。这是我到任后接待的第一个中国代表团。当时老挝党五届八中全会即将结束,老挝党中央特决定会议延长一天,安排全体中央委员和政府部长、副部长聆听王梦奎关于中国特色社会主义和中国改革开放问题的演讲。演讲在老挝中央会议厅举行，老挝党中央办公厅主任通沙瓦致欢迎词。当时我和王梦奎一行坐在主席台上。我看到，党中央主席坎代、国家主席诺哈以及全体政治局委员都出席了。82岁的诺哈主席从头到尾听了五个半小时，还不时在笔记本上做记录。坎代主席也听了绝大部分，只因下午要接见到访的马来西亚议长，才不得不早退。演讲结束后，诺哈主席紧紧握着王梦奎的手，感谢他给老挝带来了中国的宝贵经验。老挝党中央还决定将王梦奎的讲稿全部翻译成老文，发给高级干部人手一册。

之后，我国司法部副部长肖建章、中纪委副书记陈作霖和总工会副主席腾一龙访问老挝时，都应邀作了类似演讲。1995年2月，我访问老挝南部沙湾拿吉省时，也应省长塞颂蓬（已故老挝党主席凯山的儿子）的邀请，向省直机关60名干部介绍了中国改革开放的情况并回答了他们的提问。1994年夏，老挝还派出由老挝党中央委员、万象市长本扬率领的20名副部级以上干部团，赴华参加中国国家科委举办的研讨班，专门考察中国改革开放的情况。这些交流和探讨有效增进了相互了解和沟通，也反映出老挝同志对中国改革开放的高度关注。

努力推动经贸合作

我到任后，即遵照部领导的指示，把推动两国经贸合作作为工作重点。首先，我把在老挝的二十几家中国公司的负责人请来，让他们详细介绍各自开展工作的情况和面临的困难，以及对使馆有何要求。我对他们说，我国正在建立和发展社会主义市场经济，援外工作也在改革中。中老两国的经贸关系不可能再像过去那样由政府统统包揽起来，而应逐渐向以地方、企业、公司为主体，政府进行宏观调控这种模式过渡。基于这一指导思想，我除努力抓好中方贷款和援款的落实外，决定将主要精力放在让更多中国商品进入老挝市场，让更多中国公司到老挝投资办厂上。

我和使馆经商处一道，努力为每个项目牵线搭桥、排忧解难。对国内来的各种商贸考察组，我都安排时间会见。一些合作项目的落成典礼，我都努力到场。国内企业遇到难题，需要同老挝上层疏通，我也在所不辞。为此，我曾多次往见老挝的副部长、部长，直至副总理；需要提出建议时也大胆提出。1994年底，我还让使馆经商处将各中国公司的负责人请到使馆，安排几个工作有成效的公司代表介绍经验，互通信息。

我到任后不久，老挝总理府部长炮·奔纳喷向我表示，中国国务院下属香港中旅航空服务有限公司同老挝航空公司合作经营老挝国际航线，效益低下，亏损严重，双方合作关系也欠融洽，继续合作已无出路。他希望我设法寻找另外一家中国航空公司，作为新的合作伙伴，引进先进技术和严格、科学的管理方法，彻底扭转目前的颓势。当时，澳大利亚、法国、马来西亚、泰国等多家航空公司都在积极活动，千方百计取代港中旅。面对这种局面，我想，争取老挝航空继续同中国的航空公司合作，不仅是中老双边经贸关系中的一件大事，也直接关系到我国大西南的对外开放。无论如何，中国也要在这场竞争中取胜，绝不能让其他国家的航空公司从我们手中夺走老挝国际航线的经营权。

为此，使馆多次向民航总局和外交部发电，说明情况和利害关系，建议国内尽快推荐一家有实力、有威信的航空公司同老方继续合作。在近半年的时间里，我先后往见炮部长5次，向国内有关部门发电5次。炮部长是老挝党中央委员，地位相当于我们的国务院秘书长，工作相当繁忙。为争取时间，尽快解决问题，我不在乎礼宾形式，有时就约定在炮部长即将下班时到达总理府，同他谈话5分钟。但这5分钟往往十分重要。每次我都要请他确认，他发表的意见是不是老挝政府的正式意见。得到确认后，我便立即报告国内。有时为了尽快解决问题，我便直接打电话到北京民航总局副局长李钊和云南省副省长刘京家里。就这样，在使馆的推动下，云南省政府终于决定由云南航空公司购买港中旅的全部股权，成为老航新的合作伙伴。1994年12月31日，云南省副省长刘京率团抵达万象，同老方签订了两国民航合作协议。签字仪式上，大家频频举杯，共同庆贺两国在1994年的最后一天，又增添了一个新的重要合作项目。

当然，由于多方面的原因，要想促成一个像样的合作项目，并非易事，既要有热情、有信心，又要不怕困难、不厌其烦，更重要的是要有高度的责任感。

同老挝同志的交往

在万象一年多，给我印象最深的是老挝人的善良、朴实和诚恳。老挝同志对中国很信任，同他们很好打交道，遇事也好商量。老挝官员，包括高级官员都很平易近人，没有官架子。我想见部长、副部长或更高领导人，只要打个电话，很快就能安排。我曾请老党中办主任通沙瓦和老党政治局委员、文化部长奥沙甘分别介绍老党两次中央全会的情况，请国会财经委员会主任宋帕万介绍老挝革新开放情况，请中央党校校长西勒介绍老挝高级干部开展内部政治学习的情况，请财政部长赛颂蓬介绍老币基普大幅度贬值问题，对方都愉快地答应，并事先做了认真准备。

1995年夏，老挝国家主席诺哈访华后，向政治局报告了访问成果。之后他两次把我请到家里，谈他对进一步促进双方合作的想法。交谈中，他的夫人也在场，彼此无拘无束，就像在家里一样。尤其给我深刻印象的是，他身为国家主席，家里的陈设十分简单，和我们国内当时处级干部的家差不多。

老挝外长宋沙瓦曾是凯山主席的秘书，我自然很想同他多来往。他为人热情、爽朗。每次见他时，他都认真、详细地回答我的问题，还说不管有没有重要事情，最好一个月能见面一次。遇有急事来不及约见，我便让研究室一秘姚伯民在快要下班时直接到他家等候，然后，姚秘书再把他说的话带回来。宋沙瓦外长能说流利的中国话，还能唱中国歌。他陪同诺哈主席访华期间，就先后在云南西双版纳和昆明的宴会上唱了"在北京的金山上"和"大海航行靠舵手"。

1964年，老挝民族团结政府外交大臣贵宁·奔舍那被老挝右派杀害。之后，贵宁夫人和她的孩子们在北京住了七八年之久，成为中国人民的老朋友。几十年后,她的孩子们都已长大成人,并且在许多部门担任要职。大女儿肯佩任妇联副主席,二女儿坎萍任政府计划合作委员会副主任,三女儿开云任国家银行高级顾问,儿子宋马在交通部任局长。为体现中国不忘老朋友,我特意在官邸举行家宴,招待贵宁夫人一家。对方得知这一消息后,异常高兴。我原本提出邀请10人左右,结果对方要求增加到16人。那天,70多岁的贵宁夫人十分激动,一再感谢中国对老挝革命和建设的巨大援助,感谢中国对她一家的恩情。她表示,她和她的全家将继续为增进老中友谊做出贡献。席间还多次用中文高呼"老中友谊万岁"。老人身体尚好,恳切希望有机会再到中国来,亲眼看看中国发生的巨大变化,看看北京的王府井大街和当年她们曾经住过的和平宾馆。我们把她们的愿望转告了对外友协,不久友协便发出了邀请。

我在大使馆宴请中国人民的老朋友贵宁·奔舍那夫人一家。

老挝建国阵线（相当于中国的政协）主席梅苏在60年代抗美战争期间曾作为巴特寮的代表常驻河内。当时我在驻越使馆工作，就已同他相识。几十年后同他在万象重逢，感到格外亲热。他对中国很有感情，处理统战工作方面的问题很有长者风度。由于多方面原因，在万象的华人分成两派。他们在政治上并无分歧，但就是无法产生一个统一的中华理事会领导班子。对此，梅苏同志采取非常超脱的态度，主张由华人自己解决问题，老方不施加任何影响。他甚至亲自给中国大使馆写信，请求大使馆协助疏通关系，解决问题。我离任前夕，他和夫人设家宴招待我和夫人，气氛十分热烈。告别时，他紧紧抱住我说："我永远不会忘记你。"

1995年9月，使馆照会老挝外交部，通知我即将离任，并附上一份辞行拜会名单。我提出要拜会的人较多，主要是从礼节上考虑，实际上并未指望对方全部安排。结果，老方几乎满足了我的全部要求。在国庆前的两周时间里，我拜会了老挝党政机关所有的部长级官员。坎代主席、诺哈主席等老挝党中央政治局八位成员均接见了我。他们在会见中高度评价中国改革开放的巨大成就和两国关系的良好发展，一致表示希望双方进一步加强各领域的交流与合作。当然，也对我的工作给予了许多肯定和赞扬。我就是带着老挝同志的这种深情厚谊离开万象的。在老挝拍下的一张张照片，都完美记录了这种美好、珍贵的情谊。

安居乐业的华人

我在老挝工作期间，在老挝的华侨、华人约有一万人，分别住在万象、沙湾拿吉、百细和琅勃拉邦等地。他们多以经商为业，总的说来，生活水平略高于当地老挝人。其中有少数华人开设工厂、银行，资产可达数千万美元。老挝政府对华人、华侨采取与老挝公民一视同仁的政策，没有任何歧视和排斥。华人、华侨可以自由出入中国大使馆，没有任何限制。在华人、华侨的国籍问题上，老挝政府充分尊重他们的选择。根据法律规定，非老挝籍人不得购买土地，结果不少华人加入了老挝国籍，于是出现了一家兄弟两种国籍的现象。还有的华人男士为了更好地在老挝发展，索性同老挝姑娘结婚。老挝政府允许华人、华侨兴办教育。在万象、沙湾拿吉、琅勃拉邦都有华人、华侨开办的学校，用中、老两种语言授课。老方还同意我国国务院侨办派出教师到这些学校教学。万象的侨校寮都公学有学生1000多人，办学条件不错，一些老挝子弟也愿意到侨校就读。

不少华人、华侨同老挝高层领导人关系甚笃。华人、华侨每逢嫁娶等喜庆活动，经常邀请老挝的部长、副部长等高级官员到场，中国大使馆的官员也在被邀之列。华人企业家张贵龙先生同老挝高层领导人的交往尤为密切，以至有的老挝领导人出访，也让张贵龙先生参加代表团。每年春节，张先生都在家里摆上数十桌，除邀请中国大使馆全体外交官外，还把老挝党中央多位政治局委员和十多位部长、副部长请来联欢聚餐。席间宾主频频举杯，共叙友情。有时张先生还会当场表演几首歌曲，气氛非常热烈。

华人、华侨身在异国他乡，心系祖国。遇有国内发生自然灾害，他们都慷慨解囊，通过中国大使馆向灾区捐款。每年春节，万象中华理事会都派舞狮队到中国大使馆舞狮，祝贺新春。平时中国大使馆有什么需要，他们也全力帮助。当地政府遇到什么困难，华人、华侨都会伸出援手。1995年10月，中央歌舞团应邀到老挝访问演出。这是国内向老挝派出的一个规模较大的艺术团。老挝新闻文化部十分高兴，但在高兴的同时又颇感经费紧张。经与华侨华人商量，中华理事会主动承担起部分接待费用，帮助老方解决了困难。

小巧玲珑的外交使团

20世纪90年代，尽管老挝已同90个国家建立了外交关系，但常驻万象的外国大使馆和国际机构总共只有30几家。其中，除了越南、中国、美国、澳大利亚等使馆工作任务较重外，其他使馆没有太多的事情。这就为他们密切彼此之间的关系和加强交往创造了条件。

当一位新大使到任时，各国大使都要到机场迎接、献花。接着，便是许多使馆逐一举行欢迎宴会。离任时，基本上又要重复一遍。还要加上一场外交使团举行的送别招待会，赠送一个由各国大使签名的银盘子。平时，一些关系密切的大使们，经常不定期地举行形式灵活的活动，或举行家宴，或相互走访，交流信息和对某些问题的看法。家庭式宴请一般出席人数较少，由于彼此较为熟悉，持续时间往往很长，饭后还要看录像或唱卡拉OK，有时直到午夜才告结束。

一些大使夫人也相当热情、活跃，主动组织夫人间的联谊活动。日本大使和田雅夫的夫人性格爽朗、好客，每星期都要请些要好的夫人到她家打麻将、学插花，并备有茶点招待。这些活动看起来没有多少实质性内容，但间接对联络大使间的感情、加强他们之间的沟通，起了很积极的作用。

美国大使长期在东南亚地区工作，能讲流利的泰语，夫人是华裔。他为人热情，说话细声细语，像个教授。我离任时，他为我饯行竟摆了10桌。

俄罗斯大使费多朵夫60多岁，曾任驻华使馆参赞，能讲中文，对中国很有感情。每次见面，总是回忆起在北京工作的岁月，不停地赞扬中国改革开放的成就。而谈到俄罗斯，他便两手一张，做出不堪回首的架势。他每天早7时就开始上班，我早晨在街上锻炼，经常能看到他的汽车从官邸出来。他每次都要走下汽车，同我握手，寒暄几句。

越南大使裴文清比我大五六岁，是老挝问题专家。随着中越关系不断发展，我同他的交往也越来越密切。我有什么关于老挝方面的问题，经常向他请教，他总是热情接待。有一次谈起我们使馆准备添置家具，他还亲自带我到越侨的家具厂参观。

日本大使和田雅夫是组织使团活动的积极分子。我们多次到他家赴宴，饭后一起唱卡拉OK，一直玩到尽兴。回国后，他还给我寄来贺年卡和名片，表示希望继续保持联系。

当时老挝经济尚不发达，首都万象也远未现代化。但不少国家驻万象的使馆和大使官邸,却颇为精致、漂亮,说是豪华也不过分。日本大使官邸坐落在湄公河畔,客厅里铺着高档地毯,摆着钢琴和多种家用电器,颇为气派。他每次在官邸宴请我和其他使节夫妇,饭菜都十分丰盛,餐具也颇为考究。服务员是老挝人,身着笔挺的白色制服,端盘上菜,动作相当规范,显然是经过了严格的挑选和训练。可以说,我吃到的最正宗的日本料理是在日本大使官邸。印尼使馆有个宽敞的庭院,每次举办国庆招待会时,除准备印尼特色食品外,还要在院子里搭台,由使馆的官员和夫人们表演印尼民族歌舞。

与日本驻老挝大使和田雅夫夫妇合影。

俄罗斯使馆的前身是苏联使馆,扩建于1975年印支各国抗美战争结束之后,曾有过辉煌的过去,至今仍是万象规模最大的外国大使馆。我曾应邀出席过在俄罗斯使馆举行的义卖活动和音乐会,听到那些50年代在中国流行的苏联歌曲,心情仍十分激动。

淳朴的老挝风情，温馨的驻老使馆

当时，首都万象还没有现代化的高楼大厦，商业也不够发达。正因为如此，空气格外清新，天总是蓝蓝的，没有那么多污染。街道没有环保工人清扫，却始终保持干净。路边没有下水道，但雨水很快便会渗入地下。整个城市充满着田园色彩，没有车水马龙，少有嘈杂的声音，人们安逸宁静地生活着。屹立在议会大厦附近的塔銮是著名的名胜古迹。坐落在市中心的凯旋门吸引着众多的游客。由澳大利亚出资援建的民族文化公园已成为新的旅游观光景点。

老挝的社会风气安定、祥和。我在万象一年多，从未看见过打架斗殴的现象，更未听说过车匪路霸、行凶杀人案件。街上如两辆自行车相撞，主人便各自不声不响地将车扶起，彼此点点头，继续各自行路，从未出现过对骂、对打的现象。我在街上散步时，经常看见老挝党中央政治局委员、副总理坎培骑着自行车锻炼身体，后面远远跟随着一名警卫，此外没有任何其他保安措施。

老挝自然条件优越，农作物一年三熟，一般说来吃饱肚子不成问题。正因为这样，老百姓很少为长远的生计发愁，而总是那样乐观潇洒、无忧无虑。发了工资，会先去"改善"一番，至于能否坚持到月底，则到时候再说。星期天到万象郊区转转，可以看到不少郊游的人们。他们三五成群地席地野餐，其乐融融。见到我们走过，虽互不相识，也会热情地表示要请我们一道用餐。

佛教是老挝的国教，全国各地佛教寺庙不计其数。据说每 100 个老挝人中便有一个是和尚。老挝朋友说，由和尚向群众宣讲党的方针、政策要比党员干部宣讲更有效果。清晨漫步在街道上，可以看到一群群披着黄色袈裟的和尚，赤脚徒步去化缘。一家家佛教信徒早已准备好斋饭，虔诚地跪在门前恭候，斋饭包括糯米饭团、饼干、水果等等，有时还有巧克力和老币基普。和尚们每到一户，都要高声诵经，祝福信徒们幸福、吉祥，听起来颇为悦耳。他们中年长的六七十岁，年幼的只七、八岁。我每天早晨在街上步行锻炼，经常同这些和尚们相遇，久而久之也算有几分相识。其中一个小和尚年仅八、九岁，虽身着袈裟，但仍可透出顽皮和稚气，见到我总会情不自禁地耍个鬼脸。我友善地用仅会的一句老挝话对他说："萨拜地"（你好）。他则回答说："Morning"，表情十分可爱。

与老挝小和尚合影。

受佛教影响，老挝的许多礼仪活动也带有佛教色彩，"拴线"便是其中一种。我本人曾有机会陪同中国代表团参加过多次在佛教圣地琅勃拉邦举行的"拴线"仪式。当客人走进会场时，只见二三十名当地居民已席地就座。客人们也要跟着坐下，地上摆着点心、水果和一个高高的蜡烛台，旁边还有一个民间小乐队。仪式开始后，首先由一位当地德高望重、能够背诵经文的长者高声念经。经文的大致意思是对客人表示热烈欢迎，祝福他们吉祥如意，祝老中友谊万古长青，等等。念经完毕，乐队开始奏乐，居民们便将一条条洁白的棉线拴在客人的手腕上，谁手腕上拴的棉线最多，谁就运气最好。之后，还有年轻姑娘端着酒杯，向客人们一一敬酒，请客人们品尝当地的糕点、水果。最后，在乐声中欢送客人。

琅勃拉邦官员为欢迎我和夫人举行拴线仪式。左 1 为云南省外办主任冯森。

说到老挝的风土人情，不能不提到泼水节。每年的 4 月 13 日至 15 日是老挝的泼水节。听说除老挝外，过泼水节的国家还有缅甸、柬埔寨、泰国和我国云南西双版纳傣族聚居区。我有幸在万象参加过两次由老挝外交部为各国使节们组织的泼水节活动，有几分类似联欢晚会，地点设在一个宾馆的露天场地。当天，老挝外长宋沙瓦夫妇和外交部的高级官员提前来到现场，迎接各国使节和夫人们。开始时，先请大家用餐，同一般的冷餐会差不多。然后，便请大家围成圆圈，随着乐声跳起老挝的南旺舞。热情的主人和客人可以自由地到麦克风前唱自己国家的歌曲，为晚会助兴。这时，泼水活动便悄悄地开始了。原来，在现场早已摆好几个大水缸，水上漂着"占芭花"，旁边放着许多水瓢。人们开始尽情地向任何人头上、身上泼水。有经验的人们都穿着很简单的消闲服装，没有经验的人还穿着西装、皮鞋，被水浇湿后显得十分狼狈。好在 4 月份的天气已经很热，水也很温，所以不会感冒。就这样边跳舞，边泼水，直至尽兴而归。泼水节期间，老百姓之间的泼水活动更加广泛、多样。家家户户都准备好水桶,人们走上街头,可以向任何不认识的人身上泼水。使馆的年轻人好奇地上街看个究竟,回来时个个被浇成落汤鸡,有的脸上还被抹上白粉或黑粉,好像京剧里的小丑。白粉就是白面粉,黑粉就是锅底黑。不管被涂上白粉还是黑粉,都预示着一年吉祥如意。

与夫人同老挝外长宋沙瓦夫妇合影。

学跳老挝南旺舞。

就是在这样的环境中，我度过了难忘的19个月。我们使馆编制只有19个人，但大家坚守岗位，勤奋工作，各司其职，配合默契。有几位同志长期从事对老挝工作，老挝语水平很高，可以算是老挝问题专家。政务参赞和武官都是与我共事多年的老朋友，年轻同志上进心也很强。夫人们相互尊重，关系融洽。遇有重要接待任务，夫人们都争先恐后，出力帮忙。整个使馆安定团结，充满和谐气氛。馆舍不算宽敞，但有游泳池和网球场。业余时间大家打打麻将、扑克，有时还举行内部小型舞会，邀请在万象的中资公司朋友参加。我本人很愿意和年轻人交谈，说说笑话，他们也把我当作朋友。

1995年泼水节期间的一天，使馆几名年轻人来到官邸，一边说笑，一边呼喊"李大使，李大使……"。我以为有什么紧急事，连忙开门迎接，不料刚走到台阶，便被一大盆水浇得浑身湿透，大家不约而同地大笑起来。

当年10月，我结束在老挝的任期，奉调回国。启程前一天，看见办公室门外贴有一张通知，全文是："为欢送李大使夫妇任满回国，定于明天中午12:30在一楼大厅举行便餐，望全体馆员准时出席。祝李大使夫妇一路平安，别忘了驻老挝使馆这些哥们！！！"我把这个通知拍照了下来，珍藏至今。

在老挝一年半，平时忙于工作，没有时间仔细看看万象的市容。动身回国当天，我请使馆的年轻人米述琪带着摄像机，利用一个多小时，匆忙地帮助我和夫人到塔銮、凯旋门和湄公河大桥等著名景点拍照留念。这些照片成为我对老挝的美好记忆。

难忘的重返老挝之行

1995年从老挝离任回国后，对老挝的事情仍十分关心，希望能有机会重返故地，看看那里的发展变化，会见当年的老朋友。12年后终于有了一次机会。

2007年10月15日至22日，老挝方面邀请我国六位前驻老挝大使和夫人，对老挝进行了为时一周的访问。按任职时间顺序，这六位大使分别是梁枫（1986年6月至1991年5月）、黄国材（1991年5月至1994年3月）、李家忠（1994年3月至1995年10月）、赵家骅（1995年10月至2000年12月）、刘正修（2000年1月至2003年7月）、刘永兴（2003年7月至2007年2月）。六位大使中年龄最大的76岁，最小的61岁。离开老挝时间最长的已16年，最短的才8个月。

临行前，亚洲司长胡正跃同志用整整一个上午的时间同老大使们进行了座谈，介绍了有关情况。他说，部领导对此次出访高度重视，认为这是落实中老两国领导人达成的共识、巩固和加强中老友谊的一项重要活动。各位老大使和夫人年事已高，不辞劳苦应邀出访，是为中老友谊再献余热，也是对部里和亚洲司工作的大力支持和帮助。老大使们一致表示，要像当年在任时那样，认真对待这次出访，继续为促进中老友好关系做些工作。

尽管全团成员都已离休或者退休，但老方和我国驻老使馆对代表团给予了高规格、十分隆重和热情的接待。老挝外交部亚洲司副司长和我国驻老挝大使潘广学、使馆政务参赞李可武亲自到机场迎送。根据这个团的特点，老方和大使馆共同安排了内容丰富的活动日程。老挝外交部亚洲司副司长和大使馆李参赞全程陪同。

抵达首都万象当晚，老挝人民革命党中央政治局委员、政府副总理兼外交、中联部长通伦在政府宾馆设宴欢迎全团。一周里，还参观了老挝人民革命党已故总书记凯山·丰威汉纪念馆、万象市容和距万象约150公里的中援万荣水泥厂，访问了著名旅游城市琅勃拉邦。逗留的时间虽短，但耳闻目睹的一切给我们留下了深刻印象。

一

我们抵达万象第二天，老挝人民革命党中央总书记、国家主席朱马利打破礼宾常规，在主席府亲切会见了全团，宾主进行了十分热情友好的交谈，会见长达75分钟。会见结束时，朱马利总书记表示还要再次和全团见面，并请大家吃饭。后来由于老挝南部地区遭遇洪水，朱马利总书记要到现场视察，决定改由老挝党中办主任坎培代表总书记会见和宴请我们。按外交惯例，一国最高领导人对到访的外国代表团只会见一次。但朱马利总书记却念念不忘我们这个团，从灾区回来后，又挤出时间和夫人一起再次会见并宴请了我们，并由老挝党中办主任坎培和主席府部长苏班出面作陪。

在两次会见中，71 岁的朱马利总书记十分兴奋，发表了语重心长的谈话。他说，我每次去中国都会看到中国跳跃式的发展变化。中国各族人民团结在党的周围，在现代化的道路上大踏步地前进。中国的国际影响日益扩大，国际地位日益提高。中国取得的成就让我们感到自豪，令全世界感到惊讶。尽管国际形势复杂多变，但有中国这样的战略朋友，更加坚定了我们走社会主义道路的信心。相信正在召开的中共十七大一定会开创中国现代化建设的新纪元。我们在各个方面都要向中国学习。

在谈到两国关系时，朱马利总书记说，我几乎每年都有机会去中国，或正式访问，或在出访其他国家途中经过中国，每次都受到胡锦涛总书记和温家宝总理的热情款待。老挝十分感谢中国在老挝救国战争中和经济建设时期向老挝提供的大力援助。老中关系是历史性、长期性和战略性的关系。现在老中关系正进入一个新的发展阶段。中国帮助老挝培养了很多干部。双方正在商谈一些大的经济合作项目，如在湄公河上兴建几座 100 万千瓦以上的水电站、矿产开采工程、琅勃拉邦机场扩建工程和 2009 年老挝举办东南亚运动会的运动场工程等，这些对老挝的发展都具有决定性的意义。老中两国在国际和地区问题上有许多相同和相近的看法。老挝坚决支持中国的改革开放，坚定地支持中国在台湾问题上的立场。

朱马利总书记充分肯定和高度评价六位老大使的工作。他说："是我邀请各位大使和夫人前来访问的，你们既是老挝人民的朋友，也是我个人的朋友。"当梁枫大使代表全团感谢朱马里总书记在工作十分繁忙的情况下会见我们时，朱马利总书记表示，同各位老大使和夫人见面本身就是一件重要工作。他说，自 1975 年抗美斗争胜利 30 多年来，中国大使馆和各位大使对老挝的建设和发展给予了许多帮助。各位大使对老挝的情况十分熟悉,工作尽心尽力,又善于协调,为促进老挝的发展和推动老中合作发挥了重要作用。大家虽然已经离任,但在我心中好像你们并没有回去。今天各位大使和夫人在万象聚集一堂,是前所未有的事情,实在难能可贵。看到各位身体都很健康,我非常高兴。老挝外交部和中联部要为各位大使和夫人安排一个丰富的活动日程,尽量让大家多走走、多看看。欢迎各位再来老挝访问。会见和宴会的气氛十分热烈,朱马里总书记和夫人应几位大使要求,分别在菜单上签名。分手前又在大厅和大家合影留念。

总书记还表示,他还要送给每位大使和夫人一件衣服,并派裁缝师傅到宾馆为每人量身定做,并让每人挑选面料。通伦副总理也要送给每人一件上衣。根据我们的记忆,老挝方面对到访的外国代表团,还从未这样做过。

老挝党中央总书记朱马利同我夫妇合影。

二

16日下午，旅居万象的侨团中华理事会各位领导成员在理事会驻地同我们聚会。林振潮理事长致辞说，几天前从大使馆获悉各位老大使和夫人要来万象，我高兴了好一阵子，请求大使馆无论如何也要给中华理事会留出一个时间。今天和各位见面既高兴又荣幸。本来要通知南方的理事会代表前来出席，由于发大水，来不及了。各位老大使、老领导来了，和我们见面，是难得的机会。感谢各位老大使多年来对侨胞的关爱。林理事长逐一回忆了同每位大使的交往，还请各位老大使一一发表重返老挝的感想。

当晚，中华理事会又在著名的"福满楼"酒店举行有100多人参加的招待会，并向各位大使和夫人赠送纪念品。18日，我们从万荣返回万象途中，在一家华侨农场稍事休息，中华理事会各位领导获悉我们的日程安排后，早早就驱车赶到现场安排照应，会客厅里摆满了水果、饮料和丰盛的菜肴。几次见面中，理事会都安排专人照相，最后送给每人一本相册，充分体现了侨胞对祖国的深厚感情。

当时，老挝全国共有华侨、华人约3万人，其中在万象约8千人，大部分靠经商为生。由于老挝的经济发展水平不高，故华侨、华人中基本上没有巨商。但老挝政府对华侨、华人的政策十分宽松，没有任何疑虑和歧视，他们可以心情舒畅地从事各种经营和社团活动。通过这次中华理事会对我们的欢迎活动，从一个侧面也反映了当前中老两国之间的相互信赖。同时，再次让我们感受到侨胞对祖国的一片赤子之心。

三

朱马利总书记向我们介绍了老挝的经济情况。他说，2007年初以来老挝的GDP增长达7.5%，预计2008年可达8%。目前老挝人均GDP为540美元，首都万象为1400美元。老挝正按照2006年3月老挝党八大确定的目标，争取到2010年摆脱贫困，2020年实现现代化。访问中我们也亲身感受到了老挝的发展变化。以万象为例，十几年前我在老挝工作期间，万象虽很宁静，但缺乏城市气息，全市没有一条像样的街道，马路两旁没有行人便道，也没有下水道。如今主要街道都变成了平坦光亮的柏油路，不少路口还安装了红绿灯。凯旋门前的广场在中国的帮助下已扩建成花园，并安装了音乐喷泉，成为吸引众多游客的著名旅游景点。市政建设也明显改善，新建了不少高大建筑。我们下榻的四星级饭店 Lao Plaza Hotel 和其他国家的四星级饭店无任何差别。中国援建的友谊宫巍峨壮观。东盟会展中心是两年前举行东盟领导人峰会的地方，富丽堂皇、设备齐全。除有适合不同规模的会议场所外，还有咖啡厅、保龄球、台球馆、电影院、餐馆和洗浴桑拿服务等，颇有现代气息。百姓生活也有很大提高，很多家庭盖起了漂亮的两三层小楼。居民购物也更加方便。过去万象只有一个名为"达拉绍"的早市场，商品比较齐全，现在则新建了好几个购物中心。来自中国湖南、浙江、云南、广西、广东等 200 多商家联合开设的国际商城占地 1.7 万平方米，于 2007 年 7 月正式开业，零售和批发日用百货、服装文具、家用电器、烟酒茶叶、糖果糕点、餐具厨具、手机光碟、箱包皮鞋和自行车等，可以说应有尽有。每天清晨，寺庙里的和尚仍

摄于万象老挝政府宾馆前。

像过去那样沿街化缘，沐浴在宁静祥和的气氛中。首都万象虽还不能算是现代化城市，但已今非昔比，我们明显地感觉到老百姓的日子更宽裕了。

　　为时一周的老挝之行给我们留下令人难忘的印象。兄弟之邦老挝的发展和进步令我们由衷高兴。老方对我们的破格接待更使我们分外感动。朱马利总书记没有把我们看作退休干部，而当作多年的老朋友。他语重心长的谈话不仅是说给我们几个人听的，同时也是再次郑重重申老挝党和政府对中国的深厚感情和对老中关系的高度重视。

　　目前中老两国之间不存在任何矛盾和历史遗留问题。六位老大使先后在老挝工作，就像一个个手持接力棒的运动员，在中央对老工作方针的指引下，为稳定周边、促进中老关系和加强双方的友好合作竭尽全力工作，得到了老挝最高领导人的再次肯定和赞赏。如今看到两党两国关系的美好发展，我们从内心感到欣慰。

鸣谢：
外交部老干部笔会
青岛聚大洋藻业集团有限公司